Les populations chrétiennes non autochtones en Égypte

Histoire et Perspectives méditerranéennes
Collection dirigée par Jean-Paul Chagnollaud

Dans le cadre de cette collection, créée en 1985, les Éditions L'Harmattan se proposent de publier un ensemble de travaux concernant le monde méditerranéen des origines à nos jours.

Dernières parutions

Yahya EL YAHYAOUI, *Numérique et développement au Maroc. La grande fracture*, 2022.
Resul KARACA, *Constructions de l'Islam. Les musulmans comme vecteurs importants pour la recherche de l'identité nationale en France à l'heure actuelle*, 2022.
Abdelaziz RIZIKI MOHAMED, *La diplomatie en terre d'Islam*, Nouvelle édition revue et augmentée, 2022.
Badr KARKBI, *L'islam politique en Tunisie. Crise identitaire et perspectives séculaires*, 2022.
Jawad ABIBI, *Délinquance et incivilités au Maroc. Contribution à l'analyse des politiques sécuritaires*, 2022.
Alfred SALINAS, *Algérie, l'empreinte espagnole*, 2022.
Maria LUCENTI, *Le monde arabo-musulman et l'Occident dans les manuels scolaires d'Italie et de Tunisie*, 2021.
Djamel BELAID, *L'agriculture en Algérie. Ou comment nourrir 45 millions d'habitants en temps de crise*, 2021.
Salem SALAH, *Femmes tunisiennes,* waqf *et droit de propriété à l'époque moderne. XVIIIe-XIXe siècles*, 2021.
Bernard LE GORGEU, *La stratégie numérique du Maroc. Vers l'émergence d'un* hub *numérique régional ?*, 2021.

© L'Harmattan, 2022
5-7, rue de l'Ecole-Polytechnique, 75005 Paris

www.editions-harmattan.fr

ISBN : 978-2-14-028429-8
EAN : 9782140284298

Eva Saenz-Diez

LES POPULATIONS CHRÉTIENNES NON AUTOCHTONES EN ÉGYPTE

Le cas particulier des catholiques ottomans 1750-1960

Préface de Pierre Vermeren

Du même auteur :

Égypte d'une Révolution à l'autre. Politiques d'enseignements et changements sociaux, Paris, Publisud, 2013.
"Les Coptes, constitutifs de l'identité égyptienne", in *Atlas de l'Égypte contemporaine*, Cedej (Le Caire) – Éditions du CNRS (Paris), 2020.
"La yihad en la clase: la educación como arma ideológica", in M. de Pazzis Pi Corrales y J. Cantera Montenegro (dirs.), *Armamento y equipo para la guerra*, pp. 673-686, 2019.
"Los orígenes extranjeros de la nobleza española: la familia Matossian y Osorio", in *Aportes, Revista de Historia Contemporánea*, Vol. 30, n° 89, 2015, pp. 159-179.
"La perception de la Politique européenne de voisinage dans le monde arabe depuis les « Printemps arabes »", papier de réflexion présenté à la Commission européenne dans le cadre du groupe de recherche sur la PEV, Université Saint Louis, Bruxelles.
"¿Qué perspectivas para el sistema de enseñanza en Egipto?", in *La primavera árabe ¿una ®evolución regional?*, I Congreso Internacional Mundo Árabe en Cambio, mai 2013, pp. 433-445.
"Les eaux du Nil : enjeux et perspectives pour l'Égypte face aux pays riverains", in *Vulnérabilité, équité et créativité en Méditerranée*, sous la direction de Lazzeri, Y. et E. Moustier, Presses Universitaires de Provence & Presses Universitaires d'Aix-Marseille, 2012, pp. 225-234.
"Nouveau quota des femmes parlementaires égyptiennes. Vers une normalisation de leur statut au sein de l'hémicycle ?", in Denèfle, Sylvette & Safaa Monqid, *Gouvernance locale dans le monde arabe et en Méditerranée : Quels rôles pour les femmes ?*, Égypte-Monde arabe 9/3, Cedej-UNESCO, Le Caire, 2012, pp. 231-246.
"Culture ou acculturation ? La place des coptes dans l'enseignement Égypte", in Ali Sedjari, *Culture & Cultures. Un défi pour les droits de l'Homme*, L'Harmattan, 2011, pp. 303-319.
"La place des Coptes dans l'enseignement en Égypte", in *Confluences Méditerranées*, N° 75, automne 2010, pp. 91-106.
"Dom Rafael. Un sacerdote oriental miembro del Instituto de Egipto (1798-1801)", in *Awrâq*, 21, Instituto de Cooperación con el Mundo Arabe (ICMA), Madrid, 2000 (sorti en 2003), pp. 97-124.
"Études sur Kitâb al-'Amal bil Asturlâb de 'Abd el-Rahmân al-Sûfî", in *Annales Islamologiques*, 34, Institut Français d'Archéologie Orientale (IFAO), Le Caire, 2000, pp. 437-466.

Préface

L'ouvrage que l'on va lire traite des « populations chrétiennes non-autochtones d'Égypte » du XVIIIe au XXe siècles. Il ne concerne pas les populations chrétiennes venues d'Europe à l'âge des impérialismes, non plus que des antiques chrétiens d'Égypte, les Coptes, présents en nombre dans les campagnes d'Égypte ; il s'intéresse à des chrétiens endogènes du monde musulman, issus de l'Empire ottoman, et ayant émigré vers Égypte par dizaines de milliers. Ils sont couramment désignés comme « Syro-Libanais » par les Français depuis le XIXe siècle. Ces chrétiens de Syrie et du Levant, chassés de leurs provinces, ou ayant émigré par vagues successives vers l'Égypte, ont trouvé dans ce pays une terre d'accueil libérale dans laquelle ils ont fait souche. Ils y ont fait prospérer leurs familles et leurs affaires. Ayant bénéficié de l'expansion des écoles confessionnelles chrétiennes en Syrie puis en Égypte au XIXe siècle – que ces écoles aient été catholiques ou secondairement protestantes –, ils ont bénéficié plus que d'autres communautés d'un enseignement élitiste qui a propulsé ses éléments les plus dynamiques vers les sphères dirigeantes à la tête du pays.

Les Syro-Libanais en effet, quoiqu'appartenant à des professions et à des classes sociales variées, ont pleinement participé à la gouvernance et à la direction de l'Égypte libérale au XIXe siècle, puis sous la Royauté protégée par la Grande-Bretagne durant la première moitié du XXe siècle. Ce groupe élitaire ne dominait pas l'Égypte, mais il participait d'un bloc dominant varié comprenant les communautés européennes (Grecs, Italiens, Français…), l'étroite société coloniale britannique, des groupes de Juifs orientaux, mais aussi l'élite aristocratique de l'Égypte. Cette population de Syro-Libanais n'était pas coloniale au sens propre, mais elle participait d'un système de domination du peuple égyptien qui a été déstabilisé par la montée d'un nationalisme à base communautaire, assimilant de plus en plus clairement l'Égypte à une communauté nationale islamique. Ainsi, après trois décennies de mise à distance progressive, les Syro-Libanais ont été conduits à quitter le pays sous Nasser, à l'instar des Européens et des communautés juives égyptiennes, au sujet desquelles la thèse pionnière de Frédéric Abécassis a dévoilé les mécanismes ayant rejoué pour les Syro-Libanais : acculturation par l'école, « extranéisation » du groupe, expulsion ou départ.

Le sujet traité par Eva Saenz-Diez n'est donc pas aisé, car il procède d'un mélange détonnant qui associe colonisation, nationalisme et religions, un cocktail qu'il est toujours malaisé de porter dans l'univers académique français et européen de l'ouest. Le surgissement tardif de ce sujet dans le paysage scientifique français est significatif : qui a, en effet, récemment entendu parler de ce groupe et de son devenir, alors que les Syro-Libanais étaient parfaitement identifiés et reconnus dans l'Égypte du premier XXe siècle ? Assurément peu de monde. Ce travail n'est pas une thèse, mais un essai historique, qui s'essaye – de manière didactique et percutante – à décrire – d'abord en une centaine de pages – les circonstances historiques et juridiques de la condition des chrétiens d'Orient, en Égypte en particulier, en éclairant la grande complexité de ces groupes communautaires ; et de l'autre, en un peu plus de cent pages, il précise les conditions d'existence et de réussite de cette population minoritaire mais élitaire, soumise dès l'entre-deux-guerres à une pression idéologique et politique croissante, qui débouche sur son départ d'Égypte dans les années cinquante et soixante. Là se sépare la parenté de cet essai d'avec le long travail de thèse précautionneux et très documenté de Frédéric Abécassis.

Eva Saenz-Diez est un auteur et une historienne engagée qui veut établir des faits, les dévoiler quand ils sont inédits ou méconnus, et prêter sa plume au service d'une population oubliée : parmi d'autres, au sein du grand ensemble des chrétiens d'Orient – dont plusieurs millions ont quitté de gré ou de force le Moyen-Orient au cours du XXe siècle, généralement pour les Amériques –, les Syro-Libanais incarnent un pan de la mauvaise conscience de l'Occident.

Si les populations européennes ont quitté la région à l'heure des décolonisations, suivies ou accompagnées par des populations juives endogènes – parfois présentes depuis mille ou deux mille ans –, elles ont été accompagnées ou suivies par des groupes nombreux de Chrétiens orientaux. Plusieurs pays ont perdu leurs chrétiens, presque en totalité dans les cas de la Syrie ou de l'Iraq ; en grande partie en Palestine, en Iran, en Irak et même au Liban et en Syrie ; mais en partie seulement pour l'Égypte, bien qu'elle ait totalement cessé d'être le havre de paix qu'elle fut pour les chrétiens du milieu du XVIIIe au milieu du XXe siècle. C'est particulièrement très net chez les groupes chrétiens minoritaires et non Coptes, même si l'on en a peu parlé, tant on a voulu exalter le nassérisme et l'Égypte au mépris des faits et des processus de « nettoyage » ethno-confessionnel. Eva Saenz-Diez rétablit donc une injustice historique ; elle souligne, dévoile et précise des faits. Son livre est un cri et un témoignage pour l'histoire. Il n'est pas en tant que tel le document historiographique que l'on serait en droit d'attendre sur un tel sujet. Les archives de l'Égypte sont peu – voire pas du tout – accessibles, et les communautés syro-libanaises se sont dispersées à bas bruit dans le vaste monde, en tournant le plus souvent définitivement la page de leur passé égyptien.

Mais l'auteur nous offre une très vaste et complète bibliographie multilingue qui lui permettra, ainsi qu'à de nouveaux auteurs, de reprendre et d'élargir cette réflexion et l'écriture de cette histoire. Grâce à Madame Saenz-Diez, une lacune est comblée en histoire de l'Égypte contemporaine, et une nouvelle contribution à l'histoire des chrétiens d'Orient est écrite ! Il y en aura d'autres. Bonne lecture !

Pierre Vermeren, Professeur d'histoire du monde arabe à l'Université Paris 1 Panthéon-Sorbonne, Paris, juillet 2022.

Avant-propos

En évoquant les Catholiques ottomans d'Égypte depuis la moitié du XVIIIe siècle aux 1960, le professeur Eva Saenz-Diez m'a particulièrement touchée. Les difficultés n'ont pas épargné ces minorités chrétiennes depuis des décennies, les obligeant souvent à s'expatrier, or l'Égypte était un pays historiquement particulièrement accueillant.

Descendante de Nubar Pacha (1825-1899), j'ai étudié avec passion l'histoire de ma famille d'origine arménienne. Elle fut au service des khédives en Égypte au cours du XIXe siècle, époque où les Arméniens représentaient une communauté très influente. Nubar Pacha fut plusieurs fois premier ministre, il créa les tribunaux mixtes, véritable progrès en matière judiciaire. Son nom rayonne encore aujourd'hui : avenues, palais et écoles portent son nom. Son fils Boghos Nubar fut au centre de mes recherches dans *Le Roman d'Héliopolis*, Éditions Weyrich. Ingénieur et ingénieux, il s'était associé avec le Baron Édouard Empain pour faire construire la superbe ville d'Héliopolis à côté du Caire. Réalisation d'envergure, cette cité verte en plein désert proposait une indéniable qualité de vie à ses habitants grâce à l'espacement du bâti et une végétation luxuriante. La révolution de 1952 a été un bouleversement total pour entre autres, les Arméniens d'Égypte. En suivant l'histoire des Nubar, j'ai pu établir les parallèles avec la passionnante étude du professeur Eva Saenz-Diez et mieux comprendre les raisons des moments de prospérité de la famille suivis par des moments d'exil. Nubar Pacha, comme son fils Boghos Nubar, avaient décidé de finir leurs jours à Paris, quittant l'un et l'autre, un pays qu'ils avaient profondément aimé. Nubar Pacha, n'avait-il pas affirmé : « Quoi qu'en disent les bruits, je suis Égyptien, passionnément Égyptien. »

Je garde en mémoire comme un véritable cadeau l'accueil d'Eva et sa famille lorsque je suis venue au Caire donner des conférences.

J'ai retrouvé dans leurs lieux raffinés de Zamalek, le souvenir d'un passé que l'on aurait souhaité infini comme l'étendue des sables dans les déserts égyptiens.

Amélie d'Arschot, historienne et conférencière, Bruxelles juillet 2022.

> « L'Égypte est le pays de tout l'empire musulman où la religion chrétienne s'exerce avec le plus de liberté ; pour cette raison un grand nombre de chrétiens des autres régions s'y réfugient. »[1]
> Bernat, lettre au père Fleuriot (1711), *Choix de lettres édifiantes écrites des missions étrangères*.

Introduction

Objectif de cette étude

Ce livre part d'une interrogation personnelle. Pourquoi les « Chrétiens ottomans »[2] quittent l'Égypte à un rythme accéléré à partir des années 60 du siècle dernier ? Ceux-ci étaient installés dans le pays depuis plusieurs générations, voire plusieurs siècles. Ils étaient intégrés ou du moins, avaient-ils l'impression de l'être.

L'objectif de ce travail est de présenter mes réflexions et le fruit de mes recherches ainsi que celles de quelques personnes témoins directs de la période nassérienne, et non d'apporter des réponses, qui d'ailleurs par la nature même du sujet seront loin de faire l'unanimité. Est-ce le vent du nationalisme qui a réussi – en gros en un peu moins de trois décennies (1936-1962) – à chasser presque entièrement les « égyptianisés », pour utiliser une terminologie fréquemment usitée à l'époque nassérienne, ou bien cette société s'est-elle auto-exclue et autodétruite ?

Ce processus était-il inéluctable ? Quelle place le nationalisme arabe a-t-il réservée à ces minorités religieuses[3] ?

Tout d'abord, il serait nécessaire de clarifier et préciser, dans la mesure du possible, les principaux éléments et les termes des problématiques historiques et sociales très enchevêtrées que ces interrogations soulèvent. Tâche indispensable si l'on désire parvenir à la bonne intelligence de la situation des Chrétiens allogènes[4] d'Égypte. Dans cette étude, il ne s'agira pas tant de la restitution du flux continu de l'histoire de ces communautés que de se

---

[1] Jacques Tagher, *Coptes et musulmans*, Le Caire, Al-Maaref, 1952, p. 202, cite le père jésuite Bernat, lettre au père Fleuriot (1711), *Choix de lettres édifiantes écrites des missions étrangères*.
[2] Nom que l'on donnait alors à tous les Chrétiens arrivés des différentes provinces de l'Empire ottoman jusqu'à la dissolution de celui-ci à la fin de la Grande Guerre.
[3] À distinguer des minorités ethniques, par exemple les Nubiens – qui ont été dépouillés de leurs terres lors de la construction du Haut Barrage -, les berbères des oasis du désert libyque, etc.
[4] Nous utiliserons indifféremment tout au long de ce texte les termes Catholiques allogènes, Catholiques ottomans, Catholiques orientaux, etc.

focaliser sur quelques-unes de ses inflexions et « particularités », voire les ruptures, c'est-à-dire :
– les conditions historiques, sociales et économiques de l'arrivée de ces communautés en Égypte à partir du XVIIIe siècle,
– les étapes les plus significatives de leur ascension sociale, culturelle et économique,
– et les intervalles les plus marquants durant lesquels cette ascension s'est accélérée, pour s'amoindrir ensuite jusqu'à finalement s'inverser.

La situation des Chrétiens en terre d'Islam sera présentée dans les quatre premiers chapitres.

Nous évoquerons très rapidement le statut du *dhimmi* en Islam (Chapitre I), l'organisation des « millets » dans l'Empire ottoman (Chapitre II), l'origine des Capitulations (Chapitre III) ainsi que leur évolution et les différentes communautés chrétiennes allogènes d'Égypte (Chapitre IV).

Une fois le cadre posé de façon très succincte, nous aborderons dans la deuxième partie les migrations de certaines communautés – surtout celles des catholiques – des autres provinces de l'Empire ottoman vers l'Égypte à partir du XVIIIe siècle, et d'une façon plus prononcée depuis Mohamed Ali : l'arrivée des Arméniens et des Syriens et le développement des réseaux commerciaux avec leurs coreligionnaires installés en Europe (Trieste, Livourne, Marseille) (Chapitre V).

Nous présenterons également le rôle joué par les syro-libanais dans la *Nahda* et de manière générale dans la vie culturelle, artistique, industrielle et commerciale de l'Égypte au tournant des XIXe-XXe siècle.

Nous aborderons enfin la montée des mouvements nationalistes, la révolution de 1952, le développement du discours panarabe, largement teinté de panislamisme à partir des années 1930 et la lente perte d'influence de ces communautés jusqu'au début des années 1960 (Chapitre VI).

Tout au long de leur histoire, le sort des communautés chrétiennes a souvent connu des mutations, pouvant passer brusquement de la plus grande prospérité à la plus sombre précarité, et vice versa. Elles ont tantôt servi de modèle pour le pays d'accueil, tantôt de repoussoir selon les périodes envisagées. La montée des mouvements nationalistes ne leur a pas été favorable.

Dans la deuxième moitié du XIXe siècle, les Orientaux chrétiens, les Catholiques en particulier, se sont occidentalisés, voire francisés, en un temps record, ce qui qu'il leur a été par la suite reproché à maintes reprises. Et ceci justifierait même aux yeux de certains le fait qu'ils aient été exclus.

Bien que les Coptes ne constituent pas notre sujet d'étude, nous exposerons leur statut lorsqu'il s'agira de décrire l'attitude des mouvements nationalistes vis-à-vis des non Musulmans, toutes communautés confondues. Cela nous permettra de mieux percevoir les interférences et intrications complexes qui ont pu exister entre les diverses composantes des mouvements nationalistes. La montée de ces mouvements marginalisera aussi la communauté copte tant sur le plan culturel et politique que socio-économique d'une certaine manière.

Les sources

C'est la disparition de certaines archives qui nous a poussés à entreprendre sans tarder ce travail et à consulter les sources qui sont encore existantes et accessibles. Mgr. Koussa – évêque arménien catholique originaire du Liban – nous a expliqué [5] qu'il ne détenait plus que les registres paroissiaux, à l'exclusion de tout autre document relatif à la communauté (donations, actes de propriété, articles de journaux, etc.). Que s'est-il passé ? Toutes les supputations sont permises : incompétence d'une partie du personnel à un certain moment, crainte que certains documents puissent être compromettants … La bibliothèque et les archives des Frères des Écoles chrétiennes du Daher, au Caire, ont disparu. Et malheureusement, les archives du patriarcat grec catholique du Daher, sont inaccessibles !

En ce qui concerne le patriarcat grec catholique d'Alexandrie, le témoignage du père Gaston Zananiri (o.p.) apporte un éclairage inquiétant sur la situation en général et sur l'état des archives en particulier : « Divers membres de la famille rédigèrent alors des mémoires, des notes presque toutes disparues. Celles de mon grand-père furent remises par moi, en 1948, au patriarcat grec catholique melkite d'Alexandrie. En 1970, j'appris que ce document avait été dévoré par les cafards. »[6]

Donc, avant que les cafards ou autres hasards n'achèvent leur œuvre, nous voudrions soulever quelques questions et essayer d'apporter quelques éléments de réponse concernant le parcours de ces Chrétiens orientaux en Égypte.

Le fonds relatif aux Chrétiens d'Égypte demeure néanmoins très riche à la bibliothèque des pères jésuites du Caire (BIJEC), où mes recherches ont pour une bonne part été effectuées. Les exemplaires du *Lien*, périodique de très haut niveau pour la période que nous traitons, publié par la communauté grecque catholique sont disponibles, et constituent un outil d'information très important. Comme nous l'avons déjà dit, nous avons complété notre enquête en accordant une grande part au repérage des derniers acteurs représentatifs de ces communautés – donc des sources de première main – ou de leurs descendants directs, aussi bien en Égypte que dans la diaspora. Avant qu'il ne soit trop tard, nous avons pu ainsi recueillir les témoignages de certains d'entre eux et accéder à leurs archives personnelles ou familiales. Notamment celles des Matossian, grands industriels ; de Selim Sednaoui fils des propriétaires des grands magasins *Sednaoui* ; du père Xavier Eid dont la figure est évoquée

---

[5] Entrevue avec Mgr Koussa en 2015 pour la préparation de l'article Eva Saenz-Diez Jaccarini, « Los orígenes extranjeros de la nobleza española la familia Matossian y Osorio », in *Aportes: Revista de historia contemporánea*, vol. 30, N° 89, 2015, pp. 159-179.
[6] Gaston Zananiri, *Entre mer et désert : Mémoires*, Paris, Éditions du Cerf, 1996, p. 18.

dans *Le Royaume* d'Emmanuel Carrère et du père Zananiri (O.P.). Nous avons pu également consulter les archives de Georges Jaccarini et de son confrère Platon Valaskakis, tous deux avocats aux Tribunaux mixtes puis à partir de 1948, aux Tribunaux égyptiens.

Nous remercions la comtesse Amélie d'Arschot, romancière et conférencière, d'avoir bien voulu rédiger l'avant-propos et d'avoir apporté un éclairage particulier et une note personnelle à ce travail.

Nous remercions Pierre Vermeren, professeur à l'université de Paris 1 Panthéon-Sorbonne, spécialiste du Maghreb et des mondes arabo-berbères pour ses nombreux encouragement et conseils ainsi que sa préface.

Nous remercions les pères jésuites du Caire et notamment le père Samir Khalil qui nous a éclairée lors de nos nombreuses entrevues. Enfin, ce travail de recherche n'aurait pas pu se faire sans la bienveillance du père Masson, aujourd'hui décédé, ancien directeur de la BIJEC qui nous a donné accès à la bibliothèque et surtout aux fonds d'archives.

Nous tenons à exprimer notre reconnaissance à tous les amis qui nous ont enrichie de leurs témoignages, leurs conseils, leurs divers points de vue ainsi que leurs contacts : Mgr. Nicolas Thevenin, Vincent Legrand, Christian Velpry, John Maatouk, Joseph Medawar, Cherif Abdelatif, Paul Farah, Adel Boulad ainsi que François Zabbal, ancien directeur de la revue Qantara, qui a consacré plusieurs numéros de sa revue aux Chrétiens orientaux.

Plusieurs personnes nous ont éclairée de leurs témoignages, mais n'ont pas voulu que leur nom soit mentionné.

Mais surtout, je tiens à montrer ma plus grande gratitude à ma famille, à mon époux et mes deux filles pour leur patience et leur soutien tout au long de l'élaboration de cet ouvrage.

Une partie de ce travail sera composée de « portraits » succincts de certains membres marquants de ces communautés. Nous avons essayé de comprendre l'attraction qu'a représentée pour ceux-ci l'Égypte, présenter leur vie sur place et, surtout, analyser les causes qui ont provoqué leur départ.

Présentation

Les Chrétiens d'Égypte

En 639/41, la totalité de la population égyptienne était chrétienne. Après avoir été l'un des foyers les plus brillants et les plus peuplés du Christianisme antique, l'Égypte a vu, à partir du VIIe siècle, sa population chrétienne diminuer régulièrement pour se stabiliser après la période fatimide[7].

Les Coptes, monophysites, représentent l'écrasante majorité de la population chrétienne d'Égypte. Séparés de la foi romaine lors du schisme provoqué par le Concile de Chalcédoine de 451, ils tirent leur nom de *égyptos*. Du point de vue religieux, seule une petite frange de la population restera fidèle au Basileus, et donc à la foi romaine. Ils seront désignés sous le nom de « byzantins », bien qu'ils soient d'authentiques Égyptiens.

Pour ce qui est des Catholiques, leur présence en nombre significatif en Égypte a la particularité d'être circonscrite d'une façon assez précise dans le temps. Pour les Grecs catholiques, elle débute dans les années que suivent 1724, date du schisme avec l'Église byzantine. Quant aux Maronites[8] et aux Arméniens, ils étaient présents depuis le Moyen-Âge, mais leurs communautés n'étaient composées que de quelques familles. Les premiers n'arrivent en nombre qu'au début du XIXe siècle. En effet, le pacha d'Égypte, Mohamed Ali (1805-1849) fait appel à des ouvriers syriens[9] pour la culture du ver à soie[10]. Les différentes communautés, qui sont encouragées à s'installer en Égypte grâce à la politique d'ouverture de Mohamed Ali, se développent et prospèrent tout au long du XIXe siècle pour atteindre leur apogée dans le premier tiers du XXe siècle. La garde rapprochée de Mohamed Ali était composée de Grecs et d'Arméniens turcophones, lui-même ne connaissant pas l'arabe à son arrivée au pouvoir. La deuxième moitié du XIXe

---

[7] Mais les historiens sont très partagés à ce sujet. Aujourd'hui ils représentent environ une dizaine de pourcent de la population. Rappelons toutefois que tout ce qui concerne les chiffres reste entouré en Égypte d'un halo de mystère

[8] Au XVIIIe et XIXe siècles, tous les Catholiques orientaux étaient désignés en France sous le vocable « maronites » alors qu'il s'agissait souvent de Grecs catholiques.

[9] Population catholique s'étendant de Gaza à Alep. Félix Mengin, *Histoire de l'Égypte sous le gouvernement de Mohammed-Aly : ou récit des événements politiques et militaires*, Paris, Arthus Bertrand, 1823, tome II, p. 272.

[10] Charbel Héchéma, « Histoires de précurseurs », *Al-Ahram Hebdo*, 16 février 2005, http://hebdo.ahram.org.eg/Archive/2005/2/16/patri1.htm ; « Une colonie de cinq cents Syriens travaille à élever des vers à soie. », Félix Mengin, *Histoire de l'Égypte sous le gouvernement de Mohammed-Aly: ou récit des événements politiques et militaires, op.cit.*, tome II, p. 381 , Paris, Arthus Bertrand, 1823.

siècle, est quant à elle marquée par la forte arrivée de Chrétiens ottomans arabophones, puis à la fin du siècle, par celle d'Arméniens suite aux multiples massacres dont ils ont été victimes. Cette progression est ensuite quelque peu contrariée par la montée du nationalisme égyptien dans les toutes premières années du XXe siècle et l'apparition de certains mouvements, notamment religieux, qui ne leur sont pas favorables. Un lent déclin s'amorce alors, qui s'accélèrera ensuite avec l'arrivée au pouvoir des Officiers Libres.

Ces communautés chrétiennes sont arrivées en Égypte pour « bénéficier » d'un statut de *dhimmis* moins contraignant que celui qui leur était assigné dans leur province d'origine. En arrivant en Égypte, celles-ci ont quand même dû faire face à plusieurs difficultés, dont notamment celles relatives à leur adaptation, aux us et coutumes de la nouvelle province et à la préservation de leur identité religieuse et cultuelle. Leurs membres devaient se définir au sein d'une communauté particulière, et en même temps s'adapter en tant qu'immigrés.

Dans ce système communautaire, ils mettaient l'accent sur les points qu'ils avaient en commun avec les autres communautés immigrées dont ils partageaient les conditions sociales et économiques dans un environnement qui leur était étranger.

Contrairement aux Musulmans venant d'une autre région de l'Empire ottoman, perçus par la société égyptienne comme faisant partie de la *Oumma*, les non Musulmans étaient reçus comme des *dhimmis*[11].

À quelques rémanences près, la disparition de ces communautés se situe dans les années 60 du siècle dernier, suite à la promulgation des « lois sociales » édictées par Nasser en 1961-1962 et à « l'égyptianisation » du personnel administratif. Néanmoins, au sein de la faible minorité des Catholiques ottomans qui n'ont pas émigré, quelques-uns occupent à nouveau en Égypte une place de premier plan dans la vie économique du pays. Place qui ne se doit peut-être pas entièrement au hasard.

En fait, les situations paradoxales ont toujours été l'une des caractéristiques des Chrétiens orientaux, encore plus particulièrement des Catholiques, pour les multiples raisons que nous développerons ultérieurement. Dans son livre *Les chrétiens d'Orient*, Pierre Rondot évoque les instabilités de leur histoire en des termes fort éloquents : « Les Chrétiens dispersés encore sur les bords du Nil et les rives du Bosphore, dans la steppe mésopotamienne, dans les villes de la Syrie, de l'Irak et de l'Iran, côtoient bonheur et insécurité, richesse et ruine, qu'une simple inflexion du destin peut faire alterner pour eux. »[12]

---

[11] Thomas Philipp, *The Syrians in Egypt, 1725–1975*, Stuttgart, Berliner Islamstudien, Band III, Steiner-Verlag, 1985, p. 10.
[12] Pierre Rondot, *Les chrétiens d'Orient*, coll. Cahiers de l'Afrique et l'Asie, IV, Paris, J. Peyronnet & Cie, 1955, 1 vol., p. 9.

Aujourd'hui, la précarité affecte bien sûr *tous* les habitants de la région, mais elle est plus particulièrement le lot des non Musulmans, c'est-à-dire des Chrétiens, les Juifs ayant pratiquement disparu dans tout le monde musulman. En Égypte, la population israélite se réduit à quelques personnes âgées sans descendance juive.

Intérêt de l'Europe envers les Chrétiens de l'Empire ottoman : le cas de la France

À partir de la Renaissance, un intérêt croissant pour l'Orient se développe en France. Mais il est principalement limité aux domaines religieux, linguistique et culturel.

En France, cet intérêt s'éveille avec la création des chaires au Collège de France à partir du XVIe siècle, destinées à l'enseignement des langues orientales, dont l'arabe[13]. 1535 sera la date de la signature de la première Capitulation, alliance passée entre le sultan Soliman le Magnifique et le roi de France, François Ier (voir Chapitre III, Les Capitulations).

Aux XVIIe et XVIIIe siècles, il n'y avait pratiquement que les diplomates sur place, les missionnaires connaissant la région et les négociants sous la protection de l'ambassade de France, qui s'intéressaient au destin des Chrétiens orientaux.

L'Expédition d'Égypte n'éveille pas d'intérêt particulier en leur faveur. Au XIXe siècle, le sort des minorités était englobé dans ce qu'on appelait « la question d'Orient », et n'intéressait principalement que les chancelleries occidentales, ou d'une façon ponctuelle le grand public quand il fallait se porter au secours de populations en danger. Ce sera le cas lors des massacres de 1840.

Au moment de la guerre de Crimée (1853-56), la Russie, protectrice des Grecs orthodoxes depuis le traité de Küçük-Kaynarc (Kutchuk-Kaïnardji) de 1774, voulait en 1853 obtenir un véritable protectorat sur tous les Orthodoxes de l'Empire ottoman[14] ; les principaux bénéficiaires auraient été les Arméniens. Les prétentions russes sont jugées inadmissibles par Constantinople. Ceci sera une des causes de la guerre qui oppose, à partir de 1853, l'Empire russe à une coalition comprenant principalement l'Empire ottoman, la France et le Royaume-Uni. Au traité de Paris en 1856, sous les injonctions anglo-françaises, le sultan s'engage à émanciper toutes les populations non musulmanes.

---

[13] Gabriel Sionite (version francisée de Jibrā'īl aṣ-Ṣahyūnī) et les savants maronites voir va Saenz-Diez, « Dom Rafael. Un sacerdote oriental miembro del Instituto de Egipto », in *Awrāq. Estudios sobre el mundo árabe e islámico contemporáneo*, Volume XXI, 2000, pp. 97-124.

[14] Yassaman Estakhr, *Subversion du discours orientaliste dans le tome premier de l'Histoire de la Turquie d'Alphonse de Lamartine*, Université de Stockholm, https://www.diva-portal.org/smash/get/diva2:910052/FULLTEXT01.pdf

La même année, le célèbre mathématicien Augustin Cauchy crée l'Œuvre des écoles d'Orient, devenu aujourd'hui l'Œuvre d'Orient[15]. Mais c'est surtout l'intervention armée de la France en 1860 pour défendre les Chrétiens du Liban qui marque un véritable tournant. Les massacres perpétrés par les Druzes (minorité religieuse issue de l'Islam, principalement présente au Liban) notamment à Deir el Kamar en 1840 et à Damas en 1860[16], sont une suite d'horreurs qui ont une répercussion considérable en France.

Le récit des événements de 1860 perpétrés contre les populations chrétiennes, a été relaté presque quotidiennement dans la presse française par des religieux de la région[17].

***

La fin du XIXe et le début du XXe siècles connaissent aussi une longue série de massacres et d'atrocités, qui sont bien connus et sur lesquels nous ne nous étendrons pas :

Le premier massacre des Arméniens en 1894-95 sous le règne d'Abdel Hamid ;

Les massacres perpétrés par les Jeunes Turcs en Cilicie en 1908-9 ;

Le génocide arménien en 1915 et le massacre des Assyriens en 1933.

L'immense espoir provoqué par le traité de Sèvres est complètement balayé en 1923 par celui de Lausanne qui provoque un transfert de populations dont les conséquences tragiques sont encore perceptibles.

Intérêt accru pour les communautés chrétiennes orientales ces dernières décennies

De 1975 à 90, la guerre du Liban – sinon guerre de religion, du moins guerre où le facteur religieux est très pesant – remet sur le devant de la scène

---

[15] Maurice Faivre, « L'Œuvre d'Orient et les Églises orientales », in Philippe Bonnichon, Pierre Gény, Jean Nemo, (dir.), *Présences françaises outre-mer (XVIe-XXIe siècles)*, Paris, Karthala, 2012, Tome I, pp. 405-408.

[16] Voir entre autres *La Syrie en 1860 et 1861. Lettres et documents formant une histoire complète et suivie des massacres du Liban et de Damas, des secours envoyés aux chrétiens et de l'expédition française. Recueillis et coordonnés par M. L'Abbé Jobin*, Lille, L. Lefort, 1862 ; François Lenormant, *Histoire des massacres de Syrie en 1860*, Paris, Hachette, 1861 ; Batistin Poujoulat, *La vérité sur la Syrie et l'expédition française*, Paris, Gaume Frères, 1860.

[17] Joseph Yacoub, « Pour la reconnaissance officielle du génocide assyro-chaldéen », *Le Figaro*, 21 avril 2019, https://www.lefigaro.fr/vox/monde/joseph-yacoub-pour-la-reconnaissance-officielle-du-genocide-assyro-chaldeen-20190421 ; Thierry Oberlé, « Joseph Yacoub : « Ce qui peut permettre la survie du christianisme dans ce Proche-Orient qui l'a vu naître » », *Le Figaro*, 15 février 2018, https://www.lefigaro.fr/vox/religion/2018/02/15/31004-20180215ARTFIG00259-joseph-yacoub-ce-qui-peut-permettre-la-survie-du-christianisme-dans-ce-proche-orient-qui-l-a-vu-naitre.php

les questions confessionnelles.

À partir de 1979, avec la révolution iranienne, la question chiite apparaît également au niveau régional.

Parallèlement, la communauté arménienne fait entendre sa voix et s'organise politiquement dans les années 1970 [18] en demandant la reconnaissance du génocide dont elle a été victime.

Si à tout ce qui a été exposé plus haut, on ajoute la violence des tensions atteintes ces dernières décennies dans la région du Proche et du Moyen-Orient entre différentes communautés et minorités ethniques ou religieuses, on comprendra aisément que l'intérêt porté pour les minorités orientales ne pourra que continuer de croître. En tout cas cette question déborde aujourd'hui largement les rives méridionales et orientales de la Méditerranée et constitue un enjeu majeur pour la rive septentrionale.

La recherche universitaire

Ces dernières décennies voient le sujet nettement quitter le domaine de la recherche spécialisée, et faire même souvent la Une de nos quotidiens. L'actualité les concernant évolue très rapidement ; la volonté génocidaire de groupes et organisations de plus en plus extrémistes à l'encontre des communautés chrétiennes, des Yézidis et des Chiites en zone sunnite, étant aujourd'hui quasi unanimement reconnue[19].

Jusqu'au dernier quart du XXᵉ siècle, les travaux des spécialistes du Monde arabe portant sur les minorités ethniques et religieuses ont été relativement rares. Actuellement, en revanche, nous posons un regard différent sur des sujets qui, jusqu'à ces dernières décennies, retenaient moins l'attention[20]. Les

---

[18] Par exemple « ASALA ». Colleen Sullivan, « Armenian Secret Army for the Liberation of Armenia », *Britannica*, https://www.britannica.com/topic/Armenian-Secret-Army-for-the-Liberation-of-Armenia

[19] Amanda Holpuch, Harriet Sherwood, Owen Bowcott, « John Kerry: Isis is committing genocide in Syria and Iraq », *The Guardian*, 17 mars 2016, https://www.theguardian.com/world/2016/mar/17/john-kerry-isis-genocide-syria-iraq ; Jack Moore, « European Parliament Recognizes ISIS Killing of Religious Minorities as Genocide », *Newsweek*, 2 avril 2016, http://europe.newsweek.com/european-parliament-recognizes-isis-killing-religious-minorities-genocide-423008?rm=eu ; « Chrétiens d'Orient: un « génocide » (d'Ormesson) », *Le Figaro*, 25 février 2015, http://www.lefigaro.fr/flash-actu/2015/02/25/97001-20150225FILWWW00168-chretiens-d-orient-un-genocide-d-ormesson.php

[20] Citons par exemple la table ronde « Missions et prédications : Comparer et décloisonner l'étude du phénomène missionnaire. Moyen-Orient – Afrique du Nord (XIXe-XXIe siècle) », 30 septembre-2 octobre 2020- EFR Rome ; École d'été - Sources et méthodes pour l'étude du phénomène missionnaire au Moyen-Orient (fin du XIXe siècle à nos jours), école d'été, 8-12 septembre 2019 (https://missmo.hypotheses.org/666) ; « Crossroads. European cultural diplomacy and Arab Christians in Palestine. A connected history during the formative years of the Middle East (1918-1948) », International conference, 25-27 March 2019, Leiden University Library (https://missmo.hypotheses.org/350) ; « Missionnaires en qualité d'experts : réseaux religieux,

identités multiples et les frontières culturelles ainsi que les minorités et les marginalités dans la région font aujourd'hui l'objet d'études beaucoup plus nombreuses[21].

L'image des Catholiques orientaux

Aujourd'hui, les Catholiques orientaux sont le plus souvent considérés comme les ombres d'un passé révolu, des souvenirs encombrants en quelque sorte. Si certains les ont vilipendés jusqu'à les traiter de prédateurs et de parasites, d'autres au contraire ont vu en eux des pionniers et des traceurs de voies. Lorsque l'on pose la question du rôle qu'ils ont pu jouer, on se trouve en général en présence de deux types de réactions antagonistes et peu argumentées.

D'un côté, d'aucuns iront jusqu'à affirmer qu'ils ont profité, pillé le pays, méprisé et exploité le peuple. Ce à quoi les autres répliqueront qu'ils leur ont tout apporté, compétences et savoir moderne, ouverture vers des marchés… et que sans leur présence et leurs apports, le pays aurait encore somnolé dans sa léthargie médiévale. En exagérant un peu, c'est en substance le sens des propos recueillis auprès de plusieurs personnes avec lesquelles nous avons pu échanger au cours de cette enquête.

L'objectif de cet essai n'est évidemment pas de clore le débat, mais d'essayer d'y apporter un peu de sérénité, ou tout au moins un peu de nuance.

Ceci dit, les Catholiques orientaux ont su développer de grandes capacités d'adaptation et de compétences pour se rendre indispensables au développement national de leur pays d'adoption. Du fait du rattachement de leur Église à Rome, leur « tropisme occidental » a constitué une forte spécificité par rapport aux autres communautés chrétiennes plutôt tournées vers l'Orient et ses traditions, et leur a permis de jouer un rôle majeur dans la modernisation du pays. En Égypte, ces communautés ont été prises, en étau entre leur identité égyptienne, contestée par certains, et leur *altérité catholique* ; cette situation pouvant naturellement provoquer quelques tensions et induire des rapports complexes à plusieurs niveaux. Mais si les Catholiques étaient dans leur majorité occidentalisés, les élites de manière générale, toutes religions confondues, l'étaient également. La langue du Palais était le français sous le roi Fouad.

Entre identité et altérité, ces communautés ont dû se « fondre » dans le tissu social égyptien tout en revendiquant leurs spécificités et leurs différences religieuses. En effet, contrairement à d'autres provinces de l'Empire ottoman, hormis la parenthèse allant de la deuxième moitié du XVIIIe siècle à la

---

connaissance du terrain et action publique au Moyen-Orient (XIXe-XXIe siècle) », Istanbul, 26-27 octobre 2018, https://missmo.hypotheses.org/303; https://missmo.hypotheses.org/author/nneveu
[21] Bernard Heyberger, « Introduction », *in* Bernard Heyberger (éd.), *Chrétiens du monde arabe. Un archipel en terre d'Islam, op. cit.*, p. 6.

première moitié du XXᵉ siècle, l'Égypte ne comptait pratiquement que deux communautés religieuses : les Musulmans sunnites et les Coptes.

Conclusion

À des rythmes variés, l'exode de ces communautés s'est enclenché dans la région. L'émigration des Chrétiens du monde arabe vers l'Occident, quel qu'en soit le rythme qui peut varier selon les crises, fait craindre pour leur présence dans la région à plus ou moins long terme. Même en Égypte, alors qu'ils sont les descendants des premières communautés chrétiennes, les Coptes sont souvent traités en communautés allogènes suppôts de l'Occident.

Dans les années 1920, la Turquie moderne et laïque a procédé à l'élimination de toutes les minorités religieuses. Les Grecs pontiques[22], une communauté vivant en Turquie depuis l'époque d'Homère, ont été expulsés à ce moment. Ils avaient été déclarés Grecs par le simple fait d'être Chrétiens et renvoyés vers la Grèce après plusieurs millénaires de présence avérée dans le pays. Ces déplacements forcés se sont uniquement faits sur des critères religieux : mis à part quelques exceptions, il s'agissait en fait de se débarrasser des populations non musulmanes de la Turquie[23]. La Grèce n'a pas été en reste, et a également renvoyé en Turquie des Musulmans grecs, mais en nombre bien plus restreint.

En Égypte il n'y eut jamais de déportations de masse, voire de déportations tout court, mais il ne faut pas pour autant sous-estimer la composante religieuse du nationalisme et à partir des années 1930 sa récupération par l'idéologie islamiste. Celle-ci prend de l'importance en dépit du fait que de nombreux théoriciens du mouvement national n'étaient pas Musulmans[24], et seront mis en minorité à partir des années 1930. Il est vrai qu'actuellement, la marée islamique qui a gagné du terrain, nous fait percevoir d'une façon plus clémente le deuxième tiers du XXᵉ siècle. Nous nous efforcerons donc de rappeler que dès l'origine, tous les germes de la situation actuelle se trouvaient déjà dans certains courants minoritaires du nationalisme arabe.

La question des Chrétiens orientaux s'inscrit pleinement dans l'actualité. En effet, les identités multiples et les sociétés multiculturelles auxquelles ils

---

[22] Venant du Pont Euxin, ancien nom de la Mer Noire. Ils parlaient le pontique, langue non indo-européenne qui tend à disparaître en Grèce au profit du grec.
[23] Israël W. Charny (dir.), Simon Wiesenthal (Préface), Desmond Tutu (Préface), *Le livre noir de l'humanité. Encyclopédie mondiale des génocides*, Toulouse, Privat, 2001 ; Jean-Pierre Valognes, *Vie et mort des Chrétiens d'Orient. Des origines à nos jours*, Paris, Fayard, 1994, p. 810.
[24] Le premier à avoir dit « L'Égypte aux Égyptiens », est un Égyptien juif, James Sanua, dit Abou Naddara (1839-1912). Le Khédive Ismaïl l'exile à Paris. Victor D. Sanua, « « Egypt for the Egyptians » The Story of Abu Naddara (James Sanua) 1839-1912 - A Jewish Egyptian Patriot », *Foundation for the Advancement of Sephardic Studies and Culture*, www.sephardicstudies.org/naddara.html ; Ammiel Alcalay, « Intellectual life », in Reeva Spector Simon, Michael Menachem Laskier, Sara Reguer (eds.), *The Jews of the Middle East and North Africa in Modern Times*, New York, Columbia University Press, 2003, pp. 85-112, p. 99.

appartenaient sont aujourd'hui au cœur de débats passionnés. En Occident notamment, la tentation de les essentialiser est très forte. Perçus souvent par certains comme de simples négociants, leurs apports pourtant essentiels, tant sur le plan de l'économie productive que celui de la culture, sont ignorés.

Chapitre I
Les *dhimmis*

Le statut du *dhimmi* est le statut de « protection » assigné aux « Gens du Livre » après la conquête islamique de Damas en 635, de Jérusalem en 638, de l'Égypte en 639 et de la Mésopotamie en 641. De manière récurrente, la demande de rétablissement de ce statut est réclamée par plusieurs groupes et notamment « dans le discours des militants islamistes contemporains […] [qui] veulent en faire la règle à toute cohabitation sur le territoire égyptien » comme l'écrit en 1995 G. Kramer[25] dans un article qui pressent la montée en force du mouvement islamiste.

Si le statut de *dhimmi*, c'est-à-dire celui d'un « citoyen » ne bénéficiant pas des mêmes droits que les citoyens musulmans[26], est peu connu en Occident chrétien, ce n'est pas le cas en Orient. C'était chose courante à l'époque dans les sociétés perses et byzantines[27]. En l'occurrence, des populations de diverses origines, notamment religieuses, sont admises à faire partie d'un empire tout en étant régies par un statut particulier.

Déjà dans la Grèce classique, le métèque avait un statut qui ressemblait fort à celui du *dhimmi*[28]. Dans l'Empire romain, les Juifs étaient dispensés du culte à l'Empereur et du service dans l'armée eu égard aux préceptes de leur religion (monothéisme et respect du Sabbat), et de ce fait ne pouvaient pas accéder à certaines fonctions. Il s'agissait donc en quelque sorte d'une « citoyenneté romaine de deuxième zone ». Un citoyen romain de confession juive n'était pas l'égal d'un citoyen romain qui rendait le culte à l'empereur.

La *Sahifa*

Mohamed propose aux Juifs de Médine la « *Sahifa* » – premier pacte de *dhimma*, c'est à dire, le statut de *dhimmi* –, c'était donc un modèle connu à

---

[25] Gudrun Krämer, « Dhimmi ou citoyen. Réflexions réformistes sur le statut des non-musulmans en société islamique », in Alain Roussillon (éd.), *Entre réforme sociale et mouvement national*, CEDEJ - Égypte/Soudan, Le Caire, 1995, pp. 577-590, § 5, p. 579, https://books.openedition.org/cedej/1446?lang=en
[26] Ce qui contredit évidemment la définition du mot citoyen qui implique l'égalité entre tous.
[27] Samir Khalil Samir, « Les communautés chrétiennes, membres actifs de la société arabe au cours de l'histoire », *Proche-Orient chrétien*, vol. 47, 1997, pp. 79-102, p. 81.
[28] Fattal rappelle que le métèque, « étranger autorisé à fixer son domicile à Athènes […] fait partie de la cité, a droit à la protection des lois, peut exercer n'importe quelle profession, posséder, transmettre et recevoir par testament ; mais il ne peut contracter mariage avec une Athénienne, doit payer une capitation spéciale et relève d'une juridiction exceptionnelle. » Antoine Fattal, *Le statut légal des non-musulmans en pays d'islam*, Institut de lettres orientales de Beyrouth, 1958, p. 76.

l'époque, à savoir un pacte d'obligation et de devoirs en échange de la protection que leur accordent les Musulmans.

Jusqu'au XIXe siècle, comparé au sort réservé aux non Chrétiens en Occident, le statut du *dhimmi* représentait une avancée. La *dhimma* confirmait le non Musulman dans cette situation qui était quand même préférable et plus sécurisante que celle réservée aux Juifs en Europe qui jusqu'alors ne bénéficiaient d'aucun statut.

À l'ombre de ce nouveau pacte, les *dhimmis* pouvaient pratiquer discrètement leur culte, exercer certaines activités et bénéficier de la protection que leur accordait l'islam. Théoriquement ils ne participent pas au gouvernement de la cité, mais ce principe a été souvent transgressé en dépit de l'interdiction coranique. En effet, les textes coraniques ayant pour thèmes la suprématie de la communauté musulmane sont nombreux et explicites[29].

Mais comme l'écrit Ibn Khaldoun : « les Arabes étaient grossiers, sans instruction, et peu habiles dans les arts de l'écriture et du calcul ; aussi prenaient-ils pour tenir leurs comptes des juifs, des chrétiens ou des affranchis étrangers. »[30] Cette situation d'attribution de postes importants aux non Musulmans perdure, ou se reproduit dans l'Empire ottoman, ce qui explique que dans de nombreux cas, ils ont continué à être à des postes que les Musulmans ne pouvaient occuper. En effet, après la prise de Constantinople (1453), l'administration byzantine reste inchangée à ses débuts.

Mis à part cette élite privilégiée, les non Musulmans appartenant à une communauté, *tâ'ifa*, reconnue par le pouvoir central, restent soumis à des humiliations témoignant de leur rang inférieur. Leur situation est souvent précaire. Les périodes de sécurité et de prospérité alternent avec d'autres de grande instabilité, notamment à l'époque fatimide (969 – 1171) ou à l'époque mamelouke (1250 – 1516)[31].

En fait les prescriptions rigoureuses des juristes musulmans étaient souvent transgressées, en fonction des besoins du moment. Les mesures appliquées aux *dhimmis* dépendaient de la situation intérieure du pays au moment donné. « Ceci dit, les prescriptions juridiques, même non appliquées, restaient toujours le référent normatif des attitudes et des attentes musulmanes. […] »[32]

---

[29] Voir à ce sujet Gudrun Krämer, « Dhimmi ou citoyen. Réflexions réformistes sur le statut des non-musulmans en société islamique », *op. cit.*, § 5, p. 578, https://books.openedition.org/cedej/1446?lang=en

[30] Youssef Courbage et Philippe Fargues, *Chrétiens et Juifs dans l'Islam arabe et turc*, Paris, Payot, 1997, p. 53 qui cite Ibn Khaldoun.

[31] Samir Khalil Samir, « Les communautés chrétiennes, membres actifs de la société arabe au cours de l'histoire », *op. cit.*, p. 83. Les coptes ont subi des persécutions par les autorités locales lors des croisades, alors qu'ils avaient pris leurs distances – à l'instar de nombreuses communautés orientales – vis-à-vis des croisés.

[32] Gudrun Krämer, « Dhimmi ou citoyen. Réflexions réformistes sur le statut des non-musulmans en société islamique », *op. cit.*, § 5, p. 578, https://books.openedition.org/cedej/1446?lang=en

Et si un *dhimmi* parvenait à occuper une situation privilégiée, cela était perçu comme une anomalie à rectifier. À ce propos, G. Krämer note : « une fois dissociées des conditions historiques qui avaient présidé à leur élaboration, figées et bien établies dans la mémoire collective, les règles de la jurisprudence islamique (le *fiqh*) [33] avaient ainsi acquis la force de la *shar'îa*. »[34]

Le statut de *dhimmi* au début de l'Islam

Il n'est en aucun cas question d'égalité, notion tout à fait anachronique à l'époque[35], dans ce contrat, mais d'une tolérance et d'une « protection » qui se paiera par l'obligation de verser au vainqueur un impôt foncier (le *kharaj/kharadj*) et une capitation (la *jizya/djizya*) imposée aux hommes (de plus de 12 ans), pour prix de leur existence. Les conversions n'étaient pas obligatoires, et sans doute même pas souhaitées par certains dirigeants à certaines époques. Le Calife Mo'awya[36] (661-680) songea à empêcher les Coptes d'embrasser l'Islam[37], leur conversion entraînant une baisse de revenus fiscaux.

Ceci permet aux non Musulmans, dans une certaine limite, de conserver leur autonomie et de pérenniser leur organisation civile et religieuse tout à fait supportable au début de la conquête, quand ils étaient encore largement majoritaires. Mais cette situation se modifie progressivement. Les rapports numériques tendent à s'inverser sous le double effet des conversions et des alliances matrimoniales entre Musulmans et non Musulmans qui entraînaient obligatoirement une descendance musulmane. En effet, même si l'épouse non musulmane n'est pas obligée de se convertir – contrairement aux hommes qui eux le sont –, les enfants naîtront Musulmans, et aucune dérogation n'est possible. Et ceci, quel que soit le nombre de générations de mariages mixtes – Musulman avec non Musulmane –, les descendants seront toujours considérés comme Musulmans sans la moindre remise en cause possible.

L'attitude vis-à-vis des *dhimmis*, quand ceux-ci deviendront minoritaires, tendra à se radicaliser à certaines périodes et les interdictions seront imposées avec plus de rigueur. Ceci dit, il y a toujours eu une constante dans l'histoire des « minorités religieuses » en Égypte : elles ont toujours été écrasées

---

[33] Jurisprudence islamique.
[34] Gudrun Krämer, « Dhimmi ou citoyen. Réflexions réformistes sur le statut des non-musulmans en société islamique », *op. cit.*, § 5, p. 578,
https://books.openedition.org/cedej/1446?lang=en
[35] Il est vrai néanmoins que Saint Paul, dans l'épître aux Galates (3, 28) dit : « Il n'y a ni hommes ni femmes, ni Juifs ni Grecs, ni hommes libres ni esclaves, vous êtes tous un en Jésus-Christ ». Toutefois cela est souvent resté théorique au sein de l'Église.
[36] Fondateur de la dynastie des Omeyyades (661-750).
[37] Jacques Tagher, *Coptes et musulmans*, *op.cit.*, p. 31.

d'impôts. Lorsque les finances étaient dans le rouge, les dirigeants augmentaient la *jizya*. « Les minorités ne souffraient pas seulement de partialité religieuse, mais aussi de difficultés financières. »[38] Comme nous le verrons dans la partie relative à la prospérité des millets, cet aspect est parfois évoqué par les citadins coptes pour rappeler qu'ils sont les descendants de ceux dont la situation financière permettait de payer des impôts exorbitants pour ne pas renoncer à leur foi. La *jizya* n'était appliquée qu'aux citadins, ce qui expliquerait la proportion plus importante de Coptes en milieu rural. Les habitants de la campagne, dispensés de *jizya*, ne payaient que le *kharaj*. C'est peut-être une des raisons pour lesquelles il y avait proportionnellement moins de conversions chez les paysans que chez les citadins. Par un glissement d'impôt prélevé sur le *dhimmi*, il tend à devenir un impôt sur la terre que Musulmans et non Musulmans devaient payer.[39]

Le statut des *dhimmis* connaîtra des fortunes diverses selon les époques et selon les régions, mais il demeure une constante qui ne sera pas transgressée, à savoir qu'ils n'ont jamais bénéficié d'un statut d'égalité avec les Musulmans.

La liberté de culte est très restrictive, mais la loi n'est pas toujours respectée et on observe de grandes différences. Le célèbre *qadi* (juge) de Bagdad, contemporain de Haroun Al-Rachid, Abou Youssef (738-798) relate dans son *Livre de l'impôt foncier* (Kitâb al Kharaj) qu'il tient « que 'Omar b. 'Abdel 'Aziz écrivit à l'un de ses gouverneurs : « ne laisse exhiber aucune croix sans la briser et la détruire [...]. » »[40] L'injonction émanant du calife Omar II (717-720)[41], un des plus grands législateurs de l'Islam, revêt une importance capitale. Mais Cahen rapporte que « la pratique des premiers siècles [après la conquête] témoigne que ces interdictions ont rarement été absolues, et que, moyennant finances, il a en général été possible de construire des édifices[42] neufs, même dans des centres musulmans comme Fustât et Le Caire [...].[43] » Alors que « dans certaines contrées, des fonctionnaires visitent les églises pour vérifier qu'aucune réparation n'ait été effectuée » même suite à un incendie ou un tremblement de terre[44].

---

[38] Moustapha Al Feqi, *Les coptes en politique égyptienne. Le Rôle de Makram Ebeid dans le Mouvement National*, Paris, L'Harmattan, 2007, pp. 23-4. M. Al Feqi est un haut fonctionnaire, ex-conseiller du président Moubarak, et actuellement Directeur de la Bibliothèque d'Alexandrie.
[39] Jacques Tagher, *Coptes et musulmans, op. cit.*, p. 86.
[40] Abou Youssef Ja'coub b. Ibrahim, *Livre de l'impôt foncier* (Kitâb al Kharaj), Paris, Paul Geuthner, 1921, pp. 195-197 cité par Jacques Tagher, *Coptes et musulmans, op. cit.*, p. 59.
[41] « 'Umar II Umayyad caliph », *Britannica*, https://www.britannica.com/biography/Umar-II
[42] Il s'agit évidemment de construction d'édifices religieux non musulmans.
[43] Claude Cahen, Chafik Chehata, « Dhimma », in *Encyclopaedia of Islam*, vol. 2. Leiden, Brill, 1954–2005.
[44] François Charles-Roux, *France et chrétiens d'Orient*, Paris, Flammarion, 1939, pp. 60, 80.

La seule interdiction absolue qui n'ait jamais été transgressée concerne l'apostasie pour le Musulman et l'injure à l'islam et… officiellement, aux religions du Livre. Dans la vie quotidienne, le comportement des non Musulmans est surveillé et les interdits fréquents, mais modulés ou modulables selon l'endroit et l'époque. Actuellement, il se trouve que la famille la plus riche d'Égypte et d'Afrique est copte et que l'oligarchie chrétienne est très active dans plusieurs secteurs de pointe. Mais la situation d'un riche copte du Caire ou d'Alexandrie n'a rien de comparable avec celle d'un paysan copte de Haute-Égypte à qui le « Pacte de Omar » est souvent appliqué par certains groupes [45] qui en demandent périodiquement sa réactualisation officielle. Et ceci se traduit notamment par les séances dites de réconciliation : lorsqu'au cours d'un différend entre Coptes et Musulmans – oreille coupée, maison, églises ou commerces brûlés –, les notables du village organisent une « séance de réconciliation » et demande à la victime non musulmane de ne pas déposer sa plainte, ou éventuellement de la retirer et de renoncer à quelque indemnisation que ce soit[46]. Pierre Vermeren relève le même phénomène au Liban à la fin du XIXe siècle, suite aux massacres de 1860 : « Le 5 juillet, à l'issue des tueries de la montagne, les autorités ottomanes imposent un traité qui garantit la sécurité aux chrétiens du Mont Liban, mais ils doivent reconnaître l'impunité des coupables et renoncer aux biens volés. »[47]

Notons toutefois que ces séances n'ont lieu que quand c'est un non Musulman qui est la victime d'un Musulman.

---

[45] Ces pratiques font souvent consensus auprès d'une partie non-négligeable de la population bien qu'aucun texte officiel n'ait été promulgué pour les cautionner.
[46] Sur les séances dites de réconciliations, voir « Issue Brief: Egypt's Reconciliation Councils », in *Eshhad - The Tahrir Institute for Middle East Policy*, mars 2016, https://static1.squarespace.com/static/5947e4266a49635915ac0a31/t/59ee80eed7bdce42 45e96c7c/1508802798737/IB_Reconciliation.pdf ; « 'Whose Customs? The Role of Customary Reconciliation in Sectarian Disputes and State Responsibility'. Four years, four presidents, and 45 unjust customary reconciliations that violate the rights of Coptic citizens, », in *Egyptian Initiative for Personal Rights (EIPR)*, communiqué de presse, 10 juin 2015, https://eipr.org/en/press/2015/06/%E2%80%9Cwhose-customs-role-customary-reconciliation-sectarian-disputes-and-state ; Bård Helge Kårtveit, « Egyptian Copts Under Attack: The Frailty of a National Unity Discourse », in *Middle East Institute*, 13 juillet 2017, https://www.mei.edu/publications/egyptian-copts-under-attack-frailty-national-unity-discourse#_edn10 ; Nader Shukry, « Acquittal for cutting Copt's ear », in *Watani*, 24 avril 2012, https://en.wataninet.com/coptic-affairs-coptic-affairs/sectarian/acquittal-for-cutting-copts-ear/3987/
[47] Pierre Vermeren, « Le retour de la protection des chrétiens d'Orient au Levant », in Pierre Vermeren (dir.), *La France en terre d'islam. Empire colonial et religions, XIXe-XXe siècles*, Paris, Belin, « Collection Histoire », 2016, pp. 89-103, https://www.cairn.info/la-france-en-terre-d-islam--9782701196640-page-89.htm

Pacte de Omar. Document authentique ?

Les relations entre Musulmans et non Musulmans sont codifiées dans ce pacte, notamment sur le plan vestimentaire. C'est en effet le « pacte de Omar » qui détermine véritablement la condition du *dhimmi*. Son authenticité est mise en doute par certains historiens,[48] car les chroniqueurs de Omar ne le mentionnent pas. Mais à l'instar des prescriptions de la pseudo-donation de Constantin[49], celles du pacte ont été appliquées, notamment les dispositions relatives au costume et à la justice jusqu'à l'époque de Mohamed Ali en Égypte et la deuxième moitié du XIXe siècle dans le reste de l'Empire ottoman. Ce texte sera, selon le rapport de force, appliqué scrupuleusement ou de manière plus laxiste. Mais le fait est qu'il est bien présent dans certains milieux, et comme nous l'avons vu, des groupes demandent ces dernières décennies sa ré-application.

Texte du Pacte de Omar

« Ceci est écrit au serviteur de Dieu, Omar, prince des croyants, par les chrétiens des villes…

« Quand tu es venu dans ce pays, nous t'avons demandé l'*amân* (c'est-à-dire la protection, N.D.L.R.) pour nous, nos familles, nos biens et nos coreligionnaires et avons pris envers toi les engagements suivants :

« Nous n'édifierons point de couvents, ni d'églises, ni de patriarcats, ni d'ermitages dans nos villes et aux environs ; nous ne réparerons pas les ruines de nos églises et nous ne relèverons pas celles qui se trouvent dans les quartiers musulmans ; nous n'empêcherons pas les Musulmans de descendre dans nos églises, soit pendant le jour, soit pendant la nuit ; nous en élargirons les portes pour les passants et les voyageurs ; nous donnerons pendant trois jours l'hospitalité à tous les musulmans qui viendront chez nous ; nous ne donnerons asile aux ennemis de l'État, ni dans nos églises, ni dans nos demeures ; nous ne cacherons rien aux musulmans de ce qui pourrait leur nuire ; nous n'enseignerons point le Coran à nos enfants ; nous n'afficherons point publiquement notre polythéisme ; nous ne ferons point de propagande et nous n'empêcherons aucun des nôtres de se faire musulman, si telle est sa volonté.

« Nous traiterons les musulmans avec respect ; nous nous lèverons de nos sièges à leur approche et leur céderont la meilleure place s'ils veulent s'asseoir parmi nous ; nous ne leur ressemblerons pas dans notre manière de nous vêtir[50] ; nous ne porterons point les mêmes calottes, turbans ou chaussures ;

---

[48] Isabelle Safa, « Le pacte d'Umar », in *Les Cahiers de l'Orient*, 2015/2 (N° 118), pp. 23-25, https://www.cairn.info/revue-les-cahiers-de-l-orient-2015-2-page-23.htm
[49] Fabrice Delivré, « La (fausse) donation de Constantin », in *Raison présente*, vol. 208, n°. 4, 2018, pp. 83-94, https://www.cairn.info/revue-raison-presente-2018-4-page-83.htm
[50] Cette injonction, constamment renouvelée, n'a pas pris une ride au cours des siècles.

nous ne séparerons pas nos cheveux par une raie ; nous n'emploierons pas, dans notre langage, les mêmes expressions qu'eux ; nous ne prendrons pas leurs surnoms ; nous ne monterons point sur des selles ; nous ne porterons point de sabres, nous ne fabriquerons point d'armes ; nous ne ferons point graver de cachets en arabe ; nous ne vendrons point de vin ; nous nous raserons les parties antérieures de la tête et nous continuerons à nous vêtir de la même manière que par le passé ; nous porterons une ceinture au milieu du corps ; nous n'élèverons point de croix sur nos églises, et nous n'exhiberons point nos croix et nos livres (saints) dans les rues et places fréquentées par des musulmans.

« Nous n'agiterons nos crécelles dans nos églises que très doucement ; nous n'y prierons pas à haute voix et n'élèverons pas la voix en présence des musulmans ; nous ne sortirons pas avec des palmes ou des statuts ; nous ne chanterons point pour nos morts et n'allumerons point de cierges, à cette occasion, dans les rues habitées par les musulmans ou rapprochées de leurs marchés ; nous n'établirons point nos cimetières dans le voisinage des musulmans ; nous ne prendrons point pour esclaves des personnes capturées par eux et n'aurions point de vue sur leurs maisons. »[51]

Lorsqu'on lui soumit ce texte, Omar aurait ajouté : « nous ne frapperons aucun musulman. Telles sont les conditions auxquelles nous nous engageons envers toi, envers nous-mêmes et envers notre nation, et en vertu desquelles nous recevons l'*amân*. Si nous ne respectons pas une de ces clauses pour lesquelles nous donnons en garantie nos personnes, tu n'aurais plus alors d'obligations envers nous, et il te sera permis de faire de nous ce qu'il te plaira et de nous traiter comme des séditieux et des rebelles. »[52]

Les conditions auxquelles les *dhimmis* doivent se soumettre sont résumées par un juriste du XIVe siècle, Qalqachandi :
- payer la *jizya* ;
- donner l'hospitalité temporaire aux Musulmans ;
- se soumettre à la justice musulmane[53] ;
- ne pas monter sur des chevaux et n'employer que des mulets ;
- laisser les Musulmans occuper les meilleures places dans les réunions et circuler sur la partie la plus carrossable de la route ;
- se vêtir d'une autre manière que les Musulmans ;
- ne pas construire de bâtiments qui dépasseraient les bâtiments voisins occupés par des Musulmans ;
- ne pas construire de nouveaux couvents ou églises dans les villes édifiées par les Musulmans.

---

[51] Jacques Tagher, *Coptes et musulmans, op. cit.*, p. 52 et suivantes.
[52] *Idem.*
[53] A l'exclusion des affaires qui relèvent du statut personnel et qui sont donc régies par les différentes lois religieuses de chaque groupe non musulman.

Voici une autre preuve de son application dans un témoignage datant du XVIIIe siècle (mais qui révèle une réalité qui se maintient jusqu'à nos jours[54] :
« [Les églises], Monseigneur, bien que presque ruinées, ont été, avec grande difficulté, secrètement réparées, et le travail, à un prix élevé a été entièrement terminé, quand quelques méchants Turcs, dans ce voisinage, se plaignirent de ce travail comme d'une infraction à la loi, selon laquelle les églises chrétiennes dans la ville de Constantinople ne devaient être ni démolies ni réparées […]. »[55]

Paradoxe du *dhimmi* et son rôle dans l'organisation de l'état musulman

Comme on l'a vu, on ne pouvait avoir recours aux services d'un non Musulman que dans le seul cas où aucun Musulman ne pouvait remplir les tâches demandées. De ce fait, c'est paradoxalement le législateur musulman lui-même qui a poussé le non Musulman à être « précurseur », aussi bien dans l'Empire arabe, que plus tard dans l'Empire ottoman[56] ! Au début, le manque de connaissance des populations musulmanes les rendait incapables de gouverner les territoires conquis. Forts de leur culture et de leurs compétences, dans les domaines de la politique et de l'administration, les *dhimmis* vont en effet parvenir à conserver certaines fonctions administratives importantes au sein de l'Empire.

Plus tard, c'est le refus délibéré de la part des Musulmans d'acquérir les sciences en provenance de l'Occident qui fera du *dhimmi*[57] un personnage indispensable dans l'organisation de l'Empire ottoman.

Les *dhimmis* ont toujours constitué la cible idéale lorsqu'un danger se présentait et ceci, rappelons-le, avant même les croisades ou toute autre intervention occidentale. Michel le Syrien rapporte qu'au VIIIe siècle déjà, le Calife 'Omar ben 'Abdel 'Aziz, Omar II[58] s'en prend violemment aux Chrétiens, car il subit des revers de la part des Byzantins[59]. « On eut tendance à les considérer comme des alliés naturels de l'Empire de Byzance, et souvent ils durent supporter les conséquences d'une défaite arabe » alors même que c'est leur hostilité envers Byzance qui a rendu si aisée la conquête musulmane dans la région, notamment en Égypte. Même plus tard, d'une façon générale,

---

[54] Quand on voit les contraintes imposées aux *dhimmis*, on comprend aisément que les ambassadeurs aient cherché à soustraire leurs collaborateurs, notamment les *drogmans*, Chrétiens ou Juifs à ce statut. D'où la création du *bérat* ou *barat*, que nous verrons et développerons dans le chapitre suivant.
[55] Lettre de Ainslie à Carmarthen, Constantinople, 10 janvier 1785, Foreign Office, Public Record Office Archives (Londres) 261-1 (n. p.).
[56] Youssef Courbage et Philippe Fargues, *Chrétiens et Juifs dans l'Islam arabe et turc*, op. cit., p. 52.
[57] C'était également le cas des renégats, mais ce n'est pas notre sujet.
[58] Celui du Pacte de Omar.
[59] Michel le Syrien, *Chroniques*, édité et traduit par J.-B. Chabot, Paris, E. Leroux, tome II, fasc. 3ème, 1905, p. 488, cité par Jacques Tagher, *Coptes et musulmans*, op. cit., p. 110.

les Coptes n'ont jamais pactisé avec l'occupant étranger au cours de l'Histoire. Ils ont rejeté les propositions de soutenir les croisés alors que ceux-ci affirmaient être « venus pour protéger les minorités chrétiennes, dont les Coptes. »[60] Enfin, lors de l'arrivée de Bonaparte en 1798, un petit nombre de Coptes, sous les ordres du Mou'allim Yaacoub, coopère avec les Français. Ils sont désavoués par le patriarche et la majorité de la communauté[61].

Cependant, en 1882, les discours enflammés de Orabi – adepte du panislamisme qui prônait le jihad – et les prêches de certains cheikhs qui disaient que l'Islam était en danger à cause de l'augmentation de la participation des Coptes aux postes ministériels, poussèrent une certaine partie de la communauté copte à accueillir les Britanniques en libérateurs[62].

Que dit le Coran au sujet des *dhimmis* ?

La suspicion pèse sur eux depuis les origines. Elle est inscrite dans les textes religieux. C'est vrai qu'il y a certains versets qui leur sont nettement favorables : « Tu trouveras, certes, que les plus proches des croyants [il s'agit des Musulmans] par l'amitié sont ceux qui disent : 'Oui, nous sommes chrétiens !', parce qu'on trouve parmi eux, des prêtres et des moines et qu'ils ne s'enflent pas d'orgueil » (5, 82) ; « Si Allah avait voulu, certes Il aurait fait de vous tous une seule communauté. Mais Il veut vous éprouver en ce qu'Il vous donne. Concurrencez donc dans les bonnes œuvres. C'est vers Allah qu'est votre retour à tous » (5, 48)). Alors que d'autres versets leur sont quant à eux nettement hostiles. « Ô vous qui croyez ! Les associateurs[63] ne sont qu'impureté » (9, 29). D'où l'ambiguïté de toute la situation. En effet, les textes coraniques demandant aux croyants de se méfier des non Musulmans sont très clairs : « Ô les croyants ! Ne prenez pas pour alliés les mécréants au lieu des croyants. Voudriez-vous donner à Allah une preuve évidente contre vous ? » (4, 144) ; « Ô vous qui croyez ! Ne prenez pas pour alliés vos pères et vos frères s'ils préfèrent la mécréance à la foi. Et quiconque parmi vous les prend pour alliés... ceux-là sont les injustes. » (9, 23)[64] Comme nous l'avons vu, il est évident qu'en quatorze siècles, l'injonction coranique était fréquemment transgressée. Pour preuve, les très nombreux rappels des

---

[60] Interview du pape Shenouda, *Al-Ahram*, 9 février 1977 in Moustapha Al Feqi, *Les coptes en politique égyptienne. Le Rôle de Makram Ebeid dans le Mouvement National*, op.cit., p. 25.
[61] *Ibidem*, p. 27.
[62] Arthur John Arberry, *Religion in the Middle-East: Three Religions in Concord and Conflict*, Cambridge, Cambridge University Press, 1969, vol. 1, chapitre 8, p. 433 ; Moustapha Al Feqi, *Les coptes en politique égyptienne. Le Rôle de Makram Ebeid dans le Mouvement National*, op.cit., pp. 36-37.
[63] Ce terme désigne les Chrétiens qui croient en la Trinité, et qui seraient donc, associateurs, polythéistes.
[64] Youssef Courbage et Philippe Fargues, *Chrétiens et Juifs dans l'Islam arabe et turc*, op. cit., p. 52.

souverains de ne pas engager des non Musulmans afin de se conformer aux textes religieux.

Situation des *dhimmis* au Levant

Restrictions

Nous reproduisons ci-dessous un texte de Volney qui décrit la situation au Levant. Théoriquement, les prescriptions qui y sont mentionnées sont les mêmes dans tout l'Empire ottoman, notamment en Égypte. Il énumère des restrictions et vexations subies :

« Concernant les provinces du Levant, toute démonstration publique de culte est interdite aux chrétiens, hors du Kesraouân où l'on n'a pas pu l'interdire[65]. Ils ne peuvent bâtir de nouvelles églises ; et si les anciennes se ruinent, ils ne peuvent les réparer que par des permissions qu'il faut payer chèrement. Un chrétien ne peut frapper un musulman sans risquer sa vie ; et si le musulman tue un chrétien, il en est quitte pour une rançon[66]. »

Il est extrêmement rare qu'un Musulman soit condamné pour l'assassinat de non Musulmans. Mohamed Ali[67] fut le premier à appliquer la peine capitale à un Musulman coupable de l'assassinat d'un Chrétien[68].

Dans ses mémoires, Nubar pacha révèle de manière saisissante les changements apportés par Mohamed Ali bien avant le *Hatti Hummayun* de 1856, en rapportant l'épisode suivant : « Je me rappelle qu'un jour [en 1844], un crime fut commis à Alexandrie par un batelier arabe. La victime était un jeune Chrétien qu'il avait assassiné et jeté à l'eau. Le meurtrier fut découvert et ordre donné de le conduire au supplice. La potence était dressée à proximité de la colonne de Pompée. Une foule immense se pressait sur les pas du condamné pendant qu'on le conduisait au supplice. La populace était indignée : « Comment ! pendre un Musulman parce qu'il a anéanti un mécréant ! Mais nos docteurs en loi ne nous enseignent-ils pas que la vie d'un Musulman vaut celle de dix mécréants ? S'il est pendu à nous donc de tuer neuf autres de ces chiens de Chrétiens ! » Puis tout à coup, la foule se dispersa comme par enchantement ; le chef de la police, un boiteux, Tahir bey, avait simplement dit et fait savoir que le vice-roi avait ordonné de pendre à côté du condamné quiconque se permettrait la moindre observation. »[69]

---

[65] Cette région, due à des conditions d'accès difficiles et son relief escarpé, jouissait d'un statut particulier dans tout l'Empire ottoman.
[66] Constantin-François de Chasseboeuf, comte de Volney, *Voyage en Syrie et en Égypte, pendant les années 1783, 1784 et 1785*, tome I, Paris, Chez Volland & Desenne, Paris, 1787, p. 255-257.
[67] Né en 1768 (?), il a été à la tête du pays de 1805-1849.
[68] Voir plus bas.
[69] Nubar pacha, *Mémoires de Nubar pacha*, Introduction et notes de Mirrit Boutros Ghali, Beyrouth, Librairie du Liban, 1983, p. XII.

Revenons à Volney : « Les chrétiens ne peuvent monter à cheval dans les villes. En voyage, ils doivent s'acquitter d'une taxe, le *rafar* ou péage, dont les Musulmans sont exempts. [...] En justice le serment de deux chrétiens n'est compté que pour un ; et telle est la partialité des *qâdis*, qu'il est presque impossible qu'un Chrétien gagne un procès ; enfin ils sont les seuls à supporter la capitation dite *kharadj* dont le billet porte ses mots remarquables : *djazz-el-râs*[70], c'est-à-dire (*rachat*) du *coupement de la tête* [...]. Ces distinctions, si propres à entretenir les haines et les divisions, passent chez le peuple et se retrouvent dans tous les usages de la vie. [...] Le salut usité est seulement *bon matin*, ou *bon soir* : heureux s'il n'est point accompagné d'un *djaour, kafer, kelb*, c'est-à-dire, *impie, apostat*[71], *chien*, qui sont les épithètes familières avec les chrétiens. »[72] Épithètes qui n'ont pas vraiment disparu et qui peuvent être réentendues en période de crise.

Les règles du pacte de Omar étaient pointilleuses et très détaillées. Mais pour différentes raisons elles n'ont pas toujours été rigoureusement appliquées, voire pas appliquées du tout, dans certaines régions et à certains moments : soit parce que le *dhimmi* parvient à circonvenir les autorités, soit en raison d'un relâchement provoqué par l'éloignement vis-à-vis du pouvoir central et ceci dès le début de l'expansion islamique. Les dérogations ont donc été nombreuses.

Prescriptions vestimentaires

Ces prescriptions avaient comme objectif de diviser l'espace entre croyants et non croyants, mais également de marquer les non Musulmans d'un sceau d'infériorité.

« Les *dhimmis* ne doivent pas s'habiller comme les musulmans. Ils ne doivent pas porter de *qaba* [vêtement à large manche], de vêtements de soie, de turban, mais doivent se coiffer de *qalansuwa* [haut bonnet conique capitonné]. »[73]

Abou Youssef (735-795)[74] s'étend longuement sur les prescriptions vestimentaires :

---

[70] Rev. Dr. John Trusler, *The Habitable World Described: Or the Present State of the People In All Parts of the Globe, From North to South; Shewing the Situation, Extent, Climate, ... Including All the New Discoveries: ... With a Great Variety of Maps and Copper-plates, ...* Vol. I. London, Literary-Press, Clerkenwell, 1788, p. 207 ; Le R.P. Laorty-Hadji, (Baron Taylor), *La Syrie, la Palestine et la Judée. Pèlerinage à Jérusalem et aux lieux saints*, 18ème édition, Paris, chez Bolle-Lasalle Ed., 1854, p. 512.
[71] Kâfer veut en fait dire infidèle, non-croyant, éventuellement apostat.
[72] C. F. Volney, *Voyage en Syrie et en Égypte, pendant les années 1783, 1784 et 1785, op. cit.*, tome I, p. 255-257.
[73] Badr Ad-Din Muhammad Al-Qarafi (1533-1601), auteur de l'ouvrage de jurisprudence, *ad-Durar an-Nafa'is*, qui cite Al-Qasim Abû Ubayd (d. 838), érudit ayant vécu en Irak.
[74] Abou Youssef Ya'qûb bin Ibrâhîm al-Kûfî, *Livre de l'impôt foncier* (Kitâb al Kharaj), p. 195-97.

« Il faut, écrivait-il au calife, que tu leur suspendes (aux *dhimmis*) un sceau autour du cou lors de la perception de la capitation, jusqu'à ce que tous aient été passés en revue ; ils pourront ensuite rompre ces sceaux s'ils le désirent. Tu dois également prescrire qu'aucun d'entre eux ne puisse ressembler à un musulman par le costume, la monture ou l'extérieur ; ils doivent tous porter à la taille une ceinture semblable à un fil grossier que chacun se noue au milieu du corps. »[75]

Au XVIIIe siècle, Al-Damanhûri, un juriste égyptien écrit à propos des *dhimmis* « Ils doivent se distinguer de nous par le costume... leurs lacets de souliers ne doivent pas être semblables aux nôtres... leurs souliers doivent être grossiers de couleur déplaisante[76]. » À la même époque, le comte de Volney relate que « La Porte vient de renouveler ses ordonnances pour qu'ils rétablissent l'ancienne forme de leur turban : il doit être d'une grosse mousseline bleue, avec une seule lisière blanche. »[77]

« [...] L'ordre interdisant les vêtements des Chrétiens et des Juifs, excepté en tissus modestes [...] est exécuté le plus rigoureusement, d'une manière inconnue précédemment, qui alarme beaucoup tous ceux qui ne sont pas Mahométans [...]. »[78]

[...] Le Grand Seigneur lui-même nous montre qu'il est déterminé à maintenir ses lois et à les faire exécuter ; celle concernant les vêtements a été souvent répétée, et avec une solennité remarquable [...]. Un Juif pendant son sabbat fut la première victime ; le Grand Seigneur qui se promenait incognito, le rencontra, et n'ayant pas le bourreau avec lui, sans l'envoyer [le Juif] au vizir, le fit exécuter, sa gorge [fut] tranchée au moment même ; le jour suivant, [ce fut le tour] d'un Arménien [...]. »[79]

Au Maroc, à Marrakech et à Meknès, « le capuchon du manteau, en drap bleu, ne peut se rabattre sur la tête, dans la crainte qu'on ne confonde de loin un Juif avec un Maure ; car le Maure porte quelquefois le capuchon de même couleur, seulement avec une bordure différente. »[80]

Les dernières restrictions concernant le port des vêtements des non Musulmans, datent de la moitié du XIXe siècle. Le Musulman ne pouvant être confondu avec le non Musulman, ce dernier doit se différencier de manière visible, par sa tenue, par sa monture et il n'y aura jamais de dérogation officielle à cette règle jusqu'à l'arrivée des puissances occidentales. Comme souvent, il est frappant de constater la continuité dans le rappel de l'application des prescriptions. « La loi musulmane exige que chaque

---

[75] Jacques Tagher, *Coptes et musulmans*, op. cit., p. 58.
[76] *Les chrétientés d'Orient entre Jihad et dhimmitude*, Bat Ye'or, op. cit., p. 423.
[77] C. F. Volney, *Voyage en Syrie et en Égypte, pendant les années 1783, 1784 et 1785*, op. cit., pp. 255-56.
[78] State Papers, Londres, 97-40 (n. p.). Porter à Pitt, Londres. Constantinople, 3 février 1758.
[79] State Papers, Londres, 97-40 (n. p.). Porter à Pitt, Londres. Constantinople, 3 juin 1758.
[80] Léon Godard, *Le Maroc : notes d'un voyageur : 1858-1859*, Alger, 1859, pp. 27-28.

confession porte un vêtement qui lui est assigné afin que chaque race soit distinguée d'une autre. […] Les juifs portent des chaussures de couleur bleu foncé, tandis que les chaussures des chrétiens sont rouges. »[81]

La question vestimentaire occupe une place très importante, disons primordiale, dans la législation et la vie des Musulmans. Ce n'est pas uniquement pour distinguer la « race » et la religion, mais également de statut social. « Kindi[82] rapporte une histoire de bonnet qui faillit dégénérer en drame. En effet, le cadi Ibn Aboul Leith ayant constaté que les cadis inférieurs en rang exagéraient la longueur du bonnet, leur intima l'ordre de les raccourcir et jura qu'il couperait le cou aux récalcitrants. »[83]

Volney rappelle qu'il « leur est défendu de porter des pantoufles jaunes, des châles blancs et toute couleur verte. [Leur sont assignés] le rouge pour la chaussure, le bleu pour l'habillement […]. »[84]

Décrets du sultan : suppression « officielle » du statut de *dhimmi* (1839-1856)

Bien avant que le sultan eût été contraint de supprimer ce statut, déjà en Égypte, Mohamed Ali « n'ayant pas les préjugés des musulmans de son époque, abolit toutes les humiliations auxquelles étaient soumis les chrétiens, qui n'avaient pas le droit de monter à cheval ou de s'habiller de certaines couleurs devant leurs « supérieurs », les musulmans. »[85]

Le sultan Abdel-Meguid promulgue le 18 février 1856, soit un mois avant la signature du traité de Paris, un acte qui étend des garanties de liberté et d'égalité déjà consenties au début de son règne par le Hatti-Chérif de Gulhané de 1839 et les lois du Tanzimat – série de réformes constitutionnelles (1839-1876) destinées à moderniser l'Empire ottoman[86]. Sous la pression des puissances chrétiennes, le sultan renonce à ses anciens droits sur les communautés minoritaires et consent à leur accorder l'égalité civile en échange de la promesse de l'intégrité de son territoire reconnue au traité de Paris le 30 mars 1856.

---

[81] Gedaliah de Siemiatyc, *Sha'alu Shelom Yerushalayim (Priez pour la paix de Jérusalem)*, Berlin, 1716, folio 13 b ; Al-Damanhûri, *Iqâmat al Hujja al-bâhira 'ala hadm kanâ'is Misr wa-l-Qâhira (Presentation of the Clear Proof for the Obligatory Destruction of the churches of Old and New Cairo* [1739] ; M. Perlmann, *Shaykh Damanhuri on the Churches of Cairo*, Berkeley-Los Angeles-Londres, University of California Press, 1975 ; Porter à Pitt Constantinople, le 3 juin 1758, State Papers, Londres, 97-40 (n. p.).
[82] El-Kindi, *Kitab al Wala' (Wulât) wa Kitab al Kada' (Kudât)*, (Le livre des gouverneurs et le livre des juges), Le Caire, 1908, p. 460.
[83] Jacques Tagher, *Coptes et musulmans*, op. cit., p. 59.
[84] C. F. Volney, *Voyage en Syrie et en Égypte, pendant les années 1783, 1784 et 1785*, op. cit., p. 257.
[85] Mohamed Sabry, *L'empire égyptien de Mohamed Ali et la question d'Orient (1811-1849)*, Paris, Geuthner, 1930, p. 80.
[86] Lisa Romeo, « Tanzimat », *Les Clés du Moyen-Orient*, 2 mars 2018, https://www.lesclesdumoyenorient.com/Tanzimat.html

« Toutes les garanties promises de notre part par le Hatt-i Humayun de Gülhane (1839) et en conformité avec les Tanzimat (réorganisations), pour tous les sujets de mon empire, sans distinction de classes ou de religion, pour la sécurité de leurs personnes et de leurs biens et la préservation de leur honneur, sont aujourd'hui confirmées et consolidées, et des mesures efficaces doivent être prises afin qu'ils puissent avoir leur effet plein et entier.

Titre I : Droit et organisations des communautés

Tous les privilèges et immunités accordés par mes ancêtres ab antiquo, et à des dates ultérieures, à toutes les communautés chrétiennes ou autres confessions non musulmanes établies dans mon empire et sous ma protection, doivent être confirmés et maintenus.

« Les patriarches, métropolites, archevêques, évêques et rabbins prêtent serment à leur entrée en fonction, selon la forme convenue conjointement par ma Sublime Porte et les chefs spirituels des différentes communautés. Les cotisations ecclésiastiques, quelles qu'en soient la forme et la nature, doivent être abolies et remplacées par des traitements fixes aux patriarches et aux chefs de communautés, et par l'allocation de quotas et traitements équitablement proportionnels à l'importance, au rang, et à la dignité des différents membres du clergé. Toute clause ou désignation qui tend à faire de qui que ce soit une classe de sujets de mon empire inférieure à une autre classe, en raison de sa religion, de sa langue ou de sa race, doit être à jamais effacée du Protocole administratif.[87] Des lois seront mises en vigueur contre l'utilisation d'un terme injurieux ou offensant, que ce soit entre particuliers ou de la part des autorités.

Nul ne peut être contraint de changer de religion.

« *Article XIV : tous nos sujets, sans distinction, seront reçus dans les écoles civiles et militaires du gouvernement*[88]*, pourvu qu'ils remplissent les conditions d'âge et d'examen spécifiées dans les règlements organiques desdites écoles.*

« *Article XVIII : les procès spéciaux, tels que ceux des successions, soit entre deux chrétiens soit entre deux sujets non musulmans pourront, à la demande des parties, être renvoyés par devant les patriarches, les chefs de*

---

[87] Nous verrons dans le chapitre VIII, La situation des communautés chrétiennes sous Nasser, qu'il n'en était rien et que ces « expressions et appellations » n'étaient pas du tout tombées en désuétude dans les années 1960.

[88] Cet article n'a pas jamais été appliqué. Cf. Lettre Monseigneur Hughes concernant son entretien avec le ministre lors duquel il soulève cette question, voir § L'enseignement à la veille de la Révolution, chapitre VIII, La situation des communautés chrétiennes sous Nasser ; Moustapha Al Feqi, *Les coptes en politique égyptienne. Le Rôle de Makram Ebeid dans le Mouvement National*, op.cit., 2007.

communautés et les conseils desdites communautés pour y être jugés. »[89] En Égypte, cette mesure a perduré jusqu'en 1955.[90]

C'est un Grec du Phanar, Grégoire Aristarchi bey[91] qui en sa qualité de diplomate ottoman, qui rassemble et publie les textes de lois et règlements ottomans. Édités et publiés en français par Démétrius Nicolaïdes, ils formeront une collection de sept volumes.

Problèmes d'applicabilité du décret

Ce décret était en contradiction parfaite avec toute la législation en vigueur dans la Méditerranée musulmane depuis le VIIe siècle. Passer sans transition aucune de la condition de « *raya* »[92] – terme turc signifiant « troupeau » ou « bétail », employé dans l'Empire ottoman pour désigner leurs sujets non musulmans – à celle qui accorde une « égalité parfaite » avec la population musulmane, était impossible même à concevoir. Respecter l'individu indépendamment de sa religion, était perçu pour beaucoup comme une « innovation impie », ou *bed'a*. En Égypte, l'indignation manifestée par Al-Jabartî quelques décennies plus tôt quand Chrétiens et Musulmans furent traités sur un pied d'égalité par les Français, est tout à fait compréhensible dans ce contexte, et reflète un comportement orthodoxe. L'univers mental de ce dignitaire égyptien de la fin du XVIIIe, début du XIXe siècle et auteur des *Merveilles biographiques et historiques, ou, Chroniques du cheikh 'Abd-al-Rahman al-Jabartî* est bouleversé ; et pourtant c'est un homme cultivé, ouvert, qui n'a rien d'un extrémiste. Mais les mentalités n'étaient pas prêtes à accepter cette situation qui contredisait les prescriptions religieuses. Il était indigné de voir que les *dhimmis* n'étaient plus confinés dans un statut d'infériorité et participaient même à l'autorité.

---

[89] Cet article est le seul à avoir été appliqué en Égypte jusqu'en 1955, car il découle d'une loi islamique. Bruno Modica, « Hatt-i-Hümayun, 18 février 1856 », *Clio-Texte*, 17 Juillet 2018, https://clio-texte.clionautes.org/hatt-i-humayun-18-fevier1856.html

[90] Cf. § Suppression des Tribunaux Confessionnels, chapitre VIII, La situation des communautés chrétiennes sous Nasser

[91] Grégoire Aristarchi Bey, *Législation Ottomane ou Recueil des lois, règlements, ordonnances, traités, capitulations et autres documents officiels de L'empire Ottoman*, édité et publié par Démétrius Nicolaïdes, bureau du Journal Thraky, 1874. À ce propos, voir l'article « Législation ottomane », https://en.wikipedia.org/wiki/Législation_ottomane ; ainsi que https://gallica.bnf.fr/ark:/12148/bpt6k374338c.r=Législation ottomane?rk=85837;2

[92] « Bétail » selon la traduction du manuel de Isaac et Mallet. Dans Émile de Laveleye, on relève aussi : « Ces pauvres gens représentent le raya, la race opprimée et rançonnée ; ce sont des chrétiens. [...] Les chrétiens qui accomplirent tout le travail agricole devinrent des espèces de serfs, appelés *knets* (colons), ou *rayas* (bétail). ». Émile de Laveleye, « En deçà et au-delà du Danube. II. La Bosnie. Régime agraire et Économie rurale », *Revue des deux mondes*, 3e période, tome 70, Paris, 1885, pp. 517-552, pp. 521, 541.

Dans le même ordre d'esprit, nous voyons le sultan du Maroc, Moulay 'Abderrahman (1822-1859) s'exprimer à peu près de la même façon. Le Maroc ne faisait pas partie de l'Empire ottoman, mais les relations avec les non Musulmans étaient régies par les mêmes lois, ayant une source commune. Moulay 'Abderrahman écrit au consul de France à Tanger (1841) : « Notre religion glorieuse [n'attribue aux Juifs] que les marques de l'avilissement et de l'abaissement, aussi, le seul fait pour un juif d'élever la voix contre un musulman, constitue une violation des conditions de la protection. [Notre loi bénie permet de verser leur sang et de prendre leurs biens.] Si chez vous, ils sont vos égaux en tout, s'ils sont assimilés à vous, c'est très bien dans votre pays, mais pas dans le nôtre. Votre statut chez nous est différent du leur : vous êtes des « réconciliés », tandis qu'eux sont des « garanties ». »[93] Évidemment les changements promulgués par le *hatti* ne se firent pas sans provoquer l'hostilité de ceux à qui on imposait l'égalité. En plus, avec ce décret, c'est la « valeur fiscale »[94] des *dhimmis* qui disparaît avec la suppression des impôts dont ils étaient les seuls à être redevables. En effet, suite à la guerre de Crimée (1853-1856), les puissances imposent au sultan d'abroger le statut inégalitaire des *dhimmis*, ce qui aura pour conséquence paradoxale d'augmenter la vulnérabilité du Chrétien ottoman[95].

L'égalité voulue par les Français quelques décennies plus tôt, mise en œuvre par Mohamed Ali, puis plus tard établie par le sultan en 1839 et 1856, ira jusqu'à provoquer des réactions contradictoires : d'une part, le mécontentement de certains qui voulaient retourner au statut inégalitaire, et de l'autre une surenchère quant à la nature égalitaire de l'islam. « Le projet réformiste moderniste alla plus loin encore, cherchant à prouver que l'Islam était, en effet, moralement supérieur à l'Occident et en même temps capable de s'approprier les référents universalistes proclamés par ce dernier [...] »[96].

À ce propos, citons une anecdote significative. Une délégation de Musulmans se plaint auprès d'Ibrahim pacha, fils de Mohamed Ali, que tout comme eux, des non Musulmans s'étaient arrogé le droit de monter à cheval, ce qui les mettait sur un pied d'égalité. Celui-ci leur suggéra alors de monter à dos de dromadaires afin d'être plus élevés que les « infidèles »[97].

Nubar pacha décrit dans ses mémoires comment « [Mohamed Aly] appela le médecin, l'ingénieur, le marin ; il honora tous ceux qu'il avait appelés, afin

---

[93] Nous avons extrait cette citation de l'ouvrage *Les chrétientés d'Orient entre Jihad et dhimmitude*, Bat Ye'or, *op. cit.*, pp. 429-430.
[94] Nous reprenons l'expression de Pierre Vermeren, « Éradication des chrétiens d'Orient : que les Européens ouvrent enfin les yeux ! », *Le Figaro*, 8 avril 2015, p. 14.
[95] Car le *dhimmi* n'alimentant plus par un impôt supplémentaires des caisses de l'État, il perd du même coup la protection que lui conférait son statut juridiquement inférieur.
[96] Gudrun Krämer, « Dhimmi ou citoyen. Réflexions réformistes sur le statut des non-musulmans en société islamique », *op. cit.*, § 2, pp. 577-578.
[97] Maurice Fargeon, « *Les juifs en Égypte*, Le Caire, Imprimerie Paul Barbey, 1938, p. 166.

d'apprendre à la population à les honorer à son tour. C'était chose facile, ceux-là étaient des étrangers, des hôtes, des maîtres en savoir. Mais relever le Chrétien raya, le faire respecter par les Musulmans, le faire marcher de pair avec le bey, le pacha turc ou circassien, l'élever au même rang que les Musulmans, l'entourer de la même considération, des mêmes honneurs, là était réellement la difficulté de la tâche, là était le renversement de toutes les idées, de toutes les traditions séculaires, du pays. »[98]

Nubar pacha donne un exemple saisissant, qui pourrait être tout à fait d'actualité – non pas au niveau juridique évidemment, mais bien dans la pratique. Pour peu que l'on soit attentif à la réalité de la vie intercommunautaire, on se rend aisément compte que ces mentalités n'ont pas disparu ; des faits semblables se produisent actuellement, particulièrement en Haute-Égypte.

Conclusion

Les privilèges accordés par le *Hatti Humayun* de 1856, ne sont pas appliqués dans l'Empire ; ils le sont partiellement en Égypte. Ce décret se traduira par très peu de modifications dans la réalité, étant donné que Mohamed Ali, avait de son propre chef déjà adopté des changements supprimant de nombreuses contraintes. En effet, bien avant la promulgation des *Hattis*[99] de la deuxième moitié du XIXe siècle, il essaye de gommer les marques d'inégalités les plus criantes. Son fils Saïd Pasha (1854-1863) qui a notamment supprimé la *jizya* en 1855[100], complète son œuvre.

Le comportement de Mohamed Ali était tellement inhabituel, qu'Edme-François Jomard[101], proche collaborateur du vice-roi, et responsable des missions égyptiennes en France, rapporte que « les journaux d'Europe ont retenti des bruits les plus bizarres sur son origine. Sa tolérance, si extraordinaire dans un pacha ; son esprit supérieur aux préjugés des Orientaux et à la doctrine du fatalisme ; la protection qu'il accorde au développement des arts et de l'industrie, ont fait conclure qu'il devait être né dans quelque pays civilisé, et de parens (*sic*) chrétiens. »[102]

---

[98] Nubar pacha, *Mémoires de Nubar pacha*, op. cit., p. XI.
[99] Le Hatti Chérif de 1839 et le Hatti Humayyoun de 1856.
[100] Moustapha Al Feqi, *Les coptes en politique égyptienne. Le Rôle de Makram Ebeid dans le Mouvement National*, op.cit., p. 29.
[101] « Jomard Edme François (1777-1862), Ingénieur-Géographe, Archéologue », https://www.napoleon.org/histoire-des-2-empires/biographies/jomard-edme-francois-1777-1862-ingenieur-geographe-archeologue/
Éditeur de la *Description de l'Égypte* en 1829-30, directeur des missions d'études envoyées par Méhemet-Ali en France afin de former de jeunes Égyptiens pour devenir les cadres de l'Égypte future.
[102] « Notes Historiques et Géographiques » rédigées par Jomard figurant dans l'ouvrage de Félix Mengin, *Histoire de l'Égypte sous le gouvernement de Mohammed-Aly : ou récit des événements politiques et militaires*, op. cit., tome I, p. 435.

Mais les mentalités ne suivent pas et les résurgences sont nombreuses. En dépit des réformes engagées par Mohamed Ali, il n'a jamais été question de reconnaître un statut d'égalité aux sujets ottomans de confessions différentes.

Chapitre II
Les millets

Création et organisation du système de millet en 1453

Pour comprendre le fonctionnement des communautés non musulmanes au sein de l'Empire ottoman à partir de la conquête de Constantinople, on ne peut passer sous silence le système du millet[103]. En dépit de son rôle fondamental dans les rapports intercommunautaires, le millet n'était pas *sensu stricto* une institution structurée[104]. L'identité sociale et le statut politique des non Musulmans, sont dès la conquête du VIIe siècle directement définis par leur appartenance religieuse[105]. Officiellement, cette situation prendra fin en 1856, date de la signature du *Hatti Humayyoun*.

Lorsque le sultan Mehmet II (1451-1481) entre à Constantinople, il se trouve face à une ville largement chrétienne. Il ne peut imposer la *chari'a* ; cette décision aurait poussé à l'exil une grande partie de la population locale. Du fait que les Chrétiens maîtrisaient les rouages du commerce et donc de l'économie, ainsi que ceux de l'administration, leur départ aurait eu un effet catastrophique pour la prospérité de la ville et de l'Empire.

Le millet, basé sur la loi islamique[106], fixe l'organisation des communautés confessionnelles non musulmanes de l'Empire ottoman après la conquête de Constantinople. Bien que le statut du *dhimmi* n'en fut pas modifié, le sultan décide néanmoins de le réguler. Il met immédiatement tous les *dhimmis* sous l'autorité directe de leurs chefs religieux, patriarches ou grands rabbins. Ceux-ci créent leurs propres lois, perçoivent leurs propres impôts, dont ils reversent une partie à l'administration ottomane, et sont responsables de leur communauté vis-à-vis de La Porte. Ils répondent du comportement – et notamment des exactions – de leurs administrés[107].

---

[103] Robert Ilbert, « Qui est Grec ? La nationalité comme enjeu en Égypte (1830-1930) », *Relations internationales,* n°54, été 1988, pp. 139-160, p. 152.

[104] Lucette Valensi, « La tour de Babel : groupes et relations ethniques au Moyen-Orient et en Afrique du Nord », *Annales. Économies, Sociétés, Civilisations*, juillet-août, 1986, pp. 817-838, cité par Robert Ilbert « Qui est Grec ? La nationalité comme enjeu en Égypte (1830-1930) », *op. cit.*, p. 141.

[105] Joseph Maïla, « Les arabes chrétiens : de la question d'Orient à la récente géopolitique des minorités », dans « Les communautés chrétiennes dans le monde arabo-musulman, le défi de l'avenir », *Proche-Orient Chrétien*, 47, 1997, pp. 35-47, p. 43.

[106] Cette précision est importante car elle sera évoquée à l'époque nassérienne au moment de la suppression des tribunaux confessionnels, en 1955.

[107] Tatiana Pignon, « Les dhimmî dans l'Empire ottoman », *Les Clés du Moyen-Orient*, 25 mars 2013, https://www.lesclesdumoyenorient.com/Les-dhimmi-dans-l-Empire-ottoman.html

Mis à part les affaires criminelles, ce système donne aux communautés la possibilité de se gouverner elles-mêmes en se référant à leur législation. En effet, dans Le Coran, il est mentionné à la sourate 2, verset 256 qu'il n'y a « nulle contrainte en religion » [*la ikrah fil-dîn*]. Mourad Kamel bey, Docteur en Droit, chargé d'Affaires de la Légation de Sa Majesté le Roi d'Égypte à La Haye, devant l'Académie Internationale diplomatique à Paris, a raison de souligner : « Comme la justice, dans les pays de l'Islam, relève du Coran et que l'un des préceptes du Livre saint est de laisser les non Musulmans libres dans leurs croyances religieuses après que le dogme leur aurait été révélé par de simples exhortations et sans aucune contrainte, il était naturel que cette justice ne s'appliquât qu'aux Musulmans ou à ceux qui, non Musulmans, la choisissaient, de leur propre gré, à titre arbitral. »[108] Ainsi, les Musulmans étaient gouvernés par la chari'a et les communautés non musulmanes par leurs lois religieuses. Pour ce qui est des Musulmans, les ulémas (jurisconsultes religieux) réglaient alors tout ce qui relève aujourd'hui des autorités civiles. Même les décisions du chef de l'État étaient soumises à leurs *fatwas*. Rappelons que de manière générale, on se souciait beaucoup, comme le relève Mohamed Sabry dans son ouvrage sur Mohamed Ali, de savoir « si telle innovation était défendue ou non par le code coranique ».[109] À ce propos, relevons la célèbre formule du fondateur de l'école malékite, « toute innovation est un égarement » [kol bed'a, dalala].[110] Les nouveaux pouvoirs octroyés par le sultan aux patriarches sont bien plus importants que ceux dont ils jouissaient du temps du Basileus. Situation paradoxale, et ambigüe s'il en est : ils en seront redevables à l'autorité ottomane bien que celle-ci exercera une pression croissante sur eux. À partir de ce moment, ils « furent pris dans l'engrenage des intrigues, de la corruption et de la politique de la Sublime Porte et des exigences du fisc turc, assujettis aux délations de leurs coreligionnaires, parfois même à celles de prélats grecs […], les patriarches sont restaurés ou exécutés, avec une rapidité déconcertante. »[111]

Joasaph Koccas (1465) se jette dans un puits d'où il est extrait à moitié asphyxié.

Acculé par les exigences du pouvoir ottoman, Joachim Ier (1498-1502, 1504) se voit contraint d'aller recueillir des aumônes dans les Balkans.

Denys de Philippopoli, jugé trop accommodant avec le pouvoir ottoman, est accusé d'avoir été circoncis sous la pression des Turcs. « Il est réduit, dans une assemblée des évêques, des ecclésiastiques, des magistrats et du peuple,

---

[108] Mourad Kamel Bey, *Étude générale sur la condition des Étrangers en Égypte*, Paris, Les Presses Universitaires de France, 1930, p. 5.
[109] M. Sabry, *L'Empire égyptien sous Mohamed-Ali, et la question d'Orient (1811-1849), op.cit.*, p. 80.
[110] Formule empruntée à un hadith.
[111] Pour plus de détails, voir Gaston Zananiri, *Pape et Patriarches*, Paris, Nouvelles Éditions latines, 1961, p. 130 qui dresse une liste des patriarches exécutés, exilés, etc.

à montrer qu'il ne l'était pas. De honte, il jette le bâton pastoral, et va s'enfermer dans un couvent. »[112]

Connu pour ses intrigues, Cyrille Loucaris occupera le siège patriarcal par intermittence à sept reprises entre 1612 et 1638 et mourra dans des conditions tragiques à son départ pour l'exil[113]. Son adversaire, Cyrille Kontaris, siègera à trois reprises (entre 1633 et 1639) avant de passer au catholicisme. Le sultan Mourad IV le fera étrangler alors qu'il est en exil à Tunis.

Au XVIIe siècle, 18 patriarches se relaient sur une soixantaine d'années pour occuper 37 règnes.

Les différents millets

Faisant fi des particularités des différentes communautés non musulmanes, en 1453 juste après la conquête, Mehmed II crée un seul millet regroupant toutes ces communautés sous une unique autorité, celle du patriarche grec orthodoxe, c'est-à-dire byzantin. En 1461, il crée un nouveau millet pour la population chrétienne non byzantine[114] – les Arméniens, les Nestoriens, les Coptes, les Maronites, etc. – qui sera sous l'autorité du patriarche arménien[115]. Quelques années plus tard, le millet juif est fondé. Le grand rabbin, qui portera le titre de *Hakham Bashi*, régira les différentes communautés israélites. En dépit de leur suppression formelle en 1856, de nouveaux millets, principalement pour les Églises rattachées à Rome et pour les Protestants, voient le jour à la fin du XIXe siècle, et au début du XXe siècle !

Politique du sultan face à l'« uniatisme »

Les Églises rattachées à Rome sont celles qui se sont « unies », en fait réunies, à Rome. Le mouvement missionnaire encouragé par le Vatican s'accélère à partir du XVIe siècle[116] en vue de « ramener » des Églises orthodoxes dans le giron romain. C'est ce mouvement de rattachement à Rome qui donnera naissance à de nouvelles communautés catholiques.

Le maintien de la séparation des Églises orientales d'avec l'Église romaine depuis le schisme de 1054 était l'une des principales préoccupations de la

---

[112] René François Rohrbacher, *Histoire Universelle de l'Esglise Catholique*, Tome XXII, Livre LXXXIII, de 1447 à 1517 de l'ère chrétienne, p. 116.
[113] Dates auxquelles Cyrille Loucaris sera patriarche : 1612, 1620-1623, 1623-1630, 1630-1633, 1633-1634, 1634-1635, 1637-163. Gaston Zananiri, *Pape et Patriarches, op. cit.*, p. 130.
[114] Il y avait en fait deux grandes communautés, la melkite ou byzantine qui avait la préséance car étant celle qui avait le plus de prestige, et l'arménienne.
[115] Armenian Millet, *Encyclopedia.com*, https://www.encyclopedia.com/humanities/encyclopedias-almanacs-transcripts-and-maps/armenian-millet
[116] Après l'échec du Concile de Ferrare-Florence, voir ci-dessous.

politique de la Sublime Porte[117]. Il s'agissait d'une priorité de la politique intérieure ottomane jusqu'au XIXe siècle, car d'un point de vue géostratégique, une alliance entre les deux Églises aurait constitué une grande menace pour la sécurité intérieure de l'Empire. Il fallait éviter que les Chrétiens orientaux orthodoxes ne tombent sous la protection du Pape et par conséquent, sous l'influence de l'Occident[118]. Il ne faut pas oublier que le Concile de Ferrare-Florence (1431-1439), par lequel l'alliance entre les deux Églises avait été scellée, n'eut lieu qu'une dizaine d'années avant la prise de Constantinople. Cette alliance ne fut que formelle. En fait, de retour en Orient, les pères conciliaires furent confrontés à la « réticence » des membres de leur clergé et des fidèles qui rejetèrent la tutelle romaine. Seuls quelques petits groupes rejoignaient Rome, mais de manière informelle, créant des communautés crypto catholiques.

La prospérité des millets

Un des paradoxes de la société ottomane, réside dans le fait que les membres du millet étaient en moyenne plus riches que le reste de la population de l'Empire.

Cela peut s'expliquer, entre autres, par le fait que seuls les moins indigents parmi les *dhimmis* étaient en mesure de s'acquitter de la *jizya* – taxe qui leur était imposée en tant que « protégés », les plus pauvres, étant souvent contraints de se convertir. Dans le même ordre d'idées, on pourrait aussi évoquer l'existence du corps des janissaires. Ce procédé – officiellement aboli en 1826 – a probablement fonctionné comme un « mécanisme darwinien » de *sélection* en faveur de ceux qui étaient le plus à même de résister – c'est-à-dire entre autres, les moins pauvres.

Le rôle de l'éducation

À niveau social équivalent, l'enfant chrétien recevait une instruction bien supérieure à celle de l'enfant musulman[119]. Ceci était dû à des raisons exogènes, à savoir l'intérêt que portaient les Chrétiens à la civilisation occidentale, ce qui les poussait à poursuivre des études. Cet intérêt a été renforcé par la présence des missionnaires et leur rôle dans le domaine social

---

[117] Du nom français de la monumentale porte d'honneur d'accès au siège du gouvernement du sultan de l'Empire ottoman à Constantinople.
[118] François Charles-Roux, *France et chrétiens d'Orient, op.cit.*, pp. 46-47.
C'est la raison pour laquelle il a fallu attendre si longtemps la reconnaissance des millets catholiques. Le régime des Capitulations n'a pas réussi à tirer de son isolement les Églises orientales.
[119] Robert Ilbert, « Qui est Grec ? La nationalité comme enjeu en Égypte (1830-1930) », *op. cit.*, pp. 147-148 pour les Grecs, mais dans toutes les communautés, l'accent était mis sur l'éducation.

et éducatif[120]. En acquérant la connaissance de langues étrangères, les Chrétiens étaient beaucoup mieux préparés pour établir des contacts et développer des réseaux commerciaux avec les marchands européens.

De plus, il existe des raisons endogènes à ce décalage, dont notamment la réticence de nombreux Musulmans, et de leurs chefs religieux, à acquérir les sciences des non Musulmans. Jusqu'au début du XIXe siècle, l'administration ottomane interdisait aux missionnaires d'être en contact avec la population musulmane[121]. S'ils étaient accusés de faire du prosélytisme, les missionnaires étaient au mieux – s'ils n'étaient pas tués par le peuple – expulsé immédiatement et irrévocablement du territoire ottoman. Selon Mohamed Sabry, Professeur à l'école Normale supérieure du Caire, « l'islamisme était, au commencement du dix-neuvième siècle, ce qu'était le christianisme au moyen âge : une religion dénaturée par des commentateurs ignorants et subtils, imbus de préjugés et de superstitions. Partout les esprits étaient réfractaires aux innovations et répugnaient à tout changement, ne rêvant dans leur calme léthargique que d'un monde meilleur. L'Europe, avec sa science et ses révolutions en tout genre, n'existait pas pour l'Orient. »[122]

Opinion du fondateur de l'École malékite sur l'éducation

Il n'est pas inutile de rappeler le rôle important et l'influence profonde qu'ont exercée tout au long de l'histoire les jurisconsultes et autres docteurs de la loi sur la population musulmane.

Mâlik ben Anas (711-795) – juriste et fondateur de l'une des quatre écoles de droit musulmanes, qui fait autorité en Afrique du Nord pour la majorité des Maghrébins –, explique que les enfants musulmans n'ont pas à apprendre une autre langue que l'arabe. Ce texte est relayé au XIVe siècle par le prêcheur Ibn Naqqash (1320-1362) qui rapporte les propos de Mâlik ben Anas : « [Le musulman] ne doit pas, non plus, mettre son enfant dans des écoles étrangères, pour y apprendre une autre écriture que l'écriture arabe […] ».[123] En fait, cette position rappelle celle de Boko Haram, puisque le nom de cette sinistre organisation signifie précisément que les « books », donc que l'éducation occidentale est un péché[124]. Plus tard, le rejet qu'inspiraient les « sciences et

---

[120] Les missionnaires catholiques, fondateurs d'un important réseau d'écoles, avaient comme premier objectif l'éducation des enfants chrétiens, mais ont rapidement admis dans leurs établissements des enfants d'autres confessions, Musulmans et Juifs.
[121] Le mot « turc » désigne dans l'Empire ottoman, uniquement les Musulmans. Les ressortissants non Musulmans étaient appelés « ottomans ». Se convertir à l'Islam se disait « se faire turc ».
[122] Mohamed Sabry *L'empire égyptien de Mohamed Ali et la question d'Orient (1811-1849), op.cit.*, p. 79-81.
[123] *Les chrétientés d'Orient entre Jihad et dhimmitude*, Bat Ye'or, *op. cit.*, p. 373.
[124] Boko est une déformation du terme anglais « Book », assimilé à « livre étranger ».

innovations impies » (*bed'a*)[125], ainsi que l'apprentissage des langues étrangères aux Musulmans, laissaient un très large champ d'activités et de responsabilités, donc de promotion sociale, aux non Musulmans[126].

Les notables communautaires

En général, ces notables, commerçants, intellectuels ou exerçant des professions libérales, etc., avaient créé et développé un vaste réseau d'organisations caritatives. Celles-ci n'étaient pas uniquement destinées à subvenir aux besoins des membres les plus précaires de leur communauté, mais également à accroître le prestige de leurs chefs. Pour cela, les membres du conseil communautaire procédaient à des rapatriements d'indigents quand c'était possible, pour que la présence en grand nombre de nécessiteux ne ternisse pas l'image de la communauté. Entre 1880 et 1888, les sociétés de bienfaisance payent le voyage de retour de 217 personnes dans leurs pays d'origine[127]. En 1946, 220 familles reçoivent des subsides de la part de ces mêmes sociétés, et 250 enfants sont élevés gratuitement dans les écoles religieuses[128]. La communauté israélite n'est pas en reste. Les notables, tant soit pour des raisons humanitaires que de prestige, veillent à ce que des coreligionnaires ne soient pas une situation d'extrême dénuement.[129]

La vie des membres des millets gravitait autour de l'organisation communautaire : hôpitaux, dispensaires, écoles, clubs sociaux, etc. Comparativement à l'ensemble de la population de l'Égypte de la fin du XIXe et de la première moitié du XXe siècle, la proportion d'indigents était bien inférieure au sein des communautés allogènes.

Notons, et ceci n'est pas une simple contingence, que des membres de ces communautés occupaient des postes très importants au sein de l'administration ottomane. Citons à titre d'exemple Nubar pacha, fondateur des Tribunaux mixtes qui transforma le paysage juridique de l'Égypte,

---

[125] Bektas Yakub, Albaret Michèle, « La télégraphie au service du sultan ou le messager impérial », *Réseaux*, volume 12, n° 67, 1994, pp. 143-152, p. 150, www.persee.fr/doc/reso_0751-7971_1994_num_12_67_2744

[126] Nous avons notamment l'exemple de Esseyd Ali effendi, ambassadeur de Selim III à Paris durant le Directoire. Une fois rentré à Constantinople, il refuse d'utiliser le français. Henri Déhérain, « Les jeunes de langue à Constantinople sous le Premier Empire », in *Revue de l'Histoire des Colonies Françaises*, 16e année, t. XXI (1928), pp. 385-410, p. 386. Eva Saenz-Diez, « Dom Rafael. Un sacerdote oriental miembro del Instituto de Egipto », *op. cit.*, pp. 97-124, p. 99.

[127] Thomas Philipp, *The Syrians in Egypt, 1725–1975*, *op. cit.*, p. 95.

[128] *Annuaire catholique d'Égypte*, 1946, p. 104 ; Anne-Sibylle Barbotin, *Les Syriens Catholiques en Égypte 1863-1929 : Identité et dépersonnalisation*, Mémoire de maîtrise, Université Paris IV (Sorbonne), 1996-97, pp. 44-45.

[129] Jacques Hassoun, « The Jews, a community of contrasts », in Robert Ilbert, Ilios Yannakakis et Jacques Hassoun eds., *Alexandria 1860-1960. The brief life of a cosmopolitan community*, Alexandrie, Hapocrates Publ., 1997, pp. 47-48 ; *Annuaire des Juifs d'Égypte et du Proche-Orient*, Le Caire, Société des Éditions Historiques Juives d'Égypte, 1942, p. 163.

Grégoire Aristarchi bey qui comme nous l'avons vu, traduit textes de lois et règlements ottomans et le grand rabbin du Caire, Nahhoum Effendi, qui une génération plus tard, traduit et commente 1064 firmans impériaux ottomans relatifs à l'Égypte de 1517 à 1932[130].

On pourrait se demander si la « sélection darwinienne » associée à l'instauration du système du millet n'a pas eu des conséquences tragiques. Pour de nombreux chercheurs, la prospérité des millets est l'une des raisons des génocides perpétrés par les Turcs. L'historien Hamit Bozarslan[131] soutient que la « logique » du génocide s'explique par le darwinisme social : les Turcs ont vocation à dominer, mais les Arméniens et autres minorités constituent un obstacle à cette domination. Ils n'ont donc aucune *autre possibilité* que d'exercer la violence pour les faire disparaître, puisque par le système qu'ils ont établi eux-mêmes, ils sont confrontés à une logique d'anti darwinisme social – en refusant les « innovations impies »[132] – et se plaçaient dans un état d'infériorité intellectuelle et technique.

Les Tanzimat et leurs conséquences sur les communautés non musulmanes

Les réformes des *Tanzimat* du XIXᵉ siècle, ou « organisations » de modernisation, ont été décrétées par le *Hatty Cherif* en 1839 et le *Hatty Houmayoun* en 1856, reconnaissent en principe, et seulement en principe, l'égalité entre tous les sujets de l'Empire. Ces nouvelles dispositions reconnaissent formellement l'égalité entre les différentes communautés, mais le millet reste néanmoins en vigueur pour les groupes religieux minoritaires légalement protégés. Non seulement ils seront maintenus, mais de nouveaux millets seront créés à la fin du XIXᵉ siècle !

En dépit de la politique de grande tolérance des vice-rois comme nous l'avons vu, l'égalité totale des Égyptiens de confessions différentes a été peu observée, bien que reconnue formellement. Elle n'a certainement pas été intégrée dans les mentalités, et ce jusqu'aujourd'hui. Joseph Yacoub écrit en 2018 « l'être chrétien oriental est absent de la pensée nationaliste dans son existence comme dans son essence alors que l'être musulman arabe est entièrement présent. Le Chrétien, lui, n'est reconnu que formellement »[133].

---

[130] « Haim Nahum », https://amp.fr.google-info.org/6827818/1/chaim-nahum.html
[131] Hamit Bozarslan (EHESS, Paris), « Guerre et violence : de l'Empire ottoman au Proche-Orient actuel », Conférence donnée à l'Université de Louvain-La-Neuve, 18 mars 2015.
[132] Cf. § Opinion du fondateur de l'École malékite, chapitre II, Les millets.
[133] Joseph Yacoub, « Ce qui peut permettre la survie du christianisme dans ce Proche-Orient qui l'a vu naître », *Le Figaro*, 15 février 2018,
https://www.lefigaro.fr/vox/religion/2018/02/15/31004-20180215ARTFIG00259-joseph-yacoub-ce-qui-peut-permettre-la-survie-du-christianisme-dans-ce-proche-orient-qui-l-a-vu-naitre.php

Cette égalité formelle a-t-elle été un avantage ?

Des notables chrétiens manifestèrent des réticences « face à la disparition de leurs privilèges assurés dans le cadre des *millets*. En réalité, le système du *millet* ne disparaissait pas. Le *Khatt-i Humāyūn* maintenait dans son article 2, à titre d'assurances renouvelées aux minorités (sic !) les droits acquis dans le cadre du *millet* »[134] ! En somme on supprimait le millet, mais on ne le supprimait quand même pas !

En Égypte, il y avait en effet à cette époque des avantages pour les minorités qui jouissaient d'une relative autonomie au sein d'un empire « protecteur ». Celles-là même craignaient de perdre ces quelques avantages, acquis au fil des siècles, si elles dépendaient d'un état nation où l'Islam serait plus présent et prendrait le dessus. Dans leur ouvrage d'échanges, J. Lacouture, G. Tuéni et G. Khoury *Un siècle pour rien*[135] sont rapportés les propos de Kamal Joumblatt, homme politique libanais druze (1917-1977) : « Au fond l'Empire ottoman nous arrangeait davantage, nous les minoritaires ! »[136] En 2015, l'ethnopsychiatre français Tobie Nathan, juif d'Alexandrie, déclare dans une interview au quotidien *Libération* « Le meilleur régime que j'aie connu fut la fin de l'Empire ottoman. »[137]

Pour ce qui est de l'Égypte, les déclarations de Tobie Nathan pourraient être tout à fait justifiées : en effet, depuis le règne de Mohamed Ali, les différentes communautés religieuses bénéficiaient d'une plus grande autonomie et donc arrivèrent à marquer leurs différences. En revanche, Kamal Joumblatt a peut-être eu tendance à oublier les différents massacres et famines organisés jusqu'au début du 20ᵉ siècle au Liban, dont notamment la famine de 1915 sur laquelle pèsent de très forts soupçons impliquant la responsabilité des Turcs[138].

---

[134] Joseph Maïla, « De la question d'Orient à la récente géopolitique des minorités », *op. cit.*, p. 49.
[135] Jean Lacouture, Ghassan Tuéni et Gérard D. Khoury (éd.), *Un siècle pour rien. Le Moyen-Orient arabe de l'Empire ottoman à l'Empire américain*, Paris, Albin Michel, 2002, p. 35.
[136] *Idem.*
[137] Virginie Bloch-Lainé, « Tobie Nathan. Totem sans tabou », *Libération*, 1ᵉʳ septembre 2015, http://www.liberation.fr/societe/2015/09/01/totem-sans-tabou_1373785.
[138] On prête des propos apocryphes à Enver pacha, le ministre de guerre ottoman : « Nous avons détruit les Arméniens par le glaive, nous détruirons les Libanais par la faim ». Rapports du père Jaussen, responsable du service de renseignements français à Jérusalem, note n° 33 de Saint Quentin, MAE, A Paris, 174, 84 cité par Leyla Dakhli, *Une génération d'intellectuels arabes. Syrie et Liban (1908-1940)*, Paris, Karthala, 2009, p. 114 ; Youssef Mouawad, « La Légende Noire de Djemal pacha », *Orient XXI*, 3 Avril 2017, https://orientxxi.info/l-orient-dans-la-guerre-1914-1918/la-legende-noire-de-djemal-pacha,1792 ; Arthur Beylerian, *Les grandes puissances, l'empire ottoman et les Arméniens dans les archives françaises, 1914-1918*, Paris, Publications de la Sorbonne, 1983 ; Elias Pierre Hoyek, « Les Revendications du Liban, Mémoire de la Délégation Libanaise à la Conférence de Paix », in *La Revue Phénicienne*, Numéro de Noël, Beyrouth, Edition Maison d'art, 1919, pp. 238-240.

Le début du XXᵉ siècle : le cas de l'Égypte

Au lendemain de la Première Guerre mondiale, l'Empire ottoman, « l'homme malade » déjà largement affaibli, s'écroule. Prennent forme de nouveaux États, dans lesquels les non Musulmans auront à se frayer une place. En Égypte, cette période coïncide d'ailleurs avec la disparition de la protection les concernant que s'était octroyée la Grande-Bretagne de 1922 à 1936. « On constatait les effets d'un double processus de marginalisation des non-musulmans : […] les coptes avaient été réduits au statut de minorité, toutes les autres minorités étaient, à tort ou à raison, assimilées à l'étranger. »[139]

---

[139] Gudrun Krämer, « Dhimmi ou citoyen. Réflexions réformistes sur le statut des non-musulmans en société islamique », *op.cit.*, § 12, https://books.openedition.org/cedej/1446?lang=en

Chapitre III
Les Capitulations

Après avoir exposé le statut du *dhimmi* et l'organisation du millet, nous présentons le régime des Capitulations, qui constituent en quelque sorte le « millet des étrangers ».

Signées par François Ier et Soliman le Magnifique (1494-1566) en 1535[140], les Capitulations visent à assurer la protection des européens, principalement des négociants qui se trouvent dans l'Empire ottoman. Bien que ce soit le premier traité qu'une puissance chrétienne signe avec la Sublime Porte, ce n'est probablement pas le premier contact avec un souverain musulman[141].

Ces traités qui ne concernent au début que les Français, puis les étrangers catholiques, s'étendront progressivement à tous les Chrétiens de l'Empire.

En effet, à partir du déclin de l'Empire ottoman (XVIIIe siècle) jusqu'au premier tiers du XXe siècle, nombre de Chrétiens orientaux, Catholiques en particulier, qui sont en contact avec les ressortissants de puissances capitulaires, parviennent à bénéficier également de la protection conférée par les Capitulations. À la veille de la Grande Guerre, il y avait douze puissances capitulaires. Les principaux bénéficiaires de cette protection étaient les ressortissants de la France, la Grande-Bretagne, la Grèce, l'Italie, la Belgique[142].

Afin de saisir les caractères particuliers et l'ambiguïté de la situation de ces Catholiques ottomans, il faudrait prendre en compte les privilèges, parfois exorbitants dont quelques membres de ces communautés jouissaient à la fin du

---

[140] En fait les premiers contacts entre les deux Empires, remontent à Charlemagne (769-814) et Haroun el Rachid (786-809). Celui-ci aurait autorisé Charlemagne à envoyer aide et subsides aux chrétiens de Palestine. « On répondit que le chef des infidèles [ici il s'agit du Calife] aurait transmis à Charlemagne la souveraineté de Jérusalem. » Jules Michelet, *Histoire de France*, Tome I, Paris, Lacroix et Cie., 1876, cité par Youssef Courbage et Philippe Fargues, *Chrétiens et Juifs dans l'Islam arabe et turc*, *op.cit.*, p. 52.
L'assertion de Michelet est entre autres reprise par le P. Henri Lammens, *La Syrie: précis historique*, volume 1, Beyrouth, Imprimerie catholique - Paris, Geuthner, 1921.
Ceci dit, cette interprétation est contestée par A. Kleinclausz dans son article très bien documenté « La légende du protectorat de Charlemagne sur la Terre Sainte », *Syria. Archéologie, Art et histoire*, 1926, n° 7, pp. 211-233.

[141] « Haroun-El-Rachid, pour être agréable à Charlemagne, [aurait conclu] un Pacte d'Amitié dont la conséquence aurait été « d'assurer sûreté et protection aux Francs visitant Jérusalem, et de leur permettre d'y posséder des églises et hospices ». » Mourad Kamel Bey, *Étude générale sur la condition des Étrangers en Égypte*, *op. cit.*, p. 5.

[142] Frédéric Abécassis et Anne Le Gall-Kazazian, « L'identité au miroir du droit. Le statut des personnes en Égypte (fin XIXe - milieu XXe siècle) », *Égypte/Monde arabe*, Première série, 11 | 1992, § 11, http://journals.openedition.org/ema/296

XIXᵉ siècle. Mais il ne faut pas, non plus, perdre de vue la très grande précarité qui s'est abattue à ce moment sur les millets dans certaines régions de l'Empire : Liban, Syrie, Turquie…

L'admiration et la dévotion que les Chrétiens orientaux, et plus particulièrement les Catholiques orientaux vouaient à la France, ne peuvent être expliquées sans faire un retour en arrière sur ce qu'étaient les Capitulations.

Origines de la Capitulation : François Ier et Soliman le Magnifique

Les Capitulations tirent leur origine d'une lettre de 1528[143] que François Iᵉʳ fait parvenir au sultan Soliman le Magnifique – connu en Orient comme Soliman *Al-Qanûnî*, ou Soliman le Législateur en raison de la reconstruction complète du système juridique ottoman qu'il a effectuée – lui demandant de rendre une église de Jérusalem convertie en mosquée. Celui-ci lui répond : « Toi qui es François, bey du pays de France, tu as envoyé au palais des sultans et à ma Porte de félicité une lettre dans laquelle tu as parlé d'une église appartenant jadis aux Chrétiens de Jérusalem, qui fait partie de notre empire bien gardé, et devenue ensuite une mosquée. J'ai pris une connaissance détaillée de tout ce que tu m'as dit à ce sujet ; l'amitié et l'affection qui existent entre ma glorieuse Majesté et toi, rendent tes désirs admissibles auprès de ma personne, source de bonheur. » Il poursuit en lui expliquant que la loi islamique ne permet pas de retransformer la mosquée en église. Mais pour lui être agréable, il « s'engage envers le roi de France à empêcher qu'il ne soit porté atteinte au libre exercice du culte catholique dans l'Empire ottoman »[144] et accorde aux Français d'Alexandrie de restaurer leur église. « Cet échange de correspondance inaugure, en réalité, la nouvelle politique française, dont le bénéfice n'est pas pour les seuls Français, mais pour les Catholiques latins en général. »[145]

Il ne faut pas s'étonner que le sultan ait considéré comme étant légitime l'intervention du roi de France en faveur d'intérêts catholiques non français. Pélissié du Rausas, directeur de l'École française de Droit du Caire, qui a formé la majorité de la classe politique égyptienne, écrit à ce sujet :

« *L'Empire ottoman est encore, dans le sens large de ce mot, une théocratie, puisque, d'une part, l'empereur est à la fois sultan et khalife, c'est-à-dire chef d'un peuple et chef de la religion de ce peuple. [...] La religion absorbe et domine tout, les rapports de droit public aussi bien que les rapports de droit privé. Tout musulman considère la religion comme la règle fondamentale, universelle et nécessaire ; mais cette idée qu'il se fait de sa propre religion, il l'applique aussi*

---

[143] Prisonnier à Madrid en 1525, après sa défaite à Pavie, François Iᵉʳ s'incline en apparence devant la volonté du vainqueur Charles-Quint, et s'engage à combattre les Turcs. Mais en fait, le souverain français engage des pourparlers avec l'Empire ottoman.
[144] Gérard Pélissié du Rausas, *Le régime des capitulations dans l'Empire ottoman*, Paris, Arthur Rousseau, 1902-1905, tome II, p. 82.
[145] François Charles-Roux, *France et chrétiens d'Orient*, *op.cit.*, pp. 31-32.

à la religion des autres peuples, car il ne peut pas concevoir que la religion ait un rôle limité et qu'il y ait un domaine où elle ne pénètre pas. »[146]

La première Capitulation

En 1535, soit sept ans après la lettre susmentionnée, « l'alliance du lys et du croissant » s'officialise, et l'ambassadeur de France, Jean de la Forest (1534-1537), signe la première Capitulation. C'est le premier pas de la politique orientale, ou musulmane de la France. Celle-ci durera plus de quatre siècles – jusqu'à la Grande Guerre pour tout l'Empire ottoman[147]. Pour des raisons de politique intérieure, et que nous évoquerons plus loin, les Capitulations perdureront en Égypte jusqu'en 1937. La convention de Montreux du 8 mai 1937, fixe les modalités de l'indépendance de l'Égypte signée au traité anglo-égyptien de Londres en août 1936[148]. Le régime des Capitulations est supprimé à ce moment-là, et la disparition des tribunaux mixtes liés au régime des Capitulations, s'étendra sur une période transitoire de douze ans[149].

Importance grandissante de la France et conséquences pour les Catholiques

La France, devient par ce traité, la première puissance alliée de la Turquie.

« L'originalité de la conception politique française consiste à faire tourner au profit de la religion chrétienne, de la religion catholique en particulier, l'alliance du roi-très-chrétien avec le commandeur des croyants [le sultan], à utiliser l'amitié franco-ottomane au bien de cette religion, que les autres pays catholiques cherchaient à se servir en combattant le Turc. »[150]

Elle se place ainsi en nation protectrice des Chrétiens latins de l'Empire ottoman, une protection qui s'étendra de fait, mais de façon nuancée, aux chrétientés autochtones. Il s'agit sans doute du premier jalon du rôle de la diplomatie française dans la région.

La Capitulation que signe l'ambassadeur de François Ier avec Soliman, compte dix-sept articles. Il s'agit en premier lieu d'un accord commercial. L'article 1er prévoit la « liberté réciproque de commerce dans les deux États, sans rien payer

---

[146] Gérard Pélissié du Rausas, *Le régime des capitulations dans l'Empire ottoman*, op. cit., tome I, p. 44.
[147] François Charles-Roux, *France et chrétiens d'Orient*, op.cit., p. 32.
[148] Robert Capot-Rey, « Le nouveau statut de l'Égypte », *Annales de Géographie*, t. 46, n°263, 1937, pp. 552-555, p. 553, www.persee.fr/doc/geo_0003-4010_1937_num_46_263_12047
[149] Philippe Chevrant-Breton, *L'abolition des capitulations et la suppression des tribunaux mixtes en Égypte (1937)*, Thèse de Doctorat, École nationale des Chartes, 2000, www.chartes.psl.eu/fr/positions-these/abolition-capitulations-suppression-tribunaux-mixtes-égypte-1937
[150] François Charles-Roux, *France et chrétiens d'Orient*, op.cit., p. 32.

de plus que les indigènes »[151]. Néanmoins le volet religieux est très présent et il s'agit bien de la protection des Catholiques[152].

L'article 6 traite de la « liberté religieuse des sujets du Roi » ; établit que leur conversion à l'Islamisme devra être libre [et que] leur déclaration y relative reçue de leur propre bouche à la Porte. » L'article 10 traite de la « libération réciproque des esclaves » et défend « de faire à l'avenir d'esclaves. »[153]

L'article 15 stipule que « Les Français ne seront corvéables et soumis à la capitation qu'au bout d'un séjour consécutif de dix années en Turquie. »[154]

Rapidement, la France se rend compte que ses collaborateurs ottomans doivent être soustraits au statut de *dhimmi* afin de pouvoir leur assurer sécurité et sérénité ainsi que de bonnes conditions de travail. « L'histoire témoigne d'ailleurs que ces craintes étaient fondées et que souvent la bastonnade, l'emprisonnement et même la potence attendaient, au sortir de l'audience, les malheureux drogmans coupables d'avoir été de trop fidèles interprètes. Au commencement du XVIIe siècle, pendant l'ambassade du comte de Marcheville, un drogman de l'ambassade de France fut empalé sur l'ordre de la Porte. Vers la même époque, un autre drogman de la même ambassade était arrêté au moment où il se rendait au Divan, […] par ordre du grand-vizir et sans autre forme de procès, il était pendu, et son corps restait exposé au gibet, la tête coiffée du bonnet de velours rouge, marque distinctive de la fonction de drogman. […] Il fut répondu [à l'ambassadeur qui porta plainte au sultan] que le drogman mis à mort était un sujet du Grand Seigneur, et que le Grand Seigneur n'avait à rendre compte à personne des châtiments qu'il jugeait expédient d'infliger à ses sujets. »[155] Situation inadmissible pour l'ambassadeur de France. Les pourparlers sont engagés et un accord fut négocié et signé entre « la Porte et les États occidentaux […]. Le drogman indigène devient le protégé de l'État à l'ambassade ou au consulat duquel il remplit les fonctions d'interprète. En tant que protégé d'un État étranger, il est exempté de tous les impôts que paient les rayas, en particulier de l'impôt du *kharatch*, et il est soustrait à la juridiction des autorités ottomanes : en un mot, il bénéficie de tous les privilèges que les Capitulations accordent aux nationaux de l'État qui le protège. »[156]

---

[151] Mourad Kamel Bey, *Études générale sur la condition des Étrangers en Égypte*, op. cit., p. 7.
[152] Voir Gérard Pélissié du Rausas, *Le régime des capitulations dans l'Empire ottoman*, op. cit., tome II, pp. 82-175.
[153] Mourad Kamel Bey, *Études générale sur la condition des Étrangers en Égypte*, op. cit., pp. 7-8.
[154] *Ibidem*, p. 9.
[155] De Bonnac, *Mémoire historique sur l'ambassade de France à Constantinople*, Paris, Ernest Leroux, 1894, pp. 13-4, cite par Gérard Pélissié du Rausas, *Le régime des capitulations dans l'Empire ottoman*, Arthur Rousseau, op. cit., tome II, pp. 23-4.
[156] *Ibidem*, p. 25.

Il faut attendre 1673 pour que cet accord soit repris à l'article 14 de la Capitulation française : « Nous accordons aux truchements[157] qui servent les ambassadeurs les mêmes privilèges qu'aux Français. »[158]

Protectorat catholique de la France en Turquie

Par la Capitulation de 1535 commence à prendre naissance ce qui deviendra rapidement, quoiqu'officieusement, un « protectorat catholique de la France en Turquie ». En 1540, la France plaide auprès de la Sublime Porte en faveur d'intérêts catholiques non français. Le souverain intervient à temps pour empêcher la transformation de l'église Saint Benoît fondée par les Génois à Galata, en mosquée[159], et le sultan l'offre au roi de France. Elle deviendra l'un des principaux établissements français à Constantinople[160]. Mais si la décision avait été mise à exécution, elle aurait été irréversible comme ce fut notamment le cas en 1528[161].

Rapidement la protection des Catholiques se précise et s'officialise. Il ne s'agit pas d'une protection directe de la France sur ceux-ci, mais de celle du sultan sur ces derniers via un consul choisi parmi les Occidentaux ou plus rarement parmi les autochtones[162].

Le prestige de la France croît rapidement. En 1549, l'ambassadeur d'Henri II, M. d'Aramon se rend en Syrie et en Palestine.

> « [...] Nous arrivâmes en Hiérusalem, où l'ambassadeur fut fort honorablement reçu par les Turcs, gouverneurs et seigneurs d'icelle, lesquels vinrent au-devant de lui environ demie lieue, accompagnés de sept ou huit vingt chevaux pour le moins, et de plusieurs autres personnes, gens de pied, arquebusiers, et qu'il n'y eut créature humaine dans la dicte ville, mesmement des chrétiens, qui n'en sortit hors pour venir au-devant dudict sieur ambassadeur, qui estait attendu des Gardien et Cordeliers du couvent du Mont Sion, comme les Juifs attendent leur Messie, pour l'espérance qu'ils avaient par sa venue estre mis hors des garbouilles et

---

[157] Autre terme pour *drogman*. Jean-Pierre Farganel, « L'École des Jeunes de Langue : à l'origine des dynasties de drogmans », *BnF, Patrimoines partagés*, https://heritage.bnf.fr/bibliothequesorient/fr/jeunes-de-langue-drogmans-article

[158] *Idem.*

[159] Gérard Pélissié du Rausas, *Le régime des capitulations dans l'Empire ottoman, op. cit.*, tome II, p. 89.

[160] Gérard Pélissié du Rausas, *Le régime des capitulations dans l'Empire ottoman*, Arthur Rousseau, *op. cit.*, tome II, p. 83. François Charles-Roux, *France et chrétiens d'Orient, op.cit.*, p. 34.

[161] Voir ci-dessus.

[162] Abou-Neufel Khazem, membre de la famille Khazem, dont les liens avec la France seront toujours très étroits. Abou-Neufel Khazem deviendra en effet consul en 1662, et son fils lui succèdera. François Charles-Roux, *France et chrétiens d'Orient, op.cit.*, p. 49.

fascheries que leur faisaient chacun jour certains santons, c'est-à-dire prestres turcs, qui tiennent le cénacle, qui auparavant estait leur église ; et depuis quelque temps lesdits Turcs leur ont osté par force, et en ont fact faire une à leur mode, que nous appelons mosquées. »[163]

Accueil mitigé en Europe

Les Capitulations font scandale dans l'Europe de l'époque. Charles-Quint les dénonce comme une apostasie. Cinquante ans plus tard, le pape Pie V les reprochera encore à Charles IX. Même Louis XIII en 1625, soit presque un siècle après leur établissement, se sent obligé d'argumenter : « Ceux qui, par malice diabolique, blasphèment cette alliance, pourraient-ils nier qu'ils en reçoivent beaucoup de bien ? N'est-ce pas en considération de nos seuls rois que tant de chrétiens vivent et font exercice de leur religion ès pays du Grand-Turc ? Que le Saint Sépulcre est conservé et visité par tant de pèlerins ? »[164]

Évolution des Capitulations et de leurs champs de compétence

Sous le règne d'Henri II (1519-1559), fils de François Ier, l'ambassadeur Gabriel de Luetz, seigneur d'Aramon (1547-1553), se rend en Palestine et obtient un firman impérial confirmant les droits des religieux latins sur les Lieux Saints. Un de ses successeurs, Jean Cavenac de la Vigne, seigneur d'Auvilliers (1556-1566), obtient du sultan un ordre, prescrivant que « le voyage en Jérusalem soit libre à tous chrétiens, sujets, amis et confédérés » du roi de France[165].

En 1598, l'ambassadeur Savary de Brèves fait interdire qu'on moleste les Chrétiens étrangers en les contraignant à embrasser l'islam, conformément d'ailleurs à l'une des premières clauses des Capitulations de 1535. L'année suivante, soit un peu plus de cinquante ans après les premières Capitulations, une situation similaire à celle de 1528 se reproduit, mais de manière bien plus tragique. Savary de Brèves réussit à éviter une catastrophe. Il parvient à faire « révoquer un commandement du sultan qui prescrivait de convertir en mosquée l'église du Saint-Sépulcre et de mettre aux fers les Pères de Terre-Sainte. »[166] Ceci aurait pu modifier le cours de l'Histoire !

---

[163] Jean Chesneau, *Le voyage de M. d'Aramon, Ambassadeur pour Le Roy en Levant.* publié et annoté par Charles Henri Auguste Schefer, Genève, 1887 cité par Gérard Pélissié du Rausas, *Le régime des capitulations dans l'Empire ottoman, op. cit*, tome I, p. 84.
[164] Charles-Roux, *France et chrétiens d'Orient*, *op.cit.*, p. 33.
[165] Charles-Roux, *France et chrétiens d'Orient*, *op.cit.*, p. 34. Ceci était justement l'objectif des chrétiens au Moyen-Âge, et la raison des Croisades.
[166] François Savary, comte de Brèves, *Relation des Voyages faits en Hierusalem, Terre Saincte, Constantinople, Aegypte, Afrique, Barbarie*, Paris, Thomas de la Ruelle, 1630, p. 222, cité par Gérard Pélissié du Rausas, *Le régime des capitulations dans l'Empire ottoman, op. cit.*, tome II, p. 89.

En 1604 Savary obtient de manière formelle que « les sujets de l'empereur de France[167] et ceux des princes, ses amis et alliés, puissent visiter les Saints lieux de Jérusalem, sans qu'il leur soit mis ou donné aucun empêchement, ni fait tort » et que les religieux de Jérusalem, « puissent demeurer, aller et venir sans aucun trouble et empêchement, ainsi soient bien reçus, protégés, aidés et secourus ». Donc, à partir de ce moment l'ambassadeur de France est reconnu par les Chrétiens comme « protecteur particulier et défenseur de toutes les églises et monastères, représentant du roi très chrétien, protecteur général des chrétiens de l'Empire ottoman ».[168] Mais aucun document officiel ne révèle une protection similaire pour les Chrétiens sujets du grand sultan. Et cela sera source de difficultés et de grandes ambiguïtés pour les ambassadeurs de France près La Porte jusqu'au déclin de l'Empire ottoman. Officiellement, la Porte, ne leur permet d'exercer aucune protection sur des communautés chrétiennes non rattachées à Rome. Mais de facto, les ambassadeurs de France essaieront et réussiront à contourner cette interdiction. En effet, la Capitulation de 1535 définit très clairement les limites du domaine d'influence de la France, mais celle-ci cherchera très tôt à l'élargir, souvent avec succès : la protection du roi de France ne se limite plus aux Catholiques, et ce malgré les réticences et obstructions du pouvoir ottoman[169] dont nous parlerons ultérieurement.

Mandat religieux donné aux ambassadeurs

Les instructions données par la Cour aux ambassadeurs de France à leur départ de Paris pour Constantinople, comportent toujours un mandat religieux. Louis XIII déclare que « l'emploi principal de l'Ambassadeur du roi à la Porte était de protéger, sous le nom et l'autorité de Sa Majesté, les maisons religieuses[170] établies en différents endroits du Levant » [171], ainsi que les pèlerins. L'ambassadeur de La Haye-Vantelet (1639-1661) se met en relation avec le patriarche grec du Phanar[172], pour lui assurer « protection et assistance de Sa Majesté » pour lui-même et pour son Église, et lui prouver par des actes que « Sa Majesté voulant contribuer tout ce qui dépendra d'Elle au bien de ladite Église

---

[167] Dans les différents traités de Capitulations, le roi de France est toujours désigné sous le titre d'Empereur de France.
[168] François Charles-Roux, *France et chrétiens d'Orient*, op.cit., p. 37.
[169] François Charles-Roux, *France et chrétiens d'Orient*, op.cit., p. 45.
[170] M. de la Croix, ci-devant Secrétaire de l'Ambassade de Sa Majesté à la Porte, *La Turquie chrétienne sous la puissante protection de Louis le Grand, protecteur unique du christianisme en Orient, contenant l'état présent des Nations et Églises grecque, arménienne et maronite dans l'Empire otoman*, Paris, Pierre Hérissant, 1695 cité par François Charles-Roux, *France et chrétiens d'Orient*, op.cit., p. 53, https://numelyo.bm-lyon.fr/f_view/BML:BML_00GOO010013700110186066l/IMG00000005#
[171] François Charles-Roux, *France et chrétiens d'Orient*, op.cit., p. 44.
[172] Quartier de Constantinople où se trouve jusqu'à présent le siège du patriarcat.

d'Orient. »[173] En effet, le roi demande à de La Haye-Vantelet de principalement « protéger et assister les chrétiens et les Catholiques du Levant autant qu'il lui sera possible, interposant le nom et l'autorité de Sa Majesté partout où il jugera le pouvoir faire utilement », ce qui ne va pas sans créer d'énormes difficultés que l'ambassadeur de France aura à régler. Il s'agit donc, une fois de plus, malgré l'absence d'accord, de protéger les Catholiques du Levant, voire même les non Catholiques[174]. En dépit des rivalités entre les fidèles de rites orientaux et latin, la diplomatie française aidera, par le truchement des Capitulations, à la survie des communautés chrétiennes orientales[175], créant ainsi une situation ambiguë dont les séquelles perdureront très longtemps.

La France a ainsi rapidement outrepassé les droits que lui accordait la Capitulation. Déjà sous François II (1559-1560), « le monarque français est reconnu, en fait, protecteur en Turquie des chrétiens occidentaux, même étrangers à son pays ».[176]

Arrivée des ordres religieux en terres ottomanes

Les rois de France protègent les intérêts du Pape dans les « domaines du Grand-Turc ». Grâce à cette protection, sont obtenus « plusieurs bons et avantageux commandements pour le Saint-Sépulcre de Jérusalem et pour les religieux du couvent latin de Terre-Sainte »[177]. En 1584, les Jésuites arrivent, et deux ans plus tard, Jacques Savary, seigneur de l'Ancosme (1585-1589), demande aux Capucins de venir s'installer à Péra[178] – quartier sur la rive occidentale de Constantinople, lieu de la résidence de l'ambassadeur de France –, à côté de son palais, et pour lesquels il parvient à obtenir la possibilité de circuler librement dans tout l'Empire ottoman : « une chose qui n'avait, dit-il, jamais été accordée à aucune religion franque »[179] entendons par là, la religion chrétienne. La même année, le roi demande à son ambassadeur de prendre sous sa protection les moines chrétiens, et non plus seulement catholiques : pas uniquement à Jérusalem et à Constantinople, mais aussi les religieux du mont de Sinaï[180]. « Le Sinaï ! Voilà bien un quartier (*sic*) autrement perdu que la capitale de l'Empire ou celle de la Palestine : les moines qui occupent le célèbre couvent fondé au temps de Justinien, sont grecs orthodoxes. » Cette injonction à l'ambassadeur, prouve

---

[173] François Charles-Roux, *France et chrétiens d'Orient*, *op.cit.*, p. 46.
[174] *Ibidem*, p. 44.
[175] L'Archimandrite du monastère du Mont Sinaï demande au Consul de France au Caire un portrait du roi de France pour orner la grande salle du monastère. Et le même Consul écrit que l'Archevêque et sa famille ont une vénération singulière pour le souverain français. *Ibidem*, pp. 60-61.
[176] *Ibidem*, p. 35.
[177] *Idem*.
[178] Gérard Pélissié du Rausas, *Le régime des capitulations dans l'Empire ottoman*, Arthur Rousseau, *op. cit.*, tome II, p. 89.
[179] François Charles-Roux, *France et chrétiens d'Orient*, *op.cit.*, pp. 35-36.
[180] Gérard Pélissié du Rausas, *Le régime des capitulations dans l'Empire ottoman*, Arthur Rousseau, *op. cit.*, tome II, p. 88. François Charles-Roux, *France et chrétiens d'Orient*, *op.cit.*, p. 36.

que la protection ne vise pas uniquement les centres névralgiques, à savoir Constantinople et Jérusalem, mais a bien l'ambition de s'étendre à toute la communauté chrétienne de l'Empire.

Les missions créées dans le Levant au début du XVIIe siècle, à l'initiative et sous l'égide de la France, sont à l'origine d'un mouvement de conversion au catholicisme, qui se produira dans les rangs de Chrétiens dissidents et qui aboutira à la fondation d'églises orientales unies à Rome.

Paradoxe de la défense des Orthodoxes : la situation particulière de Jérusalem

L'ambassadeur Marcheville (1631-1639) se pose en protecteur des patriarches grecs et arméniens, et va même jusqu'à demander à la Porte le droit de « présenter, établir et maintenir » les patriarches de ces Églises[181]. Ce qui est absolument paradoxal : « l'ambassadeur de Louis XIII s'érige ainsi à Constantinople en protecteur des Églises chrétiennes dissidentes, qui sont précisément celles contre lesquelles il soutient, à Jérusalem et ailleurs, les droits des Catholiques latins en concurrence avec elles. »[182] En effet, dans l'ensemble de l'Empire ottoman, à l'exception notoire de Jérusalem, il protège tous les Chrétiens, y compris les Orthodoxes[183]. Ces contradictions qui perdureront jusqu'au milieu du XIXe siècle, seront dans l'ensemble très bien gérées.

En 1701, Jean-Pierre Le Blanc, consul de France à Alep (1697-1707), écrit au ministre de Louis XIV à propos du grand Mufti – chef des muftis régionaux, jurisconsultes islamiques, qualifiés pour émettre un avis non contraignant (*fatwa*) sur un point de la loi islamique (*chari'a*) : « Le Grand Moufti, qui est l'ennemi capital des catholiques et le protecteur des hérétiques[184], [a] suscité une si cruelle persécution [au patriarche catholique des Syriens], sous le prétexte qu'il faisait profession de la religion du Pape, et qu'il portait les hérétiques à changer de rite. »[185] Alors qu'officiellement les missionnaires n'étaient tolérés qu'à condition qu'ils « n'étendissent leurs fonctions que sur les Français et autres catholiques d'Europe »[186], ils contournaient cette interdiction et exerçaient leur apostolat auprès des Chrétiens orientaux. De ce fait, une épée de Damoclès planait constamment au-dessus de leur tête.

La France s'est octroyé le droit « de protéger dans un pays des sujets de ce pays.[187] » C'est ce à quoi elle prétend *de facto* dans l'Empire ottoman. La Porte

---

[181] *Ibidem*, p. 45.
[182] *Ibidem*, p. 46.
[183] Où il les combat car ils sont en conflit avec les Catholiques qu'il défend, et qui sera à l'origine de la Guerre de Crimée un siècle plus tard.
[184] Églises non rattachées à Rome.
[185] Antoine Rabbath s.j., *Documents inédits pour servir à l'Histoire du Christianisme en Orient*, Paris, A. Picard et fils, 1905, tome Ier, p. 111.
[186] *Ibidem*, p. 112.
[187] François Charles-Roux, *France et chrétiens d'Orient*, *op.cit.*, pp. 46-47.

cherchant en effet en permanence à empêcher les Chrétiens orientaux de se convertir au catholicisme, cette volonté française sera un point de tension entre les deux puissances.

Petit à petit, la France étendra son influence aussi bien sur les Catholiques que sur les Chrétiens non Catholiques. Ainsi, l'ambassade de France à Constantinople intervient à la fois en faveur de ses protégés de droit, c'est-à-dire les Catholiques latins et orientaux, et aussi en faveur de ses protégés de fait, Chrétiens non rattachés à Rome.

Protecteur de tous les Chrétiens, le roi de France ne s'astreint pas à la neutralité envers ses protégés. Les tentatives de conversion de la part des Catholiques envers les autres communautés chrétiennes était fortement encouragées. Louis XIV crée en France douze places de boursiers pour former les « jeunes de langues »[188], enfants chrétiens « hérétiques » qui étaient élevés dans la foi catholique pour faire du prosélytisme auprès de leur ancienne communauté. Et de fait les conversions s'accentuent à cette époque. Louis XIV accorde en 1702 de très nombreux « certificats d'uniatisme »[189], au grand dam des patriarches orthodoxes et de la Porte à tel point qu'en 1723, un commandement du sultan interdit aux ottomans d'embrasser la religion catholique[190].

Avancées de la diplomatie française et nouveaux acquis

En 1722, Jean Louis d'Usson, marquis de Bonnac, ambassadeur de France (1713–1724) obtient enfin pour les Latins la permission de réparer la grande voûte du Saint-Sépulcre. Victoire incontestable pour la diplomatie française. Il a été nécessaire, écrira l'ambassadeur François-Emmanuel Guignard, comte de Saint-Priest (1768-1785) quelques décennies plus tard, de « 40 ans d'offices ministériels pour remporter cette palme »[191] ! En effet, rappelons qu'en ce qui concerne les lieux de culte non musulmans, « on ne peut mettre un clou sans permission expresse »[192] de la Porte, écrit le même Saint-Priest, en application du

---

[188] À propos des jeunes de langue, voir Antoine Gautier, « Les drogmans des consulats », in Jörg Ulbert & Gérard Le Bouëdec (éds.), *La fonction consulaire à l'époque moderne : L'affirmation d'une institution économique et politique (1500-1800)*, Rennes, Presses universitaires de Rennes. https://books.openedition.org/pur/7767?lang=en ; Ingrid Cáceres-Würsig, « The jeunes de langues in the eighteenth century : Spain's first diplomatic interpreters on the European model », *Interpreting*, volume 14, n° 2, janvier 2012, pp. 127-144.
[189] André Bittar, *L'émigration des grecs-catholiques au XVIIIᵉ siècle : de la Syrie à l'Égypte*, Mémoire de Maîtrise, sous la direction de P. D. Chevallier, juin 1990, p. 29 ; Robert M. Haddad, *Syrian Christians in Muslim Society*, Princeton, Princeton University Press, 1970, p. 42.
[190] François Charles-Roux, *France et chrétiens d'Orient, op.cit.*, p. 66.
[191] *Ibidem*, p. 69.
[192] *Ibidem*, p. 60.

pacte de Omar, en vigueur jusqu'à maintenant[193] ! Malgré ces avancées, la diplomatie française bute contre des obstacles.

L'ambassadeur aurait voulu révoquer la clause qui interdisait aux missionnaires tout prosélytisme auprès des chrétientés locales, mais sans succès. Le comte Michel-Ange de Castellane (1741-1747) et son successeur à l'ambassade, le comte des Alleurs (1747-1755), essuyèrent une fin de non-recevoir. Le grand vizir alla même jusqu'à menacer d'expulser les missionnaires de son Empire s'ils contrevenaient à cet ordre[194]. Mais ce refus va au contraire stimuler la diplomatie française, donnant une nouvelle impulsion à l'Église avec le développement de l'activité des missionnaires. Ces démarches aboutiront à une très grande victoire en 1724, date du ralliement d'une partie significative de fidèles de l'Église grecque de Syrie qui adhérera à la doctrine de l'Église romaine. Il s'agit d'une grande perte pour l'Église orthodoxe, car c'est le groupe le plus riche, le plus instruit et le plus influent qui fait défection.

L'ambassadeur de Bonnac est fier de pouvoir constater, en quittant son poste : « on ne laisse pas de voir une infinité de religieux de toutes sortes d'ordres desservir un très grand nombre d'églises et de chapelles dans toutes les principales villes de l'Empire ottoman sous la protection du Roi, assister et affermir tous les Catholiques orientaux dans leur religion »[195].

Et il ajoute : « il est de notoriété publique que le roi est le protecteur de tous les chrétiens d'Orient et particulièrement des catholiques, et que, sans la protection de Sa Majesté et la grande considération que la Porte a toujours eue pour Son auguste personne, la religion eut été éteinte dans l'Empire ottoman. »[196]

Quelques années plus tard, un de ses successeurs, Louis Sauveur Villeneuve (1728-1741), écrit que si « Sa Majesté retirait sa protection aux missionnaires qui se trouvent au Levant, il ne serait pas possible de s'y maintenir. Ce n'est pas même sans peine qu'Elle les y soutient, et les affaires qui leur arrivent journellement donnent plus d'occupation à son ambassadeur à La Porte que toutes les autres dont il est chargé. »[197]

Renforcement de la France et entrée en jeu de nouvelles puissances

Jusqu'à la mort de Louis XIV, la concurrence des autres puissances occidentales sur le plan religieux ne se fait pas sentir. Au XVIIIe siècle, la France

---

[193] En 2016, un décret assouplissant les règles concernant la construction et réparation d'églises, a été adopté par le parlement en Égypte, mais de récurrents accrochages ont toujours lieu à ce sujet.
[194] Joseph Hajjar, *Les Chrétiens uniates du Proche-Orient*, Paris, Ed. du Seuil, 1962, p. 250.
[195] François Charles-Roux, *France et chrétiens d'Orient*, op.cit., p. 69.
[196] *Idem*.
[197] *Ibidem*, p. 72. Il faut peut-être faire la part des choses. Dans ce mémoire destiné au Vatican, il convient de montrer que le roi de France est le plus grand défenseur de la Chrétienté, et que sans lui, comme plusieurs ambassadeurs aiment à le répéter, il n'y aurait plus de Chrétiens dans l'Empire ottoman.

perd son monopole, à savoir la protection des Chrétiens de l'Empire ottoman, mais paradoxalement, elle verra son influence grandir encore.

En 1718 la Turquie, battue par le Saint-Empire, conclut à Passarovitz un traité qui octroie à Vienne un droit de regard sur des intérêts catholiques de l'Empire ottoman[198]. Par la suite, la cour de Vienne renforcera sa protection obtenue en 1718 sur les Trinitaires et les Franciscains pour contrebalancer les privilèges français.

L'ambassadeur Villeneuve est récompensé par la Porte pour sa médiation entre Turcs, Autrichiens et Russes qui aboutit à la signature du traité de Belgrade (1736). En effet, c'est sous la pression de la France que Russes et Autrichiens avaient dû rendre à la Puissance ottomane les territoires qu'ils avaient conquis. Suite à quoi la France est en position de force pour les négociations qui mèneront à la Capitulation de 1740[199]. Cette Capitulation comprend 85 articles[200]. Il est notamment question de la protection religieuse des Chrétiens[201], de la liberté d'exercice de leur culte, de facilités commerciales ainsi que de la très large immunité fiscale et judiciaire dont ils pourront dorénavant bénéficier[202].

Cette protection religieuse eut comme conséquence l'essor de l'influence culturelle de la France.[203] L'hégémonie intellectuelle et culturelle qu'elle exerce dans l'Empire ottoman aurait difficilement été réalisable sans le régime des Capitulations.

Capitulation de 1740

La Capitulation de 1740, marque un tournant. D'abord elle n'a plus besoin d'être renouvelée au décès de l'un des deux signataires, à savoir le sultan ou le roi de France. Et les points liés à la protection exercée par la France sont clairement exposés : les germes des abus qui seront perpétrés à partir de la deuxième moitié du XIXᵉ siècle sont déjà présents.

Par la Capitulation de 1740, la France étend considérablement son champ de compétence et son droit de regard sur les Catholiques orientaux.

Par glissements successifs, après les missionnaires, commerçants, ressortissants occidentaux et Chrétiens orientaux se verront aussi placés sous la protection des rois de France ; il s'agit là d'un tournant significatif. La France

---

[198] *Ibidem*, p. 68.
[199] Philippe Gemayel, *Un Régime qui meurt : les Capitulations en Égypte*, Paris, Éditions internationales, 1938, p. 54.
[200] *Ibidem*, p. 55.
[201] Gilles Ferragu, « Église et diplomatie au Levant au temps des Capitulations », *Rives nord-méditerranéennes*, 6 | 2000, pp. 69-78, http://journals.openedition.org/rives/67
[202] Philippe Gemayel, *Un Régime qui meurt : les Capitulations en Égypte*, *op. cit.*, p. 55 ; Joseph Hajjar, *op. cit.*, p. 250.
[203] Georges Meyer, *L'Égypte Contemporaine et les Capitulations*, Paris, Les Presses Universitaires de France, 1930, p. 55.

s'octroie donc le droit d'intervenir en faveur des Chrétiens d'Orient. Les rois de France sont déclarés protecteurs de tous les ecclésiastiques latins présents en terre ottomane. Au milieu du XVIIIe siècle, le Saint-Siège et les puissances européennes reconnaissent la France comme protectrice des Chrétiens d'obédience romaine. Les Capitulations consenties au bénéfice de la France, en étaient venues, sans le dire formellement, à signifier protection des Chrétiens de l'Empire ottoman[204].

Le déclin de l'Empire ottoman à partir du XVIIIe siècle, aura pour conséquence directe, d'accroître les domaines où s'exercent les Capitulations.

Les traités de Kutchuc-Kaïnardji (1774) et de San Stefano (1878)

D'autre part, le traité de Kutchuc-Kaïnardji en 1774 revêt une importance primordiale pour l'Empire des Tsars. Il lui assure une intervention permanente en Turquie et réalise un rêve séculaire russe, à savoir l'accès aux mers chaudes : le passage des Dardanelles permet donc à la flotte russe de parvenir en Méditerranée.

L'article 16 du traité Kutchuc-Kaïnardji fait du Tsar le protecteur des Chrétiens orthodoxes de l'Empire ottoman. Plus tard, celui-ci tentera en 1853, sans succès, d'officialiser et de transformer cette protection en protectorat. De fait, la France et la Russie poursuivent des objectifs similaires. En effet, en dépit des protections officieuses, mais réelles dont bénéficient les Orthodoxes grâce aux Capitulations, la rivalité entre Latins et Grecs orthodoxes ne faiblit pas. C'est en particulier le cas pour la possession de l'église du Saint-Sépulcre à Jérusalem qui, jusqu'alors occupée par les Latins, sera à partir de 1747 partagée avec les Grecs orthodoxes. Jusqu'à la fin du XIXe siècle, les diplomaties françaises et russes devront presque quotidiennement intervenir pour gérer ces conflits, qui seront à l'origine de la guerre de Crimée.

En dépit de la défaite russe de 1856, nous assistons deux décennies plus tard à un retour en force de la Russie en 1878, suite au traité de San Stefano signé à la fin de la guerre russo-turque de 1877-1878[205]. Ce conflit est déclenché par la volonté de la Russie, dans un souci de panslavisme, de défendre la liberté des peuples slaves qui sont encore à l'époque sous domination ottomane – la Roumanie, la Serbie et le Monténégro – et de créer une confédération panslave.

Préséance dans les Églises

Remontons aux premières décennies des Capitulations. L'ambassadeur d'Henri IV, Savary de Brèves (1560-1627), prétend officiellement à la préséance sur tous les autres représentants étrangers dans les églises catholiques du Levant

---

[204] Pour les sept points des Capitulations de 1740, voir François Charles-Roux, *France et chrétiens d'Orient*, op.cit., pp. 73-74.
[205] Joseph Maïla, « De la question d'Orient à le récente géopolitique des minorités », *op. cit.*, pp. 45-46.

créant ainsi l'usage de la place d'honneur réservée aux agents diplomatiques et consulaires de France en Orient. Cet usage a perduré jusqu'à la chute de l'Empire ottoman, et en Égypte jusqu'en 1937. Il sera interrompu au moment de la Terreur, et reprendra une fois la paix rétablie avec la Sublime Porte en 1802. Le Premier Consul nomme ambassadeur le Général Brune et lui demande de « reprendre sous sa protection tous les hospices et tous les chrétiens de Syrie, d'Arménie et spécialement toutes les caravanes qui visitent les Lieux-Saints. »[206] Celui-ci s'exécute fort bien, et n'oublie pas le décorum. Il assiste à la messe et au Te Deum chanté pour célébrer le retour de la France, et invite tous ses consuls à faire de même et à exiger la préséance. Quatre ans se sont écoulés depuis les déclarations de Bonaparte disant qu'il combattait le Pape et l'Église catholique. Le revirement est complet, et les intérêts permanents de la France ont pris le dessus. En effet, quand Bonaparte prend le pouvoir le 18 Brumaire, il change radicalement sa politique religieuse. Il fait la paix avec l'Église, signe le Concordat de 1801. Le catholicisme n'est plus la religion d'État comme sous l'Ancien Régime, mais celle de la majorité des Français. Cette clause sera supprimée au Concordat de 1905.

Les Capitulations au XIXe siècle

Dans la deuxième moitié du XIXe siècle, le système des Capitulations assure toujours plus d'immunité à ses bénéficiaires. Un glissement s'est produit. Alors qu'au début, leur protection ne touchait que les Latins, les Capitulations étendront leur droit de regard sur tous les Catholiques ottomans, et officieusement, les Chrétiens de manière générale. Au traité de Berlin (1878), qui définit la politique étrangère de l'Europe jusqu'en 1914 et trace la carte des régions sous domination ottomane, le protectorat catholique de la France sera officiellement reconnu par les puissances européennes et le Saint-Siège. Quelques mois auparavant, les Russes avaient obtenu au traité de San Stefano des droits similaires portant sur les populations grecques et arméniennes de l'Empire ottoman.

Tout au long de cette période – les Capitulations s'étendent sur quatre siècles –, on note une corrélation évidente entre le déclin de la puissance ottomane et le renforcement progressif du système des Capitulations. Ce n'est qu'au cours des cinquante dernières années de leur vie, quatre fois centenaires, que les Capitulations connaissent une extension abusive au point de devenir un symbole, parmi d'autres, de la domination occidentale. Il y a bien eu une inversion totale du rapport de forces,[207] car si elles n'ont été au départ qu'une simple protection des Catholiques vivant sous la domination ottomane – favorisant incidemment le phénomène d'union à Rome –, elles se sont

---

[206] François Charles-Roux, *France et chrétiens d'Orient*, op.cit., p. 108.
[207] « Les circonstances qui déterminèrent l'octroi de cette Capitulation rappellent étrangement l'atmosphère où naquit celle de 1535, mais le vaincu d'aujourd'hui, c'est le vainqueur d'autrefois. », Philippe Gemayel, *Un Régime qui meurt : les Capitulations en Égypte, op. cit.*, p. 54.

progressivement étendues à l'ensemble des Chrétiens. Elles ne cessèrent de se renforcer et d'évoluer, surtout à partir de la deuxième moitié du XIXe siècle, pour se transformer en un système de protection consulaire représentant une réelle limitation de la souveraineté ottomane. En effet, les ambassadeurs proposent et font accepter de nouvelles clauses de plus en plus restrictives pour l'administration ottomane. Tous les germes se trouvaient déjà dans la Capitulation de 1740, mais celle-ci qui ne concernait principalement que les religieux dont le nombre était forcément limité. Si les Capitulations continuent de protéger les Catholiques et toutes les communautés chrétiennes, à partir de la fin du XIXe siècle cette protection s'étendra à tous les ressortissants des puissances capitulaires. De même, tous les employés des consulats ou personnes qui en dépendent à un titre quelconque, indépendamment de leur religion, bénéficient de cette protection ainsi que de l'exemption d'impôts et de la jouissance de l'extraterritorialité.

En effet, alors qu'auparavant cette protection n'était accordée qu'aux seuls *barataires*, tous les étrangers capitulaires jouirent à partir de cette époque des privilèges des diplomates. Auparavant les ambassadeurs ne recevaient que cinquante *barats* (fief turc) ou *bérats* (*berevat* au pluriel)[208]. Ces termes traduits par « diplôme » en français ou « privilège » en anglais, sont décrits comme suit dans tous les dictionnaires ottomans tardifs : sorte de document de privilèges donnés[209]. Il s'agit d'une patente dont le sultan faisait présent aux ambassadeurs auprès de La Porte qui selon les circonstances, les offraient ou les vendaient à leurs ressortissants dans tout l'Empire qui pouvaient les offrir à leur tour, à des sujets ottomans de leur choix. Ces diplômes se renouvelaient à la mort du titulaire.

Les excès des Capitulations

Depuis les années 1760, les consuls européens vendaient à de riches protégés ces « patentes », entre 5 et 6 mille Livres nous dit Volney[210]. Mais au cours du XIXe siècle, les règles se relâchent et les consulats accordaient très généreusement le statut de protégé pour accroître leur puissance, contrairement à ce qui était fait aux siècles précédents (depuis 1535).

---

[208] « Dans les faits, le protectorat français est parvenu, officieusement, à la protection des catholiques de l'empire, les plaçant d'une certaine manière en situation d'exterritorialité, grâce aux brevets (*berat*) distribués par l'ambassade et conférant à son porteur (*barataire*) des privilèges fiscaux, juridiques… »
Gilles Ferragu, « Église et diplomatie au Levant au temps des Capitulations », *op. cit.*

[209] Nejdet Gök, « The Berat Form in Ottoman Diplomatica (diplomatics) / Osmanlı Diplomatikası'da Berat Formu », *The Turks*, v. 3, 2002, pp. 469-78, p. 469, https://www.academia.edu/42352608/The_Berat_Form_in_Ottoman_Diplomatica_diplomatics_Osmanl%C4%B1_Diplomatikas%C4%B1_da_Berat_Formu

[210] C. F. Volney, *Voyage en Syrie et en Égypte, pendant les années 1783, 1784 et 1785, op. cit.*, p. 385.

L'agonie de « l'Homme malade » élargit les domaines où s'exerçaient les Capitulations qui ne cesseront de s'étendre[211].

Cette évolution affectera l'Égypte bien plus que d'autres provinces de l'Empire ottoman, en raison de son statut particulier et de la politique d'ouverture pratiquée par les vice-rois. Les excès perpétrés par les ressortissants des puissances capitulaires paralyseront l'administration du pays.

Dans ses mémoires, Nubar pacha écrit : « Même des projets purement intérieurs comme ceux qui visaient à introduire plus de justice dans la perception des impôts et le recours à la corvée devenaient des problèmes à débattre dans les chancelleries européennes sous prétexte qu'ils touchaient aux intérêts des étrangers. »[212] Les puissances européennes réclament et obtiennent des protections de plus en plus invraisemblables[213].

Paradoxalement, si l'intervention des puissances étrangères paralysait souvent l'administration ottomane, leur influence n'était toutefois que restreinte. La succession de massacres dans les différentes provinces de l'Empire, à l'exception de l'Égypte, perpétrés contre certaines communautés (musulmanes hétérodoxes, arméniennes, chaldéennes, etc.) dans la deuxième moitié du XIXe siècle jusqu'à la chute de l'Empire ottoman, en est la démonstration. Jamais atteinte jusque-là par son ampleur et sa férocité, cette succession apporte la preuve des limites du pouvoir des Capitulations.

Charles Péguy écrira : « Depuis le 1er juillet 1894, pendant plus de deux ans, plus de 300 000 Arméniens ont été massacrés dans l'Empire ottoman. C'est ici le plus grand massacre du siècle : ni les massacres turcs de Chios en 1822, du Liban en 1860, de la Bulgarie en 1876, ni les massacres français de juin 1848 n'ont fait, à beaucoup près un si grand nombre de victimes. […] Quand tout un peuple de trois cent mille personnes n'est pas seulement assassiné, mais tourmenté des maux les plus effroyables par l'ordre d'un tyran, il est oiseux, et même il est criminel de passer son temps à chercher à savoir de qui on pourrait faire le jeu en venant au secours d'un peuple. »[214]

---

[211] Au Congrès de Berlin, l'Autriche s'octroie la protection religieuse des Catholiques du Soudan et des coptes catholiques.
[212] Nubar pacha, *Mémoires de Nubar pacha*, op. cit., p. XI.
[213] Joseph Hajjar relève que « tout l'Empire dépendra […] de l'arbitrage politique et des caprices des gouvernements européens. […] L'Autriche au Congrès de Berlin, s'octroie la protection religieuse des catholiques du Soudan nilotique, de la province égyptienne du Fayoum et des coptes catholiques. » Joseph Hajjar, *Les Chrétiens uniates du Proche-Orient*, op. cit., p. 286.
[214] Charles Péguy, *La Revue socialiste*, n° 147, 15 mars 1897.

Création des Tribunaux mixtes : fin aux excès

Nubar pacha, qui était arrivé en 1842 en Égypte, pour commencer sa longue et brillante carrière[215], décrit les progrès qui avaient été introduits par Mohammad Ali : « Il faut, pour s'en rendre compte, songer qu'un *raya* monté à baudet rencontrant un Turc ou un Musulman ne se serait jamais permis de rester sur sa monture ; il devait descendre, en signe de respect et de soumission, et passer devant lui ses souliers à la main. » Il trouve que les Capitulations et leurs corollaires, les tribunaux consulaires, représentent la seule protection pour les Chrétiens dans l'Empire ottoman. Mais vingt-cinq ans plus tard, les excès de ces mêmes Capitulations le pousseront à promouvoir la création des Tribunaux mixtes, afin de limiter les pouvoirs des Tribunaux consulaires. Ceux-ci ne s'occuperont plus que des affaires de leurs nationaux respectifs. En effet, jusqu'alors, dans l'Empire ottoman, les membres des puissances capitulaires étaient régis par leurs propres tribunaux qui appliquaient leurs propres lois. Mais Nubar veut circonscrire leurs compétences afin de limiter les abus que les tribunaux consulaires avaient générés. Il entreprend et réussit à changer le système juridique du pays. Par la création des tribunaux mixtes en 1876, il met ainsi un terme à ce « Babel judiciaire »[216] qui régnait dans la région. En effet, quand un conflit opposait deux personnes de nationalités différentes, la situation devenait proprement kafkaïenne : chaque plaidant demandait que sa loi nationale soit appliquée ! Aussi la création des tribunaux mixtes appliquant un droit unique marque une étape importante et un progrès réel pour la résolution des contentieux. Ils fonctionneront jusqu'en 1949, bien que la décision de les supprimer ait été prise au traité de Montreux en 1937, laissant ainsi une période transitoire de 12 ans.

Conclusion

Actuellement, la tendance consiste à ne voir que les abus des Capitulations, alors que ce ne fut qu'un aspect tardif et limité de la situation. Mohamed Sabry, directeur général de l'enseignement en Égypte au temps du roi Fouad, n'écrit-il pas : « Les Capitulations ou privilèges accordés par le sultan ottoman aux Européens étaient précisément justifiés par l'état d'insécurité et de fanatisme où se trouvait l'empire à cette époque ».[217]

De simple protection des Chrétiens au départ, l'influence de la France grandit. Elle s'étendra à chaque nouveau revers subi par les armées ottomanes ou

---

[215] Nubar pacha, qui a étudié en Suisse et en France, apprend la langue turque à son arrivée sur les rives du Nil.
[216] Nubar pacha, *Mémoires de Nubar pacha*, op. cit., p. 149.
[217] M Mohamed Sabry, *L'empire égyptien de Mohamed Ali et la question d'Orient (1811-1849)*, op.cit., p. 81.

simplement quand le rapport de force le lui permettra[218]. Au XIXe siècle, cette protection ne concernera plus uniquement les Chrétiens ; elle sera accordée aux fidèles d'autres religions, incluant des Juifs, voire même des Musulmans.

La recherche de la protection étrangère de la part des non Musulmans en Égypte, diabolisée à l'époque de Nasser, n'exprimait pas forcément pour les bénéficiaires un manque de loyauté envers le pays. Il s'agissait plutôt d'une recherche de sécurité personnelle et d'avantages matériels. Le Khédive Abbas II envoie son conseiller Loutfi Al-Sayyid[219] un an en Suisse afin d'obtenir la nationalité helvétique et devenir ainsi ressortissant d'une puissance capitulaire. Bénéficiant de l'extraterritorialité, il lui sera alors possible d'échapper à la censure britannique. De retour en Égypte, il pourra écrire sans craindre d'être inquiété[220]. Dans ce cas précis, cette démarche ne consistait pas tant à se protéger de l'arbitraire de l'Empire ottoman, mais plutôt d'échapper à la censure britannique. Rechercher la protection consulaire, n'était pas vécu par ses bénéficiaires comme un acte de trahison mais constituait une mesure de sécurité.

Le « protectorat catholique » de la France en Orient ne cessera de se préciser, et de se fortifier pour enfin devenir officiel à la fin du XIXe siècle, plus précisément en 1878 au traité de Berlin. Peu après la reconnaissance de ce protectorat, le Cardinal Siméoni, préfet de la Congrégation pour l'évangélisation des peuples, « Propaganda Fide », envoie aux autorités ecclésiastiques en Orient une circulaire dans laquelle il les informe de s'adresser aux autorités consulaires françaises en cas de besoin. Cette directive sera comme nous le verrons, renouvelée en 1917 par le Pape Benoît XV.

---

[218] Cf. traité de Belgrade (1739) : traité de paix signé entre les Habsbourg et l'Empire ottoman grâce à la médiation de la France.
[219] Ahmed Loutfi al-Sayyid (1872-1963), fit des études de droit à Paris puis au Caire, fut juge dans les tribunaux égyptiens, directeur de la Bibliothèque khédiviale (*Dar al-Kutub*) puis de l'université égyptienne, ministre de l'Éducation, ministre des Affaires étrangères. Il reçut le surnom de *mu'allim al jil* (le maître de sa génération), et fut honoré en 1958 de la plus haute décoration en Égypte, celle des Sciences sociales.
[220] Abbas Hilmi II, *Mémoires d'un souverain* du khédive Abbas Hilmi II (1892-1914), Amira el-Azhary Sonbol (éd.), Le Caire, Cedej, 1996, note 102, pp. 350-351.

> « *Les Églises orientales catholiques [doivent être maintenues] dans une double et égale fidélité au catholicisme et à l'Orient.* ».
> Maxime IV Sayeh[221]

Chapitre IV
Les communautés catholiques orientales

Avant-propos : remarques sémantiques

Les termes de « minorité » et « minoritaires » que l'on utilise souvent pour désigner les diverses communautés non musulmanes d'Orient, peut induire en erreur. Il ne correspond pas toujours, à ce qu'a été la réalité dans le monde musulman issu de la conquête arabe d'abord, puis ottomane.

Dès la conquête, dans les différentes provinces et pour de longs siècles, un statut d'infériorité fut imposé à la population non musulmane même si elle était majoritaire. Dans les provinces européennes de l'Empire ottoman, où peu de conversions ont été effectuées, ce statut d'infériorité a effectivement concerné la majorité de la population jusqu'à la fin de l'Empire.

État-nation et minorité sont deux concepts intimement liés. La montée en puissance du premier fait peser une menace sur l'identité du second. Selon Georges Corm, la violence surgit tout naturellement à partir du moment où s'impose « la conception où l'État doit naturellement recouvrer la nation ».[222] Ces quelques précisions sémantiques rappelées, on comprendra mieux la raison pour laquelle on préférera le terme « communautés » à celui de « minorités » rarement employé.

Robert Ilbert désigne une communauté comme « une unité sociale dotée de mécanismes intégrateurs spécifiques qui organise les loyautés et fixe le statut personnel de chacun. […] La communauté est la référence essentielle, la définition dont tout découle ; il s'agit de bien autre chose que d'une adhésion volontaire à une foi partagée. C'est un cadre social, politique et économique. »[223]

---

[221] Cité dans Gaston Zananiri, *Pape et Patriarches*, op. cit., p. 30.
[222] Georges Corm, « Géopolitique des minorités au Proche-Orient », *Hommes & Migrations*, Année 1994, 1172-1173 pp. 7-17, p. 9, https://www.persee.fr/doc/homig_1142-852x_1994_num_1172_1_2138 ; cet article s'inscrit dans un numéro thématique : « Minorités au Proche-Orient », https://www.persee.fr/issue/homig_1142-852x_1994_num_1172_1
[223] Robert Ilbert, *Alexandrie. Espace et société 1830-1930. Histoire d'une communauté citadine,* thèse de doctorat d'État, Paris, EHESS, 1990, p. 489

Différentes communautés chrétiennes en Égypte

Pour ce qui est de l'Égypte, nous évoquerons tout d'abord le statut qui fut donné aux nouveaux convertis au VIIe siècle, les *mawâlis/mawlâs*. Nous présenterons ensuite les différentes communautés non musulmanes dans la nouvelle société issue de la conquête en 639.

Comme nous l'avons vu, le conquérant assigne immédiatement à l'écrasante majorité de la population, puisqu'encore non convertie, un statut d'infériorité qui sera maintenu jusqu'au XIXe siècle, à savoir celui de *dhimmi*. Il apparaît donc évident que ce n'est pas le fait d'être numériquement inférieur qui fait que ce statut est assigné, mais bien le fait d'être non Musulman.

Le millet ne fera pas de distinctions entre communautés musulmanes considérées hétérodoxes par La Porte (Ismaéliens, Alaouites, Chiites, Metwallis du Liban, etc.) et elles seront assimilées aux sunnites. Au Mont Liban, les Druzes et les Maronites, bénéficient d'un statut particulier et jouissent d'une plus grande autonomie[224].

Arabité vs Islam : comment le conquérant a-t-il résolu la question ?

Aux premiers temps de l'Islam, le système est complexe. Le converti vers l'Islam n'a pas le même statut que le converti arabe. Pour le conquérant, il y avait en effet non seulement une supériorité religieuse, mais également une supériorité ethnique. Les Arabes étaient très fiers de leurs origines et

---

[224] Pour les Chiites, voir Pierre-Jean Luizard, *Chiites et sunnites, la grande discorde en 100 questions*, Paris, Tallandier, 2017, chapitre 44.
Pour les Metwallis du Liban : « Chrétiens et juifs bénéficiaient d'une autonomie dans la gestion des affaires internes à leur communauté. Maronites et druzes du Liban réussirent même à transformer ce droit en pouvoir politique au XIXe siècle. Mais, pour les autres minorités (ou même majorités) musulmanes non-sunnites, il n'était pas question de reconnaissance : les chiites duodécimains, majoritaires en Irak et au Liban, n'avaient ainsi aucune reconnaissance et étaient assimilés au sunnisme officiel. [...] Les Metwalli (nom péjoratif donné aux chiites du Sud-Liban) du Liban durent attendre 1927, sous le mandat, pour avoir leur premier mufti ja'fari, c'est-à-dire de l'école juridique chiite duodécimaine. Les alaouites (appelés péjorativement Nusayri par les sunnites), les ismaéliens, les yézidis et d'autres minorités musulmanes devaient se soumettre au sunnisme dominant. » Anna Bozzo, Pierre-Jean Luizard, « Irak, Syrie, Liban, Yémen, Lybie : des États arabes en faillite », *in* Anna Bozzo, Pierre-Jean Luizard (dir), *Vers un nouveau Moyen-Orient ? États arabes en crise entre logiques de division et sociétés civiles*, Rome, Roma Tre-Press, 2016, pp. 11-34, pp. 19-20.
Georges Corm, *Méditerranée espace de conflits, espace de rêves*, Paris, L'Harmattan, 2001, p. 70 ; Efrat Aviv, « Millet System in the Ottoman Empire », *Oxford Bibliographies*, 28 novembre 2016, https://www.oxfordbibliographies.com/view/document/obo-9780195390155/obo-9780195390155-0231.xml
Les Druzes, tout comme d'autres groupes non-reconnus, tombaient sous la loi de la chari'a.
Kent F. Schull, « Conceptualizing difference during the Second Constitutional Period: new sources, old challenges », *in* Jørgen S Nielsen, *Religion, ethnicity and contested nationhood in the former Ottoman space*, Leiden – Boston, Brill, 2012, pp. 63-87, p. 82.

interdisaient l'accès de la tribu aux étrangers[225]. L'héritage ethnique arabe et la religion musulmane constituent bien deux critères distincts et indépendants. Dès le début de la conquête, la distinction est donc faite entre Arabe et non Arabe[226]. A. N Poliak relève que « pour un musulman antérieur à la révolution abbasside, les Arabes étaient une caste sociale héréditaire ; lui appartenir accordait des privilèges et imposait des devoirs ; et elle était unie, non pas par une généalogie commune, mais par un lieu d'origine commun » et le fait pour une tribu de résider dans la presqu'île et de parler l'arabe ne leur conférait pas le statut d'Arabe[227].

L'inégalité selon l'arabité et l'ethnie, n'est donc pas à confondre avec celle qui relève de l'appartenance ou de la non appartenance à l'Islam. Jusqu'à l'avènement des Abbassides au milieu du VIIIe siècle, dans les territoires nouvellement conquis, les indigènes non arabes de race n'accédaient pas à un statut d'égalité, et ce en dépit de leur conversion[228].

Ceci est confirmé par Robert Mantran qui explique que les Omeyyades considéraient les nouveaux convertis – qui étaient donc non Arabes – comme des Musulmans de rang inférieur et les astreignaient au versement d'un impôt plus lourd. Au début, la conversion ne dispensait ni de la *jizya* ni du *kharaj*[229].

En effet, les nouveaux convertis, les « Mawâlis » non arabes étaient considérés comme des Musulmans de seconde zone, et étaient notamment obligés de payer plus d'impôts. Au point que durant les toutes premières années de l'Hégire, il se trouvait même qu'un Arabe non Musulman avait un statut supérieur à un non Arabe converti à l'Islam[230]. Pendant une génération, les Chrétiens arabes qui combattaient contre les Perses auprès de l'armée arabe, avaient droit à l'intégralité du butin, alors que les Coptes islamisés en Égypte n'arrivaient qu'au niveau de fantassins et n'avaient donc droit qu'à la moitié du butin[231]. Ce sera le calife Omar II (717-720) qui réformera le système fiscal et uniformisera les impôts pour tous les Musulmans. Les tribus

---

[225] Voir à ce propos, la controverse portant sur les descendants du prophète en Arabie Saoudite. Etienne Dubuis, « En Arabie saoudite, la controverse du sang du Prophète », *Le Temps*, 15 avril 2016, https://www.letemps.ch/monde/arabie-saoudite-controverse-sang-prophete. Contrairement aux Séoud, les deux dynasties jordaniennes et marocaines, se disent descendantes du prophète.
[226] A. N. Poliak, « L'arabisation de l'Orient sémitique », revue *En Terre d'Islam*, XII, cah. 1, 1938, pp. 35-63 cité par Jacques Tagher, *Coptes et musulmans, op. cit.*, p. 27.
[227] A. N. Poliak dans une étude s'inspirant du juriste musulman Abou-Youssef. A. N. Poliak, « L'arabisation de l'Orient sémitique », *op. cit.*, cité par Jacques Tagher, *Coptes et musulmans, op. cit.*, pp. 26-27.
[228] Jacques Tagher, *Coptes et musulmans, op. cit.*, p. 27.
[229] Robert Mantran, *L'expansion musulmane - VIIe-XIe siècle*, Paris, Presses Universitaires de France, 2001, p. 258.
[230] Jacques Tagher, *Coptes et musulmans, op. cit.*, p. 30.
[231] Leone Caetani, *Annali dell'Islam*, 10 vols., Milano-Roma, Hoepli-Fondazione Caetani della Reale Accademia dei Lincei, 1905-1926, an 10, cité par Jacques Tagher, *Coptes et musulmans*, Al-Maaref, 1952, p. 30.

arabes païennes subirent un autre sort. La conversion à l'Islam était obligatoire, sous peine de mort pour les hommes, et d'esclavage pour les femmes et les enfants. Pendant une courte période, les Arabes chrétiens purent garder leur foi en vertu du pacte signé avec Mahomet, bien que tout fut mis en place pour les convaincre de se convertir. Face à leurs appréhensions, le Calife Abou Bakr confirma la pérennité dudit pacte. Mais le Calife Omar les accusa ultérieurement de pratiquer l'usure, et ceux-ci furent acculés à l'exil et durent s'enfuir en Irak[232].

Tableau religieux de l'Égypte au moment de la conquête : présence des différentes communautés

Revenons à l'Empire romain : à partir du règne de Constantin (306-337) toute tentative et velléité d'indépendance, ou de révolte contre l'oppresseur – en l'occurrence byzantin, c'est-à-dire Romain d'Orient, les *Roums* – ne pouvait revêtir qu'un aspect religieux. Le pouvoir byzantin, de par son éloignement géographique, ses différences culturelles et linguistiques, était à juste titre ressenti en Syrie et en Égypte comme une domination étrangère que rien ne justifiait aux yeux des populations soumises. Soulever des différences doctrinales pour secouer ce carcan était la seule voie possible de marquer sa différence par rapport à l'Empereur.

Le foisonnement des différentes hérésies et des communautés religieuses qui en découleront, s'explique par une révolte contre le pouvoir de Byzance. Cette révolte ne pouvait en effet se manifester que par un schisme religieux. Le patriarche étant un ethnarque en Orient, ses décisions sont suivies par ses fidèles. Les Syriaques, les Coptes et les Arméniens[233], pour marquer leur opposition à la puissance de l'Empereur ou à celle de ses représentants, ne peuvent le faire qu'en avançant des divergences sur des questions religieuses[234]. Les subtilités théologiques soulevées étaient certainement incompréhensibles pour l'écrasante majorité des fidèles et du clergé. Si l'on ne prend pas en compte le contexte social et politique, il est impossible de concevoir les passions déchaînées par ces questions.

Les querelles théologiques n'étaient donc que prétexte pour masquer un désir d'émancipation. Pour preuve, ces querelles, ainsi que l'apparition de schismes dans la partie orientale de l'Empire, cessent avec la conquête arabe !

---

[232] *Ibidem*, pp. 30-1.
[233] Voir notamment Samir Khalil, « Rôle culturel des chrétiens dans le monde arabe », coll. *Cahiers de l'Orient Chrétien*, Beyrouth, CEDRAC, 2003, p. 7-8.
[234] Gaston Zananiri, *Pape et Patriarches, op. cit.*, p. 129.

Les schismes

Les « litiges théologiques » et autres points d'achoppement feront l'objet de débats des premiers grands conciles.[235]

Le Concile de Nicée (en 325)

L'empereur Constantin convoque en 325 le concile de Nicée pour entre autres rétablir l'unité religieuse de l'Église. Celui-ci réunit des représentants de presque toutes les tendances du Christianisme. À la fin du Concile, Constantin déclare : « Dieu m'a institué comme l'évêque du dehors. »[236]

Le concile de Nicée avait pour objectif de résoudre les problèmes qui divisaient alors les Églises d'Orient. Il s'agit principalement de questions disciplinaires et dogmatiques mises en évidence par la controverse entre Arius (256-336), prêtre d'Alexandrie, et sa hiérarchie. La controverse portait sur la nature du Christ et sa relation au Père. Pour Arius, le Christ n'est pas de même nature que le Père. Créé par celui-ci, il n'est pas éternel, mais immortel. Devant le refus d'Arius de se soumettre aux décisions du concile, l'Empereur le fait excommunier ainsi que ses disciples.

C'est le premier schisme important dans l'Église. Les Ariens étaient surtout présents dans les régions occidentales de l'Empire et disparaîtront complètement suite à la conversion du roi wisigoth Récarède Ier (586-601) à la foi romaine lors du Concile de Tolède de 589. Cette conversion, ainsi que celle de Clovis un siècle plus tôt, entraînèrent la conversion de leurs peuples respectifs ; préfiguration du principe du traité d'Augsbourg (1555), « cuius regio, eius religio » (« tel **prince**, telle **religion** »).

Il faut retenir du Concile de Nicée, la profession de foi dite *symbole de Nicée* ainsi que les anathèmes condamnant l'enseignement d'Arius. La profession de foi qui y est adoptée, est celle de l'Église romaine[237], le Credo.

---

[235] Pour les différentes branches du Christianisme oriental, se référer à l'excellent graphe interactif sur l'histoire de la formation des Églises orientales sur le site de l'Œuvre d'Orient : « Origines des Églises d'Orient », l'Œuvre d'Orient, https://oeuvre-orient.fr/les-eglises-orientales/

[236] Discours de Constantin lors du festin de clôture du concile de Nicée – *Ibidem*, p. 127.

[237] « Nous croyons en un seul Dieu, Père tout-puissant, Créateur de toutes choses visibles et invisibles. Et en un seul Seigneur Jésus-Christ, Fils unique de Dieu, engendré du Père, c'est-à-dire, de la substance du Père. Dieu de Dieu, lumière de lumière, vrai Dieu de vrai Dieu ; engendré et non fait, consubstantiel au Père ; par qui toutes choses ont été faites au ciel et en la terre. Qui, pour nous autres hommes et pour notre salut, est descendu des cieux, s'est incarné et s'est fait homme ; a souffert et est mort crucifié sur une croix, est ressuscité le troisième jour, est monté aux cieux, et viendra juger les vivants et les morts. Et au Saint-Esprit. »
« Pour ceux qui disent : "Il fut un temps où il n'était pas" et "Avant de naître, il n'était pas", et "Il a été créé à partir du néant", ou qui déclarent que le Fils de Dieu est une autre substance ou d'une autre essence ou qu'il est créé ou soumis au changement ou à l'altération, l'Église catholique et apostolique les anathématise. »

Elle sera confirmée au concile de Constantinople en 381, pour devenir le « Symbole de Nicée-Constantinople ».

Le Concile de Nicée et celui de Constantinople[238] représentent les deux seuls conciles œcuméniques stricto sensu. Par la suite, les communautés dissidentes, celles qui ne se sont pas soumises aux décisions de Nicée, ne seront évidemment plus représentées.

50 ans de controverses trinitaires

La formule de Nicée, imposée par l'autorité impériale, fut vite contestée par les successeurs de Constantin favorables à l'Arianisme. Et il faudra attendre l'avènement de Théodose Ier (379-395) et le Premier concile de Constantinople de 381, pour que la foi de Nicée soit imposée définitivement à tout l'Empire comme définition de l'orthodoxie trinitaire par l'Édit de Thessalonique en 380.

Le souvenir de la controverse survenue au cours de ce concile est resté dans l'expression « ne pas varier d'un iota ». Une controverse opposait ceux qui croyaient que le Fils était « de même substance » que le Père (ὁμοούσιος, *homoousios*), à ceux qui soutenaient que le Fils était « de substance semblable » au Père (ὁμοιούσιος, *homoiousios*). Les deux termes ne se distinguaient en effet que par un *iota*.

Le Concile d'Éphèse

Le concile d'Éphèse, troisième concile œcuménique de l'histoire du Christianisme, est convoqué en 430 par Théodose II, Empereur romain de Constantinople – de 408 à 450 – à la demande de Nestorius, patriarche de Constantinople (428-431)[239]. Au terme de ses travaux, le concile condamne le 22 juin 431 le Nestorianisme en tant qu'hérésie, anathématise et dépose Nestorius comme « hérésiarque »[240]. Nestorius proposait d'utiliser « Christotokos » « mère du Christ » qui lui semblait davantage en ligne avec les écritures, la Vierge Marie étant seulement la mère de l'homme Jésus. Alors que pour l'Église, elle était « mère de Dieu », *Theotokos*.

Le pape Célestin Ier (422-432) ratifia et promulgua en 432 les actes du concile œcuménique d'Éphèse, et donna à Cyrille, patriarche d'Alexandrie (412-444) qui avait défendu la foi romaine, le titre de « Défenseur de l'Église ».

---

[238] Au concile de Constantinople en 381, aucune décision théologique ne sera prise, seules les décisions du concile de Nicée seront réitérées et confirmées.

[239] « Ceux qui ne se seront pas rendus le jour de la Pentecôte à Éphèse, n'auront aucune excuse à faire valoir ni devant Dieu, ni devant nous. » Gaston Zananiri, *Pape et Patriarches*, op. cit., p. 127

[240] « Le concile d'Éphèse », *La Croix*, https://croire.la-croix.com/Les-formations-Croire.com/Histoire-de-l-Église/Petite-histoire-des-grands-conciles/Le-concile-d-Ephese/Le-concile-d-Ephese

Concile de Chalcédoine

Après 440, une hérésie nouvelle, le monophysisme du moine grec Eutychès (mort en 454) confondra les deux natures dans le Christ, la nature humaine et la nature divine. Il considère la nature humaine comme seulement une « apparence », en réalité absorbée par la divine. Ce qui aboutira à la convocation du concile de Chalcédoine en 451 par l'Empereur byzantin Marcien (450-457). Ça sera le quatrième, et dernier grand concile. Il (re) proclamera que l'union hypostatique dans la personne du Christ n'entraîne pas pour autant la confusion des deux natures ni l'absorption d'une nature par l'autre, définissant cela en une formule désormais célèbre : dans le Christ « *vrai Dieu et vrai Homme* ».

Le concile de Chalcédoine réunit 343 évêques dont quatre seulement viennent d'Occident. Il est vrai que le concile se déroule à proximité de Constantinople, c'est-à-dire en Orient, mais cette « faible participation » d'évêques occidentaux semble plutôt confirmer qu'il s'agissait surtout de problèmes d'ordre politique plus que religieux, d'où le manque d'intérêt de Rome[241].

Alors que comme nous l'avons vu, vingt ans plus tôt, son prédécesseur Cyrille Ier avait pris la défense de la doctrine de Rome, Dioscore, patriarche d'Alexandrie (444-454) refusa la formulation de la « profession de foi » du Concile, et entraîna par ce refus l'Église d'Alexandrie qui deviendra l'Église copte orthodoxe. Cette décision marquera le début d'une période d'isolement pour la quasi-totalité de l'Église d'Égypte.

Ainsi en deux décennies, l'Église d'Alexandrie, défenseure de l'Église officielle, de Rome, prend la tête d'un schisme qui entraînera la majorité d'un pays !

L'Église d'Antioche se séparera également après Chalcédoine, et donnera naissance à l'Église syriaque.

L'Église d'Arménie, arménienne apostolique et grégorienne qui n'était pas représentée au concile de Chalcédoine, se sépare de Rome et rejoint les

---

[241] Voici une présentation des conclusions du concile de Chalcédoine :
a. « Suivant donc les Saints Pères, nous enseignons tous unanimement que nous confessons un seul et même Fils, notre Seigneur Jésus Christ, le même parfait en divinité, et le même parfait en humanité, le même vraiment Dieu et vraiment homme (composé) d'une âme raisonnable et d'un corps, consubstantiel au Père selon la divinité et le même consubstantiel à nous selon l'humanité, en tout semblable à nous sauf le péché, avant les siècles engendré du Père selon la divinité, et aux derniers jours le même (engendré) pour nous et notre salut de la Vierge Marie, Mère de Dieu selon l'humanité.
b. Un seul et même Christ, Fils, Seigneur, l'unique engendré, reconnu en deux natures, sans confusion, sans changement, sans division et sans séparation, la différence des natures n'étant nullement supprimée à cause de l'union, la propriété de l'une et l'autre nature étant bien plutôt gardée et concourant à une seule personne et une seule hypostase, un Christ ne se fractionnant ni se divisant en deux personnes, mais un seul et même Fils, unique engendré, Dieu Verbe, Seigneur Jésus Christ, selon que depuis longtemps les prophètes l'ont enseigné de lui, que Jésus Christ lui-même nous l'a enseigné, et que le Symbole des pères nous l'a transmis. »

dissidents en 506. Ces trois Églises – celle d'Alexandrie, d'Antioche et d'Arménie – seront appelées Églises monophysites, ante chalcédoniennes ou Église des trois Conciles (Nicée, Jérusalem et Éphèse) qui ne reconnaissent qu'une seule nature au Christ, la nature divine avec une apparence humaine.

Le césaropapisme

Le *césaropapisme* est depuis l'origine une des caractéristiques les plus marquantes de l'Empire d'Orient. L'Empereur « depuis Constantin le Grand [avait] porté le titre d'*isapostole* (égal des apôtres) et l'empereur-prêtre païen, avait cédé le pas au césar-pape chrétien. »[242] En effet, l'Empereur romain est un prêtre depuis le règne d'Auguste (27-14 av. JC) ; celui-ci avait réformé la religion romaine en se faisant nommer « Pontifex Maximus » en 12 av. JC, à la mort du grand prêtre Lépide. Par la suite, tous les Empereurs païens porteront ce titre, et même les premiers Empereurs chrétiens. Cette tradition sera en effet perpétrée par l'Empire byzantin, l'Empereur se considérant prêtre.

Le *césaropapisme* connaît un sérieux coup d'accélérateur au moment de la querelle iconoclaste au VIIIe siècle. Quand le Pape Grégoire III (731-741) écrit à l'Empereur Léon III L'Isaurien (717-741) : « Tu vois que les dogmes des Églises ne sont pas ton affaire, mais celles des évêques. De même que ceux-ci ne doivent pas se mêler des affaires civiles, de même les Empereurs ne doivent se mêler des affaires de l'Église… » Ce à quoi l'Empereur répondit : « Je suis prêtre et empereur à la fois[243]. […] Il n'existe sur terre aucune différence entre le pouvoir de Dieu et celui de l'Empereur. Tout est permis aux empereurs ; ils peuvent user comme de leur propre bien de ceux du Seigneur, car ils ont reçu leur pouvoir de Dieu, et entre Dieu et eux il n'y a rien. »[244] Ces déclarations sont importantes pour comprendre le poids de la religion dans cette région du monde qui a toujours été une théocratie depuis l'avènement de Constantin jusqu'au début du XXe siècle. L'Empire byzantin ayant disparu en 1453, le sultan accordera au patriarche une partie de ces privilèges, notamment en ce qui concerne l'administration des communautés non musulmanes[245].

Du schisme de 1054 au Concile de Ferrare-Florence (1431-1439)

En 1054, ce qui paraît être un simple incident entre le légat du Pape Léon IX (1049-1054), le cardinal Humbert de Moyenmoutier et le patriarche de Constantinople, Michel Cérulaire (1043-1058), génère le plus grand

---

[242] Gaston Zananiri, *Pape et Patriarches, op. cit.*, p. 127.
[243] *Ibidem*, p. 129.
[244] *Ibidem*, pp. 128-129.
[245] Le millet grec est créé l'année même de la chute de Constantinople. Le millet arménien sera instauré une décennie plus tard et il faut attendre la fin du siècle pour la création du millet juif.

schisme de l'Histoire, et provoque la séparation de l'Église d'Orient d'avec celle d'Occident. Le différend théologique portait sur le « filioque » – doctrine selon laquelle le Saint-Esprit procède du Père et du Fils, et non pas du Père uniquement –. L'Église grecque rejette cet ajout pour lequel elle n'a pas été consultée et les deux protagonistes s'excommunient. L'excommunication réciproque ne fut levée qu'en 1965.

Le plus grand schisme de l'histoire de l'Église qui perdure jusqu'à ce jour vient de naître. Cette séparation a du mal à être acceptée par Rome, qui tente à plusieurs reprises de ramener les Églises orthodoxes dans son giron. Après presque quatre siècles d'initiatives et d'efforts infructueux, au Concile de Ferrare-Florence (1431-1439). Rome parvient à rallier les Églises orthodoxes dont les représentants signent l'acte d'union. Mais pour différentes raisons, cette union reste purement théorique (rejet de la part du clergé oriental et des fidèles, et chute de Constantinople). La méfiance des Églises orientales vis-à-vis de Rome est encore très présente. Jean Karmiris[246], l'un des plus célèbres théologiens orthodoxes de la deuxième moitié du XXe siècle, bien que connu dans les cercles de dialogue œcuménique, fait part de sa virulente opposition à Rome dans des termes peu amènes. Il met en garde les Orthodoxes contre la propension de l'Église romaine à distiller des sophismes, dénonce sa perfidie et sa volonté d'écrasement et de domination des autres Églises[247]. En 1964, il réitère ses déclarations : il considère que toutes les tentatives de rapprochement sont des manœuvres d'« asservissement de l'Église orientale en danger ».

Il rend hommage au clergé et à la population byzantine pour avoir rejeté le projet d'union adopté en 1439. D'autre part, il affirme que la culpabilité entière de la rupture revient aux papes Nicolas Ier et Léon IX.[248]

Relation des Églises orientales avec Rome

En dépit de la non-application des décisions prises lors du Concile de Ferrare-Florence, Rome ne renonce pas à ses projets d'union. À partir du XVIe siècle, ce projet, qui n'avait jamais été abandonné, connaît une nouvelle impulsion qui débouche sur la création de nouvelles Églises réunies à Rome. En effet, actuellement, toutes les Églises orientales issues des conciles d'Éphèse et de Chalcédoine (donc séparées depuis le Ve siècle) présentent une branche rattachée à Rome. Toutes ces Églises sont présentes en Égypte, à l'exception de l'Église nestorienne. Les premiers à s'être unis à Rome, sont les Chaldéens – qui s'étaient séparés de l'Église nestorienne et réuni à Rome

---

[246] Antoine Wenger, « Karmiris (Jean N.) », *Revue des études byzantines*, Année 1954, 12, p. 266.
[247] Jean Karmiris, *Les textes dogmatiques et symboliques de l'Église orthodoxe*, Athènes, 1953, t. II.
[248] Marie-Hélène Blanchet, « La question de l'Union des Églises (13e-15e S.) : historiographie et perspectives », in *Revue des études byzantines*, 2003, 61, pp. 5-48, p. 38.

au milieu du XVIe siècle, plus précisément en 1553 –[249], puis les Grecs catholiques, les Arméniens catholiques, les Syriens catholiques et plus récemment, les Coptes catholiques.

Seuls les Maronites s'enorgueillissent de n'avoir jamais été séparés de Rome, et refusent l'appellation d'uniates qu'on leur donne parfois ce qui fait débat pour certains historiens.

Dans ces Églises orientales – aussi bien celles séparées que celles rattachées à la foi romaine –, la langue et le rite traditionnels ont été sauvegardés en dépit des différentes tentatives de latinisation forcée qu'à certaines époques le Vatican a voulu imposer aux Églises réunies. Celles-ci suivent le dogme de l'Église romaine, mais se distinguent par une liturgie ainsi que certaines règles du droit canon différentes, notamment celles qui concernent la nullité de mariage. La question du célibat des prêtres ne relevant pas du dogme – c'est une question de discipline ecclésiastique –, l'ordination des hommes mariés est admise par toutes les Églises orientales, réunies ou séparées de Rome[250].

La politique orientale de Rome a beaucoup varié au cours des siècles. Méprisante, autoritaire, voire violente à certaines époques, elle a été plus respectueuse de leurs langues, de leur rituel et de leurs traditions à d'autres époques. Le Christianisme oriental, déjà extrêmement divisé, souffre non seulement d'un manque de solidarité au sein même de ses communautés, mais également du sentiment de supériorité que nourrissait Rome à son égard. Le patriarche grec catholique, Mgr Maxime IV Sayeh (1948-1967), dans une conférence à Düsseldorf en 1960, va jusqu'à écrire que « les catholiques orientaux ne furent jamais pleinement admis par l'ensemble des catholiques d'Occident qui continuèrent à les ignorer, à les suspecter, à les brimer allant jusqu'à les combattre ouvertement sur leur propre territoire… [Les Églises orientales], par ailleurs, ne surent pas toujours se défendre contre les méthodes envahissantes de l'Occident, si bien qu'elles finirent par ne plus représenter aux yeux de l'Orient aucune forme acceptable d'union dans la vérité et la dignité, mais une absorption voilée, une latinisation manquée. »[251]

Ci-dessous une anecdote qui mérite d'être rapportée, illustrant jusqu'à l'extrême les propos de Mgr Sayeh. Le patriarche latin de Jérusalem excommunie une jeune fille catholique qui a épousé un Orthodoxe. L'excommunication a également été étendue à sa mère. De plus, « Sa Béatitude ne se contentant pas de

---

[249] Voir à ce propos Herman Teule, *Les Assyro-Chaldéens Chrétiens d'Irak, d'Iran et de Turquie*, Turnhout, Brepols, 2008.

[250] Cependant, les prêtres catholiques mariés ne peuvent cependant pas exercer en Occident.

[251] Conférence donnée par Mgr. Maxime IV Sayeh à Düsseldorf en 1960. Gaston Zananiri, *Pape et Patriarches*, *op. cit.*, p. 30.

A Jérusalem, contrairement aux autres régions, les Orthodoxes qui voulaient être rattachés à Rome, étaient poussés à adopter le rite latin. Ce qui fait que la grande majorité d'orientaux latins, sont originaires de Palestine.

cette excommunication contraire à l'esprit et aux enseignements chrétiens y ajouta, un fait non moins contraire à l'esprit chrétien en considérant la jeune fille et sa mère au nombre des morts et en célébrant un service funèbre pour le repos de leur âme dans l'église latine de Jaffa. »[252]

Origine des différentes communautés chrétiennes en Égypte

Les différentes Églises en Égypte

On distingue quatre grands groupes parmi les Chrétiens orientaux, suivant leur appartenance à une langue, à une tradition et à une culture spécifique[253].

Le premier serait le *groupe araméen* constitué de trois communautés, les Syriens orientaux, les Syriens occidentaux et les Maronites.

Le deuxième groupe est composé par les communautés *coptes*. Le troisième groupe est composé par les communautés *arméniennes*. Et finalement, le quatrième groupe est composé par les communautés *grecques*.

Le groupe araméen

Il est à son tour constitué de trois communautés :
- les <u>Syriens orientaux</u> :
• Nestoriens ou Assyriens pour la branche séparée de Rome,
• Chaldéens pour l'Église réunie à Rome.
a. les <u>Syriens occidentaux</u> :
• « Jacobites » (en référence à Jacques Baradaï) pour l'Église séparée de Rome,
• Syriens catholiques pour l'Église réunie à Rome.
b. les <u>Maronites</u>.

Les Syriens orientaux

Les Nestoriens (ou Assyriens)

Cette dénomination est dérivée du nom de Nestorius, couramment donnée en Occident à l'Église que l'on appelle aussi « assyrienne » ou « assyrienne orthodoxe », séparée de la doctrine romaine au Concile d'Éphèse.

---

[252] Lettre du 30 avril 1947 de Michel Loutfi Abou Lehan, au nom de l'Union des jeunesses orthodoxes, publiée dans la revue de la communauté grecque catholique *Le Lien*, p. 186. *Le Lien* paraît pour la première fois au milieu des années 1930, est publiée en français. https://www.worldcat.org/title/lien-revue-du-patriarcat-grec-melkite-catholique/oclc/818979698&referer=brief_results

[253] Bernard Heyberger, « Introduction », *in* Bernard Heyberger (éd.), *Chrétiens du monde arabe. Un archipel en terre d'Islam, op. cit.*, p. 8-11.

Après la conquête islamique, les Nestoriens étendirent leur Église vers l'Est, en Irak, en Iran, en Inde, en Asie centrale et en Chine[254]. L'invasion mongole marque un coup d'arrêt à leur expansion, et ils se replient vers l'Ouest. Ils ne constituèrent plus que des petits groupes dans les montagnes du Kurdistan. Au XIXe siècle, les Européens leur donnèrent le nom d'Assyriens. Ils connurent un destin tragique au XXe siècle, conséquence de la duplicité de la politique occidentale. Un escadron assyrien (*Assyrian Levies*) aida la puissance mandataire britannique à réprimer des insurrections nationalistes, arabes, chiites et kurdes en Irak. Mais à la fin du mandat, en 1932, le Royaume-Uni abandonna ses alliés à qui il avait pourtant fait des promesses en retour de leur aide[255].

Les Assyriens ne furent pas les seules victimes de massacres : toutes les populations de la région payèrent lourdement le prix de promesses non-tenues et de leur instrumentalisation par les pouvoirs mandataires de l'époque[256].

Les Chaldéens

L'Église chaldéenne catholique[257] (soit l'Église nestorienne rattachée à Rome depuis 1553) se trouve principalement en Irak. Sous le patriarcat d'Emmanuel II Thomas (1900-1947), la majorité des « Nestoriens » ou « Assyriens », rallia l'Église catholique. Dans les années 1950, le siège patriarcal a été déplacé de Mossoul à Bagdad.

---

[254] Gaston Zananiri, *Pape et Patriarches*, *op. cit.*, p. 22.
[255] En octobre 1931, des notables assyriens demandant l'établissement d'une région autonome afin d'y regrouper les Assyriens réfugiés du Hakkari. Face à une fin de non-recevoir, les *Assyrian Levies* – deux bataillons d'infanterie, deux escadrons de cavalerie et un peloton d'artillerie qui combattent aux côtés des britanniques pour défendre la frontière nord de l'Irak face aux ambitions turques – se révoltent. Cosima Flateau, « Les Assyro-Chaldéens au XXe siècle », *Les Clés du Moyen-Orient*, 23 mai 2013, https://www.lesclesdumoyenorient.com/Les-Assyro-Chaldeens-au-XXe-siecle.html. En 1933, le patriarche Mar Shimoun est mis en résidence surveillée à Bagdad. Les notables assyriens nestoriens furent contraints d'abandonner leurs revendications. Suite à quoi, une partie de ceux-ci demanda asile à la Syrie sous mandat français, qui refuse.
Sami Zubaida, « Violence ethnique en Irak. L'affaire des Assyriens de 1933 », in Baudoin Dupret, B. (éd.), *Le phénomène de la violence politique : perspectives comparatistes et paradigme égyptien*, CEDEJ - Égypte/Soudan, 1994, pp. 121-136, https://books.openedition.org/cedej/448
[256] Le traité de Sèvres en 1920, qui démantelait l'Empire ottoman, prévoyait une certaine autonomie pour les « Assyro-Chaldéens » (terme usité à l'époque pour désigner les Nestoriens). Mais le traité de Lausanne en 1923, qui représente une avancée pour la Turquie, sonne le glas des revendications pour les Assyriens, Arméniens ou Kurdes. Aurore Bruna, « La France, les Français face à la Turquie. Autour de l'accord d'Angora du 20 octobre 1921 », in *Bulletin de l'Institut Pierre Renouvin*, vol. 27, n°. 1, 2008, pp. 27-41, https://www.cairn.info/revue-bulletin-de-l-institut-pierre-renouvin-2008-1-page-27.htm
[257] Julius Assfalg, Paul Kruger, *Petit dictionnaire de l'Orient chrétien*, Brepols, 1991, pp. 163-165.
Ne confondons pas l'Église syrienne orthodoxe, qui est Jacobite avec l'Église assyrienne qui est nestorienne ! Les Assyriens ou Nestoriens rattachés à Rome sont les chaldéens.

La présence en Égypte des Chaldéens catholiques, n'est attestée que depuis la deuxième moitié du XIXᵉ siècle. En 1890, les Chaldéens comptaient 150 familles originaires de Turquie, d'Iran et d'Irak. Le premier vicariat patriarcal au Caire, date de cette époque[258].

Le grand comique égyptien de la première moitié du XXᵉ siècle, Naguib El-Rehani, était Chaldéen.

Les *Syriens* occidentaux

Les Jacobites ou Syriens orthodoxes

Les Jacobites se séparèrent de Rome en refusant la définition des deux natures du Christ formulée au concile de Chalcédoine en 451.

Les Syriens catholiques

Des Jacobites se rallient à Rome en 1662 pour former l'Église syrienne catholique, principalement implantée au Moyen-Orient. Mais elle ne sera officiellement reconnue qu'en 1783 lorsque l'archevêque d'Alep demandera son rattachement à Rome. Son siège se trouve à Beyrouth. Au Caire, dès 1850, la communauté a son église propre dédiée à Saint Elie[259].

Les Maronites

Nous nous étendrons un peu plus sur l'Église maronite, étant donné qu'elle a une histoire quelque peu particulière, ayant maintenu des liens très étroits et presque ininterrompus avec Rome. Constituée en 785 par une communauté séparée de l'Église grecque officielle, elle s'installe dans la montagne libanaise. Son siège se trouve à Bkerké au Liban.

Bien que n'ayant pas suivi les autres Églises dans leur schisme, il faut attendre les Croisades pour qu'un acte officiel d'adhésion à Rome soit établi. La communauté maronite tient énormément à ses relations avec Rome. Elle se fait un point d'honneur de relever qu'elle n'a jamais quitté l'Église romaine, et que sa relation avec celle-ci est ininterrompue. Il s'agirait de la seule communauté de la région dans ce cas.

À l'époque des Croisades, des Maronites établirent des contacts étroits avec les Latins. À tel point qu'en 1215, le patriarche maronite Jérémie d'Amchit (mort en 1230) prit part au quatrième concile de Latran, un des plus importants conciles du Moyen-Âge.

Suite au repli des croisés, la fin du XIIIᵉ siècle est une période difficile pour eux.

---

[258] *Annuaire de l'Église catholique d'Égypte*, 2016, p. 92.
[259] *Annuaire de l'Église catholique d'Égypte*, 2012, p. 79.

Avec le temps, les relations avec Rome se distendent, et aux XIIIe et XIVe siècles, le lien entre les Chrétiens d'Orient et Rome n'est quasiment assuré que par la présence des Franciscains.

Au XVe siècle, lors du concile de Florence (1439-1444), le patriarche maronite Jean El-Jaji (1404-1445), réitère son allégeance au Pape qui le confirme dans ses fonctions. C'est à partir de ce moment, que ses successeurs demanderont la confirmation papale et solliciteront l'octroi du *pallium*, donc la reconnaissance de l'autorité papale. Au cours des années qui suivent le concile, les Maronites resteront les principaux acteurs de Rome dans la région. La réorganisation de leur Église commença au XVIe siècle avec l'envoi des légats pontificaux dont Eliano S.J.[260] Celui-ci laisse de mauvais souvenirs notamment à cause de ses actes de vandalisme (autodafé d'ouvrages liturgiques) et de ses efforts pour imposer des usages latins[261].

La communauté, forte du soutien de Rome, aura un rayonnement considérable. À partir de la fin du XVIIe siècle, la plupart des patriarches, ont fait leurs études au collège maronite de Rome. Le collège a été fondé en 1584 par Grégoire XIII (1572-1585). Au XVIIIe siècle, de nombreux membres des communautés catholiques, deviendront les acteurs du renouveau intellectuel de la langue et de la culture arabe qui sera à l'origine de la future *Nahda* : notamment les Maronites Abdallah Qarâ'ali, Germanos Farhât archevêque d'Alep (1725-1732), Gabriel Hawâ, Nicolas Sâ'igh et pour les Grecs catholiques, Abdallah Zâkhir. Par leurs écrits, ils furent les initiateurs de l'importante renaissance littéraire arabe moderne[262].

Sous les ottomans, nombre de commerçants maronites s'installent sur les rives du Nil. La présence d'ecclésiastiques est mentionnée à partir de 1639.

Le patriarche Georges Omeira (1634-1644) entreprend une visite pastorale en Égypte. Suite à cette visite, le Saint-Siège ordonna aux pères Franciscains, alors qu'ils étaient présents en Égypte depuis le Moyen-Âge, de prendre pour conseillers des prêtres maronites qui connaissaient le pays et la mentalité des Coptes[263] !

---

[260] Marrane dont les parents avaient fui Espagne de la reconquête et s'étaient installés à Alexandrie. Il notait ce qui lui semblait contraire aux croyances catholiques et procéda à un autodafé de bon nombre de manuscrits qui lui parurent hérétiques. Mgr. Joseph Feghali, *Histoire du droit de l'Église maronite. Les Conciles des XVIe et XVIIe siècles*, Volume 1, Paris, Letouzey et Ané, 1962, p. 50 ; Pierre Dib, « Les conciles de l'Église maronite (de 1557 à 1644) », *Revue des Sciences Religieuses*, tome 4, fascicule 2, 1924. pp. 193-220, pp. 200-201, www.persee.fr/doc/rscir_0035-2217_1924_num_4_2_1253 ; Joseph N. Hajjar, *Antioche entre Rome, Byzance et la Mecque*, 3 vols., Beyrouth, Éditions Al-Mourad, 1998, volume 2, p. 285.

[261] Jean-Pierre Valognes, *Vie et mort des Chrétiens d'Orient. Des origines à nos jours, op. cit.*, pp. 370-77.

[262] Bernard Heyberger, « Alep, Capitale Chrétienne (XVIIe-XIXe siècle) », *in* Bernard Heyberger (dir.), *Chrétiens du monde arabe. Un archipel en terre d'Islam, op. cit.*, p. 60.

[263] *Annuaire de l'Église catholique d'Égypte*, 2016, p. 79. L'Annuaire cite « Wadengton, l'historien des annales de la Custodie ». Mais comme on peut lire dans *Oriens Christianus*, il doit s'agir d'une

Au XVIIIe siècle, Monseigneur Semaany envoie des pères maronites mariamites[264]. Les premiers moines arrivent en 1745, et fondent des couvents dans différentes villes d'Égypte, notamment dans les villes portuaires[265].

Le groupe copte

Les Coptes orthodoxes

L'Église copte s'enorgueillit du passage de la Sainte-Famille en Égypte et fait remonter son adhésion au Christianisme à l'évangéliste Saint Marc. Le calendrier copte débute en 284, année de l'avènement de Dioclétien qui ordonna de nombreuses persécutions contre les Chrétiens. Le calendrier est d'ailleurs également appelé « calendrier des martyrs ». Il est très présent en milieu rural, car il correspond parfaitement aux cycles des cultures agraires[266] : il s'agit d'un calendrier julien qui s'inspire grandement de celui utilisé dans l'Égypte antique ; il est également appelé calendrier nilotique.

Contrairement à l'Église d'Afrique du Nord qui ne communiquait qu'en latin et négligeait l'héritage berbère[267] – Saint Augustin ne s'exprimait et n'écrivait qu'en latin – l'Église copte était bilingue. Elle communiquait en grec avec les interlocuteurs étrangers et en copte en Égypte. Les traditions autochtones ont été maintenues et adaptées pour assurer la continuité avec le « monothéisme » antique d'Akhénaton. Les portraits du Fayoum reflètent un syncrétisme remarquable entre la religion pharaonique, le style gréco-latin et le Christianisme. Le respect de son héritage religieux et culturel, à savoir la conservation des traditions égyptiennes, et son ouverture à la culture grecque, ont peut-être été les raisons de la pérennité de l'Église copte. En revanche, il serait pertinent de soulever la question de savoir si l'abandon de la langue et des traditions berbères en Afrique du Nord, n'a pas fragilisé son Église qui n'a pas survécu à l'invasion musulmane.

Les monastères transformèrent la langue vernaculaire en langue littéraire, ce qui leur permit d'acquérir une autonomie intellectuelle. C'est en Égypte que prend naissance la tradition monastique orientale qui se maintient jusqu'à présent.

---

mégarde, « car il s'agit effectivement de Lucas Wadding, *Annales Minorum* ». *Oriens Christianus*, 61, 1977, p. 155. « Luke Wadding », *Wikipédia*, https://en.wikipedia.org/wiki/Luke_Wadding.
[264] Selon le récit de P. Coppin en 1680, *Annuaire de l'Église catholique d'Égypte*, 2012, p. 75.
[265] *Annuaire de l'Église catholique d'Égypte*, 2012, p. 75.
[266] A ce sujet, voir Cérès Wissa Wassef, « Le Calendrier copte, de l'antiquité à nos jours », *Journal of Near Eastern Studies*, Vol. 30, No. 1, janvier 1971, pp. 1-48.
[267] François Decret, « L'Afrique chrétienne, de l'invasion vandale au Maghreb musulman », *Clio*, 2021, pp. 4, 5, www.clio.fr/bibliotheque/pdf/pdf_l_afrique_chretienne_de_l_invasion_vandale_au_maghreb_musulman.pdf

Après le Concile de Chalcédoine (451), cette Église devient bicéphale. Deux patriarches règnent simultanément à Alexandrie : le patriarche grec, rattaché à Constantinople et le patriarche copte orthodoxe autocéphale, monophysite[268] auquel se ralliera l'écrasante majorité de la population.

Cette rivalité entre les deux patriarches affaiblira les communautés en place. Aussi, à leur arrivée en 639, les conquérants trouvent deux hiérarchies religieuses qui se font la guerre.

En Égypte, après la conquête islamique, les Coptes se soulevèrent à maintes reprises contre leurs nouveaux maîtres. Il y eut des périodes d'alternance, marquées parfois par de grandes tensions, des agressions envers les Chrétiens notamment sous les Fatimides, et d'autres périodes durant lesquelles les relations entre le Christianisme et l'Islam furent plus paisibles.

L'usage de la langue copte disparaît complètement au Moyen-Âge pour être remplacé par l'arabe. C'est le patriarche Gabriel ibn Turayk (1131 – 1145) qui encouragea la traduction des textes bibliques vers l'arabe et l'adoption de cette langue pour certaines prières et pour le sermon[269]. Mais cet abandon de la langue copte ne se traduisit pas par un abandon des traditions ni par un relâchement de la piété populaire, bien au contraire. Les Coptes jeûnent plus de deux-cents jours dans l'année. À l'exception du jeûne de l'Avent, il s'agit d'un jeûne végane. L'Église copte conserve ses traditions avec une fidélité exemplaire.

Les Coptes catholiques

Les contacts officieux de l'Église romaine avec l'Église copte débutèrent dès le XIIIe siècle[270].

Au XVe siècle, le patriarche copte Jean XI (1428-1453) dépêcha au concile de Florence l'abbé du monastère Saint-Antoine. Le 4 février 1442, celui-ci souscrit à l'acte d'union au nom du patriarche, mais l'éloignement, l'absence d'information et les persécutions de la part des mamelouks empêchèrent cette union de se traduire dans les faits.

Plus tard, le Pape Pie IV (1559-1565) invitera le patriarche copte au Concile de Trente (1545-1563)[271]. En 1741, le pape Benoît XIV (1740-1758) nomme l'évêque copte de Jérusalem passé au catholicisme, au poste de vicaire

---

[268] Gaston Zananiri, *Pape et Patriarches, op. cit.*, p. 79.
[269] Ronny Vollandt, *Arabic Versions of the Pentateuch: A Comparative Study of Jewish, Christian, and Muslim Sources (Biblia Arabica) (English, Arabic and Hebrew Edition)*, Leiden, Brill, 2015, p. 35.
[270] Julius Assfalg, Paul Kruger, *Petit dictionnaire de l'Orient chrétien*, Turnhout, Brepols, 1991, pp. 171, 172.
[271] Julius Assfalg, Paul Kruger, *Petit dictionnaire de l'Orient chrétien, op. cit.* Une décennie plus tard, le pape Grégoire XIII fait parvenir au patriarche Jean XIV (1574 – 1589) par l'intermédiaire des pères Eliano et Sasso, une lettre et cent calices destinés à des églises pauvres. Au tournant du siècle, les Papes Sixte-Quint et Clément VIII établissent eux aussi des contacts avec le patriarche Gabriel VIII (1590 – 1601).

apostolique pour les Coptes catholiques d'Égypte (*crypto coptes*). Dès cette époque, le collège romain de la propagande accueillit des étudiants coptes.

La tentative d'union officielle de 1824 reste sans lendemain bien qu'à ce moment, les Coptes catholiques parviennent à se dégager de la tutelle du patriarche copte orthodoxe. Mais il faut attendre la constitution apostolique *Christi Domini* du pape Léon XIII (1878-1903) pour que soit créé le patriarcat d'Alexandrie pour les Coptes catholiques en 1895.

Les Coptes catholiques représentent une toute petite minorité, soit environ 2 % de la population copte en Égypte. En 2012, le patriarcat copte catholique d'Alexandrie compte environ 200.000 fidèles, répartis en sept éparchies et évêchés, ou diocèses[272].

Les Coptes protestants

Il existe également au Moyen-Orient plusieurs Églises protestantes, qui datent du XIXe et XXe siècle. Notamment, les Épiscopaliens, les Luthériens et les Presbytériens. Les conversions vers le Protestantisme se sont faites sous l'influence de missionnaires anglais, allemands ou américains, principalement en milieu rural. De ce fait, leur rayonnement est plus limité en Égypte.

Aucune mesure n'est adoptée par les autorités ottomanes contre les conversions au Protestantisme au XIXe siècle, contrairement à ce qu'il s'était passé précédemment avec le ralliement aux Églises catholiques, étant donné que les millets avaient théoriquement disparu et que les enjeux n'étaient plus les mêmes.

Les Coptes éthiopiens

Jusqu'en 1959, cette Église[273] devient autocéphale. Elle avait à sa tête un métropolite que le Pape d'Alexandrie et patriarche de la Prédication de Saint Marc et de toute l'Afrique désignait et consacrait parmi les moines de monastères égyptiens. Ce métropolite, de par ses origines égyptiennes, était bien souvent ignorant et fort peu familiarisé des réalités éthiopiennes ; mais sa présence resserrait les liens entre les deux Églises.

Le groupe arménien

Les Arméniens orthodoxes

Les Arméniens orthodoxes sont également appelés apostoliques ou grégoriens.

Ils sont présents dans le monde arabe depuis l'Antiquité. Leur importance s'est renforcée en Égypte avec l'avènement de Mohamed Ali. Suite aux

---

[272] *Annuaire de l'Église catholique d'Égypte*, 2012, p. 15.
[273] Julius Assfalg, Paul Kruger, *Petit dictionnaire de l'Orient chrétien*, *op. cit.*, pp.173, 174.

massacres du sultan Abdel Hamid (1894) et au génocide de 1915, plusieurs milliers sont arrivés en Égypte. Ils y ont constitué au XIXe siècle une communauté très riche et très influente, dont plusieurs membres ont été très proches du pouvoir. Sans conteste le personnage le plus important est Nubar pacha, mais mentionnons également Boghos Nubar pacha, son fils ingénieur de l'École Centrale de Paris, financier et co-fondateur de la ville d'Héliopolis créée par le Baron Empain.

Les Arméniens catholiques

L'histoire de l'Église arménienne catholique en Égypte remonte à 1734, bien avant la reconnaissance officielle du rattachement à Rome d'une partie des fidèles arméniens. Une quarantaine de familles s'installent au Caire, et construisent en 1737 une petite église dédiée à Saint Grégoire l'Illuminateur. Les registres de mariage débutent en 1736, et ceux des baptêmes un an plus tard[274].

Le groupe grec

Les « Grecs » représentaient la religion officielle de l'Empire byzantin. Comme nous l'avons vu, c'est ce qui leur a valu le qualificatif de *malkiyyûn* (« Melkites »), ou « gens du Roi ». Mais depuis le XVIIIe siècle, seule la branche catholique de cette Église, soit les Grecs catholiques, est dénommée « Melkite ». Actuellement, le terme Grecs melkites catholiques est privilégié. La branche non ralliée à Rome est désignée sous le nom de grecque orthodoxe.

Suite à la chute de l'Empire ottoman, le patriarche byzantin de langue grecque de Constantinople, le *primus inter pares*, n'exerce qu'une autorité très réduite. En effet, suite à la conquête islamique, les liens des Melkites – Grecs orthodoxes – avec Constantinople se distendent. Bien que restés fidèles au patriarcat de Constantinople, les Grecs de Syrie et d'Égypte adoptent l'arabe dans leur liturgie à la place du grec et de l'araméen. Au XVIIIe et au XIXe siècle, l'Église d'Antioche se voit imposer des Hellènes à sa tête. Les « Grecs orthodoxes » du Proche-Orient, en partie par réaction contre la volonté de ré-hellénisation du clergé et de la liturgie, adhérèrent alors à l'idée nationale arabe et en devinrent les principaux théoriciens[275]. En effet, les Grecs orthodoxes Michel Aflaq, fondateur du parti Baath et Georges Habash et nombreux autres coreligionnaires jouèrent un rôle majeur dans la promotion du nationalisme arabe.

---

[274] *Annuaire de l'Église catholique d'Égypte*, 2012, p. 82.
[275] Bernard Heyberger, « Introduction », *in* Bernard Heyberger (éd.), *Chrétiens du monde arabe. Un archipel en terre d'Islam, op. cit.*, p. 11.

En 2012, le nombre de fidèles grecs catholiques en Égypte s'élève à 5200, et 300 au Soudan. On compte 15 prêtres (dont sept célibataires et huit mariés)[276].

Il est bien évident que ces communautés n'étaient pas hermétiquement fermées. Les mariages mixtes – intercommunautaires chrétiens – s'ils n'étaient pas la règle, étaient loin d'être exceptionnels. Voyons la présentation que fait Zananiri de sa famille. « Ma grand-mère, Sarena Bauer, née de Castro, descendante d'une famille portugaise [séfarade] émigrée en Dalmatie au XVe siècle. Par mon père, je suis catholique de confession melkite. Ma mère appartenait à une famille séfarade. » Son grand-père maternel, Adolph Bauer d'origine hongroise, s'est établi à Alexandrie au XIXe siècle. Du côté de son père, la famille est arrivée à Alexandrie en 1610.

Conclusion

Mosaïque communautaire

L'Empire ottoman se présentait comme une mosaïque religieuse qui devait frapper de stupéfaction les voyageurs européens. Cette mosaïque perdure jusqu'à la première moitié du XXe siècle, et ceci en dépit des multiples épurations religieuses et ethniques que ces populations ont subies. Pour A. Mallet, les Chrétiens de l'Empire ottoman se trouvent au début du XXe siècle dans la même situation qu'au lendemain de la conquête aux XVe et XVIe siècles[277]. Le droit du sang, (*jus sanguini*) seul connu dans l'Empire ottoman et, par la suite dans la majorité des pays issus de son démembrement, fige les populations dans un statut immuable et les rend encore plus incompréhensibles à l'Occident qui pratiquait le droit du sol (*jus soli*) introduit en France en 1515 par un arrêt du parlement de Paris[278].

Les diverses communautés non musulmanes ont pour la plupart été maintenues dans un environnement plus ou moins statique. D'abord par intérêt, nous l'avons vu, en raison des charges fiscales imposées aux non Musulmans. Mais également par mépris. En effet, le mépris dont on les affublait est une constante qui ressurgit périodiquement. Ci-dessous le témoignage d'Ibn Khaldoun au XIVe siècle.

---

[276] *Annuaire de l'Église catholique d'Égypte*, 2012, p. 72.
[277] A. Mallet, P. Grillet, *XIXe siècle – Histoire contemporaine 1815-1920*, Hachette, Paris, 1921, p. 404.
[278] Sylvain Allemand, « Droit du sol vs droit du sang ? », *Sciences Humaines*, 2002/8, n°130, p. 35, https://www.cairn.info/magazine-sciences-humaines-2002-8-page-35.html

Les différentes Églises vues par Ibn Khaldoun

Après la conquête islamique, toutes les confessions chrétiennes issues des différents conciles furent reconnues par le conquérant[279].

Voici la présentation qu'en fait Ibn Khaldoun :

« Les chrétiens, ayant eu de nouveau des discussions relativement aux dogmes et à ce qu'il fallait croire au sujet du Messie, se partagèrent en plusieurs sectes, dont chacune invoqua l'appui de celui d'entre les rois de la chrétienté qui était son souverain. Cette diversité d'opinions régna pendant plusieurs siècles, une secte donnant naissance à une autre ; mais on finit par n'y voir que trois sectes principales : les Mélékites (les Orthodoxes N.D.L.R.), les Jacobites et les Nestoriens. Nous ne jugeons pas convenable de salir nos pages en rapportant leurs opinions impies, qui, du reste, sont assez généralement connues. Toutes ces doctrines sont fausses, ainsi que le Coran l'a déclaré. Nous n'avons pas à discuter ou à raisonner là-dessus avec eux ; nous n'avons qu'à leur donner le choix de l'islamisme, de la capitation ou de la mort. »[280]

En dépit du « choix » entre l'islamisme, la capitation ou la mort, ces communautés ont réussi à se maintenir jusqu'au milieu du XXe siècle, et représentaient à la chute de l'Empire ottoman encore 20 % de la population. Voici un « instantané » de la population de Beyrouth en 1943, qui représente peut-être un cas extrême, mais pas unique, du mélange de toutes ces différentes communautés religieuses[281].

Musulmans sunnites	57 849	Syriens catholiques	4 003
Arméniens « grégoriens »	35 658	Protestants	3 676
Grecs orthodoxes	19 792	Latins	2 136
Maronites	15 216	Jacobites	2 016
Musulmans chiites	10 399	Druzes	1 883
Grecs catholiques	5 767	Chaldéens catholiques	955
Arméniens catholiques	5 258	Divers	426
Israélites	4 933		

---

[279] Ignace Dick, *Les Melkites*, coll. Fils d'Abraham, Turnhout, Brepols, 1994, p. 157.
[280] Ibn Khaldoun, *Les Prolégomènes*, première partie, p. 433, traduits en français et commentés par W. Mac Guckin de Slane (1801-1878), Paris, Librairie orientaliste Paul Geuthner, 1934.
[281] Pierre Rondot, « Les chrétiens d'Orient », *op. cit.*, 1 vol., pp. 28-29.

Mais les villes égyptiennes n'étaient pas en reste, la palette religieuse était souvent aussi variée. L'Égypte comptait en plus une importante communauté juive[282] – environ 80.000 – composée de Sépharades, d'Ashkénazes et de Caraïtes[283]. En ce qui concerne les Chrétiens et les Juifs, on connaissait le nombre approximatif de membres par communauté. Rien de tel pour les Musulmans pour lesquels on ne disposait pas de la proportion de Chiites, d'Ahmadeyas, d'Ismaïlites, etc. vu qu'ils étaient tous regroupés sous le terme « Musulmans ». En effet, pour le recensement de 1907, au chapitre « Religion et secte », les membres des différentes communautés musulmanes sont toutes désignées comme « Musulmans » sans distinction, alors que pour les Chrétiens, il y a plusieurs catégories : les Coptes (subdivisés en Orthodoxes, Catholiques et Protestants), les Protestants, les Romains catholiques, les Grecs orthodoxes et les « Chrétiens orientaux »[284].

---

[282] Non seulement par le nombre (plus de 80 000) mais aussi par leur poids économique et culturel.
[283] Certaines communautés juives étaient présentes depuis l'Antiquité et d'autres depuis le XVIème siècle. Les caraïtes sont présents depuis le Moyen-Âge, et les ashkénazes sont arrivés pour fuir les pogroms d'Europe vers à la fin du XIXème, début du XXème siècle.
[284] Cecil Champain Lowis (dir.), *The Census of Egypt taken in 1907*, Cairo, National Printing Department, 1909, pp. 118-9.

Chapitre V
Arrivée des Catholiques ottomans en Égypte au XVIIIᵉ siècle

Organisation administrative de l'Égypte au XVIIIᵉ siècle

Depuis 1517 l'Égypte est une province ottomane, et l'autorité du sultan est représentée par un *wali*. Cette province est divisée en 24 régions ou beylicats. Chaque bey mamelouk était titulaire d'un beylicat. Dans la deuxième moitié du XVIIIᵉ siècle, les beys monopolisaient toutes les fonctions officielles. Le pouvoir était dévolu à leur chef, le *cheikh el balad*, le « bey commandant » comme l'appelaient les Français. Le *wali* n'avait plus qu'un pouvoir honorifique et vivait confiné dans sa forteresse, la Citadelle.

Ali bey El Kebir (1768-1773) élimine tous ses adversaires et « pacifie » le pays. Il reprend et amplifie la politique d'autonomie déjà initiée par ses prédécesseurs. Il frappe monnaie en son nom et refuse de payer le tribut à Constantinople. Néanmoins, pour ne pas créer un schisme, il ne supprime pas le nom du sultan de la prière du vendredi, mais rajoute simplement le sien à celui de son suzerain.

Sur un total de 24 beys qui dirigeaient l'Égypte, Ali bey réussit à nommer 18 de ses partisans, dont son gendre, Abou Dahab[285].

Arrivée des Grecs catholiques ottomans en Égypte

C'est dans cette situation de semi-indépendance qu'arrive la nouvelle communauté grecque catholique en Égypte. Elle marquera une inflexion dans la vie économique du pays. Jusqu'alors, la population catholique orientale était surtout représentée par les Maronites. Après le schisme melkite de 1724, provoqué par la rébellion d'une frange de la communauté grecque orthodoxe qui opte pour le rattachement à Rome, des membres de la nouvelle communauté – les Grecs catholiques – prennent le chemin de l'exil pour fuir les exactions que suite à cette défection leur fait subir le patriarche grec orthodoxe. Cet exode sera également motivé par le désir d'élargir leurs marchés en créant de nouveaux débouchés commerciaux.

---

[285] Pour une présentation historique de cette époque, voir André Raymond, *Artisans et commerçants au Caire au XVIIIᵉ siècle*, Le Caire, IFAO, 1999, tome I, pp. 1-16, « Introduction historique ».

En Égypte, les immigrés catholiques se retrouvent en présence de deux communautés grecques orthodoxes : la communauté grecque arabe et la communauté grecque hellène[286]. Félix Mengin fait la différence entre les Grecs de rite, c'est-à-dire les Égyptiens qui n'ont pas suivi le schisme issu du Concile de Chalcédoine[287] (451) – et qui ont adopté la langue arabe, notamment pour la liturgie –, et les autres grecs schismatiques arrivés principalement au début du XIXᵉ siècle. Ceux-ci, les Grecs hellènes, sont presque tous « des commissionnaires des diverses maisons des villes commerçantes de la Turquie. »[288]

C'est avec beaucoup de méfiance que les autres communautés chrétiennes perçoivent les nouveaux venus Grecs catholiques.

Le patriarche grec orthodoxe cherche à faire apparaître cette nouvelle communauté très prospère (susceptible donc de constituer une source importante de revenus pour son Église), qui lui a échappé, comme alliée de la France et ennemie de La Porte[289]. Aussi pour se soustraire aux dangers encourus, les Grecs catholiques, finirent en dernier recours par demander à des cheikhs d'émettre des fatwas en leur faveur pour se protéger de leurs anciens coreligionnaires :

« On doit, dit la *fatwa* « ne pas permettre qu'il ne leur soit fait aucun tort, parce qu'il n'en faut pas faire à ceux qui paient le *karach*. […] En conséquence, les commandants musulmans interdiront au patriarche de troubler les prêtres chrétiens dans l'exercice de leur culte, parce que les religions infidèles sont toutes les mêmes[290]. Le 8 de la lune de Chaban, l'an de l'Hégire 1196, 14 juillet 1792. Signés Cheikh Abdel Rahman El Arichy El Anify […] »[291]. On notera qu'il s'exprime dans le même style qu'Ibn Khaldoun quatre siècles plus tôt[292]. C'est

---

[286] Voir à ce propos Robert Ilbert, « Qui est Grec ? La nationalité comme enjeu en Égypte (1830-1930) », op. cit.. Des deux côtés, ils ont voulu jouer de la confusion entre religion et nationalité. Suivant les époques et les circonstances, l'Église grecque-hellène, considéra les Grecs orthodoxes syriens comme Grecs, afin d'augmenter ses effectifs alors qu'il s'agissait de Grecs orthodoxes arabophones. Alors qu'à d'autres moments, ce sont les Grecs orthodoxes arabes eux-mêmes, qui voulurent obtenir la nationalité grecque.

[287] Ils sont restés fidèles au Basileus et n'ont pas adopté le rite copte. En revanche, avec le schisme de 1054, ils deviennent Orthodoxes, donc Grecs orthodoxes.

[288] Félix Mengin, *Histoire de l'Égypte sous le gouvernement de Mohammed-Aly : ou récit des événements politiques et militaires*, op. cit., tome II, p. 276.

[289] André Bittar, « La dynamique commerciale des grecs-catholiques en Égypte au XVIIIe siècle », *Annales Islamologiques*, tome XXVI, Le Caire, IFAO, 1992, pp. 181-267, p. 182.

[290] Comme nous venons de le voir dans le chapitre sur les millets, cette fatwa est en contradiction complète avec la politique de la Porte qui refusait tout rapprochement avec Rome. C'est la preuve que l'Égypte jouissait d'une certaine autonomie.
Mengin dit que le cheikh a été « grassement payé ». On n'a aucun mal à le croire ; vu le contexte, ça nous semble extrêmement vraisemblable.

[291] Félix Mengin, *Histoire de l'Égypte sous le gouvernement de Mohammed-Aly : ou récit des événements politiques et militaires*, op.cit., tome II, pp. 273-274.

[292] Cité ci-dessus § Les différentes Églises vues par Ibn Khaldoun, Conclusion du chapitre IV, Les communautés catholiques orientales.

grâce à cette fatwa qui les libérait de la tutelle de leur ancien patriarche, que les Grecs catholiques purent exercer librement leur religion en Égypte jusqu'à la reconnaissance officielle de leur millet en 1848[293].

Exode de Syrie et commerce méditerranéen et international

Le port d'Acre fut la première étape des Grecs catholiques fuyant Alep et Damas. Nombre d'entre eux se dirigèrent ensuite vers Damiette et de là, ils essaimèrent dans toute l'Égypte[294]. Les Grecs catholiques qui arrivent vers les années 1740-1750 s'installent à Damiette qui est le plus grand port égyptien à cette époque. Ils sont attirés par les promesses que l'Égypte semble leur réserver. Ces nouveaux arrivés prospèrent rapidement dans cette ville portuaire, et entrent « au service de la Nation française ». Leurs aptitudes commerciales, leur connaissance des langues européennes (notamment l'italien et le français) ainsi que leur expérience professionnelle leur confèrent rapidement des atouts décisifs qu'ils mettront au service de leurs activités. Très vite, ils tissent des réseaux commerciaux de grande envergure sur tout le pourtour de la méditerranée. Ils se procuraient des marchandises françaises, particulièrement des draps et des soieries et les revendaient en faisant de gros bénéfices.

Une très grande solidarité liait les membres de cette communauté. Les persécutions qu'ils subirent en Syrie furent sans doute de nature à renforcer les liens qui les unissaient. Les Grecs catholiques d'Égypte montaient des opérations triangulaires avec d'une part leurs coreligionnaires restés en Syrie, et d'autre part des membres de leur communauté établis hors de l'Empire ottoman[295] : Marseille, Trieste ou Livourne, où de riches Grecs catholiques s'installent et font construire une église dans la rue portant leur nom, *Borgo dei Greci*[296]. Ce réseau dépassait parfois ce cadre méditerranéen, puisqu'on trouve des correspondants grecs catholiques installés aussi à Manchester et à Amsterdam. Il contrôlait le commerce de manière presqu'exclusive avec les échelles de la Nation française en Méditerranée orientale.

Rôle grandissant des Grecs catholiques

En effet, dans la seconde moitié du XVIIIe siècle, ils devinrent les partenaires incontournables du commerce international, car ils avaient obtenu la douane de

---

[293] Bruce Masters, « The Establishment of the Melkite Catholic *Millet* in 1848 and the Politics of Identity in Tanzimat Syria », *in* Peter Sluglett with Weber Stefan (éd.), *Syria and Bilad al-Sham under Ottoman Rule. Essays in honour of Abdul-Karim Rafeq*, Leyde, Brill, 2010, pp. 455-474.
[294] Père Eid, Manuscrit inédit à l'attention de sa famille ; André Bittar, « La dynamique commerciale des grecs-catholiques en Égypte au XVIIIe siècle », *op. cit.*, pp. 181-267. Thomas Philipp, *The Syrians in Egypt, 1725–1975*, *op. cit.*, 1985, pp. 27-28.
[295] André Bittar, « La dynamique commerciale des grecs-catholiques en Égypte au XVIIIe siècle », *op. cit.*, pp. 181-267, p. 188.
[296] André Bittar, « La dynamique commerciale des grecs-catholiques en Égypte au XVIIIe siècle », *op. cit*, pp. 181-267, p. 193.

Damiette. Les douanes en Égypte fonctionnaient suivant le système de fermage des taxes, l'*iltizam*, qui était proposé en adjudication. Le candidat désigné à la direction de celles-ci devenait grand douanier. Le chef des grands douaniers, celui de Damiette, était *de facto*, ministre des Finances.

Jean Michel de Venture de Paradis (1739-1799), nous apprend que la protection du grand douanier avait mis tout le commerce maritime de Damiette entre les mains des commerçants catholiques syriens. Ceux-ci recherchaient la protection française et en dépit d'être leurs plus redoutables concurrents, ils se trouvèrent être leurs plus proches collaborateurs. En effet, le consul Mure écrivait à la fin du siècle que « dans l'espace de trois à quatre ans [dans les années 1770][297] ils se sont emparés de tout le commerce qui se fait avec l'Inde et l'Arabie par la Mer Rouge, de celui de Syrie, d'une partie de celui de Smyrne ; celui de Barbarie, qui est très considérable, sera bientôt entièrement entre leurs mains. Ils font presque tous celui de Livourne et par conséquent celui d'Angleterre qui y correspond. […] Il n'y a que le commerce de France qu'ils aient convoité en vain. »[298]

Jean-André Magallon, vice-consul de France à Alexandrie (1795-1803) écrit que : « Ces négociants chrétiens syriens et quelques autres, reçoivent toute sorte de marchandises d'Angleterre, de Hollande, de Suisse et font passer en retour celles du cru venant du Caire, et celles qui viennent par les caravanes d'Abyssinie et Djedda à Suez. »[299]

Après Damiette, Le Caire

Le Caire, deuxième ville de l'Empire ottoman, se retrouve être la destination suivante des Grecs catholiques. À la fin du XVIIIe siècle, soit deux ou trois décennies après leur arrivée en Égypte et après avoir dominé le commerce de Damiette, ils se dirigent vers Le Caire. La ville d'Alexandrie, alors simple bourgade de 15.000 habitants[300], ne présentait que très peu d'intérêt pour eux. En 1760, on ne relève le nom que de quelques familles syriennes dans cette ville[301]. Une dépêche consulaire de 1742 précise qu'un « Maronite » – entendons par là un Grec catholique – établi à Marseille, a des correspondants à Damiette, et que son parent à Alexandrie a deux frères, l'un au Caire et l'autre à Livourne. Cette ville était en effet devenue également une plaque tournante des multiples activités transméditerranéennes. Le gouvernement impérial y avait créé des ports francs

---

[297] C'est précisément au moment où ils ont évincé les douaniers juifs et ont obtenu la douane de Damiette.
[298] André Raymond, *Artisans et commerçants au Caire au XVIIIe siècle, op. cit.*, tome II, p. 489.
[299] A.E., C.C.C. (Archives des Affaires étrangères, correspondance consulaire et commerciale), Alexandrie 16, 25 Brumaire, an VI, p. 234.
[300] André Bittar, *L'émigration des grecs-catholiques au XVIIIe siècle : de la Syrie à l'Égypte, op. cit.*, p. 47.
[301] *Idem* ; Paul Carali, *Les Syriens en Égypte*, Héliopolis, 1932, pp. 119-121.

afin d'attirer et de retenir des étrangers. En 1781, le Grand-Duc Léopold Ier (1765-1790), futur Empereur Léopold II[302], accorde de plus amples privilèges aux négociants, et de nombreux Grecs catholiques s'y installent[303]. En « despote éclairé », il développe l'agriculture, l'industrie et le commerce, réforme le Code pénal, abolit la torture, supprime l'inquisition.

Perception des Grecs catholiques en Égypte

Les Melkites, à l'instar des autres Catholiques orientaux, c'est-à-dire ottomans, seront toujours considérés – jusqu'à la quasi « extinction » de leur communauté dans la deuxième moitié du XXe siècle –, comme une population immigrée, étrangère à l'Égypte en dépit de leur présence plusieurs fois séculaire dans le pays. Pourtant cette communauté qui arrive au XVIIIe siècle, ne constitue pas une *minorité* ni du point de vue ethnique, ni du point de vue linguistique. Bien que la population chrétienne autochtone maintienne ses distances à son égard, son intégration sera quand même plus aisée que celle des Grecs ou des Arméniens. Les Melkites parviendront à déployer une activité qui sera sans aucune commune mesure avec leurs effectifs. Dès la deuxième moitié du XVIIIe siècle, l'histoire de cette communauté, numériquement peu importante, se transformera en « success story ».

Elle va tout de suite se révéler redoutable dans ses activités économiques. Celle-ci jouit d'une situation politique favorable et d'une liberté religieuse jamais connue auparavant, liberté rendue possible en raison des liens très lâches que maintient l'Égypte avec La Porte. Mais aussi et surtout, grâce à la tolérance du patriarche byzantin d'Alexandrie, Samuel Cabasila (1710-1725), crypto catholique qui avait tracé la voie, et à celle de ses deux successeurs Cosmas II (1725-1737) et Cosmas III (1737-1746)[304]. Cette bienveillance contrastait avec l'hostilité et les mesures vexatoires à leur encontre que leur faisait subir le patriarche grec orthodoxe en Syrie. Mais avec le successeur de Cosmas III (1753-1754), la situation s'assombrit à nouveau. Celui-ci essaye en collaboration avec les douaniers juifs, Youssef Levi et Isaac Menasse d'entraver leurs activités commerciales. Le décès soudain d'Ibrahim Kakhya, le cheikh el Balad sur lequel les grands douaniers avaient une grande influence, met fin à ce projet[305].

---

[302] Grand-Duc de Toscane de 1765 à 1790, et empereur du Saint-Empire de 1790 à 1792.
[303] Paul Masson, *Histoire du commerce dans le Levant au XVIIIe siècle*, Paris, Hachette, 1911, p. 383.
[304] Qustantin al-Basha, *Muhadara fi tarikh ta'ifat ar-Rum al-Kathulik fi Misr*, Liban, 1930, pp. 21-22. Dans André Bittar, *L'émigration des grecs-catholiques au XVIIIe siècle : de la Syrie à l'Égypte, op. cit.*, p. 35.
[305] Thomas Philipp, *The Syrians in Egypt, 1725–1975, op. cit.*, pp. 4, 31. Au milieu du XVIIIe siècle, Kakhya avait par ailleurs extorqué les Grecs catholiques les accusant d'organiser des services religieux illégaux. Thomas Philipp, *The Syrians in Egypt, 1725–1975, op. cit.*, p. 43.

Le système de fermage

Il y avait en Égypte quatre douanes principales : celles du Caire, d'Alexandrie, de Damiette – qui fournissaient les revenus les plus importants – et celle de Suez. Le Caire avait quant à lui deux ports de douanes : celui du Vieux Caire, qui était principalement destiné au commerce avec la Haute-Égypte et les caravanes en provenance d'Afrique, et plus au nord, le port de Boulac, pour la Basse-Égypte[306].

Sous le règne de Ali bey El-Kebir, successeur de Ibrahim Kakhya, les Grecs catholiques parviennent à éliminer les douaniers juifs, titulaires de cette charge depuis plusieurs générations, et obtiennent la concession de la ferme des douanes de Damiette, source d'immenses revenus. À partir de ce moment, ils se trouvent propulsés sur le devant de la scène politique, économique et financière du pays[307]. Cet épisode marque un tournant et exacerbe les rivalités entre ces deux communautés. Rivalités qui perdurent !

Au XVIII siècle, le recouvrement des impôts en Égypte se faisait de façon indirecte par le truchement de fermiers. Mais le général Menou (1800-1802), qui gouverne l'Égypte après l'assassinat du général Kléber (1799-1800), y fait supprimer le système de fermages. En France, ce système en place sous l'Ancien Régime, avait été aboli suite à la Révolution. Lavoisier, l'un des plus grands scientifiques de son époque a été guillotiné au motif d'avoir été fermier général[308].

Stratégie commerciale

Les commerçants syriens, principalement Grecs catholiques, mirent sur pied à Damiette le système des filières qu'ils avaient déjà développé à Acre avec le coton[309]. Ils se spécialisèrent notamment dans l'exportation du riz qu'ils contrôlaient de bout en bout, en achetant directement chez le paysan et dans les exploitations agricoles les quantités qu'ils allaient commercialiser. Étant de loin la filière la plus lucrative, ce commerce s'avérera une excellente source de revenus pour eux. De ce fait, ils préfigureront le commerce international, contrôlant la commercialisation des produits de bout en bout, transport inclus.

La contrebande

Les Melkites parvinrent à contourner l'interdiction faite par La Porte d'exporter certaines denrées alimentaires hors de l'Empire ottoman. La

---

[306] Edme François Jomard, « Description abrégée de la ville et de la citadelle du Caire », *Description de l'Égypte, État moderne*, XVIII/2, Paris, 1829, p. 474.
[307] Thomas Philipp, *The Syrians in Egypt, 1725–1975, op. cit.*, p. 31.
[308] Voir *Lavoisier*, http://www.cosmovisions.com/Lavoisier.htm pour plus de détails sur son rôle en tant que fermier général.
[309] Thomas Philipp, *The Syrians in Egypt, 1725–1975, op. cit.*, p. 9 ; André Bittar, *L'émigration des grecs-catholiques au XVIII siècle : de la Syrie à l'Égypte, op. cit.*, p. 37-38.

production de riz, de café et des grains en général était réservée aux besoins de la Turquie, de la Syrie et de l'Arabie, et l'exportation de ces produits strictement interdite[310]. En accord avec les Mamelouks, et moyennant une taxe plus élevée, cette interdiction était contournée par le gouvernement du Caire, qui, en vertu de ses accords avec le grand douanier, favorisait ouvertement la contrebande vis-à-vis de La Porte.

Lorsque le transport du riz était confié à un capitaine français, les fournisseurs exigeaient le dépôt d'une garantie pour s'assurer que la vente de cette denrée s'effectuerait bien « en Syrie où se trouvent des correspondants très vigilants. »[311] En fait, ils voulaient empêcher que le navire français ne débarque sa cargaison de riz en France sans s'être acquitté de la commission que prélevaient les douaniers et les Mamelouks.

L'autre grande filière exploitée par la communauté grecque catholique est celle des draps du Languedoc très prisés en Égypte et en Syrie. Le commerce de ces draps faisait l'objet d'une réglementation très stricte et obéissait à des normes préétablies. Or les marchands syriens parvenaient à contourner la filière officielle en pratiquant le troc avec les capitaines français.

Si les commerçants grecs catholiques avaient pu devenir en si peu de temps d'incontournables acteurs dans la vie commerciale et économique du pays, c'est qu'ils avaient réussi à obtenir les fermes, principalement celles de Damiette. Mais avec la suppression de cette institution et l'avènement de Mohamed Ali qui s'entoure de conseillers turcophones, les Grecs et les Arméniens montent en puissance et mettent quelque peu en retrait les Grecs catholiques.

---

[310] Amaury Faivre d'Arcier, *Les oubliés de la liberté : Négociants, consuls et missionnaires français au Levant pendant la Révolution (1784-1798)*, Direction des Archives, Ministère des Affaires étrangères, P.I.E. Peter Lang, 2002, p. 78.
[311] André Bittar, « La dynamique commerciale des grecs-catholiques en Égypte au XVIIIe siècle », *op. cit*, pp. 181-267, p. 187 ; Mémoire sur l'Échelle de Damiette, Quai d'Orsay (Paris), Correspondance consulaire et commerciale (CCC), Damiette, 1777-1818, p. 30.

Le rôle économique et intellectuel de la communauté grecque catholique de la fin du XVIIIᵉ siècle

Portraits de quelques personnages représentatifs

Lorsque l'on évoque les activités des Chrétiens ottomans – appelés souvent à tort Levantins – le côté « commerçant » est toujours mis en avant. Bien que ce soit celui qui s'est imposé en premier, il est loin d'être exclusif. En effet, très rapidement, leurs centres d'intérêt et d'activités se diversifient. Ci-dessous, le portrait de quelques personnages du XVIIIᵉ siècle, notamment ceux, très emblématiques, d'Antoun Cassis, comte du Saint-Empire, et du père Raphaël membre de l'Institut d'Égypte de 1798 à 1801.

Le domaine commercial et économique

Portrait d'Antoine/Antoun Pharaoun/Faraoun Cassis, grand douanier et comte d'Empire

La communauté grecque catholique choisit Antoine Cassis – alors qu'il n'était que simple commis – pour être directeur général de la ferme[312]. À 26 ans il devint grand douanier et se maintient en poste de 1774 à 1783. C'est celui qui garda cette charge le plus longtemps[313]. « Leur chef et sans contredit le plus estimé de la Nation est Mu'alem Antoun Cassis » dira Digeon dans ses notices sur l'Égypte.

Le grand douanier – *de facto* ministre des Finances – est coopté parmi un groupe de négociants influents. Comme le montant de la ferme était très élevé, et présentait de grands risques financiers, la communauté se partageait les pertes et les revenus. Antoun Cassis était loin d'être le membre le plus riche de la communauté melkite. Choisi pour son intelligence et son autorité, Digeon écrit qu'à trente ans, il avait l'expérience « d'un homme qui aurait blanchi dans les importants et dangereux employ. »[314]

---

[312] Thomas Philipp, *The Syrians in Egypt, 1725–1975, op. cit.*, pp. 40-41, qui cite A.N., Le Caire, B¹ 336, 27 mai 1778, pp. 204-23.
[313] Digeon, *Notice sur l'Égypte*, mai 1778, A.N., Le Caire, B¹ 336, p. 211.
[314] André Bittar, *L'émigration des grecs-catholiques au XVIIIᵉ siècle : de la Syrie à l'Égypte, op. cit.*, pp. 66-7.

La ferme était octroyée pour une durée d'une année renouvelable. À chaque renouvellement, les douaniers devaient avancer au gouvernement une somme très importante et pratiquaient pour cela l'usage du prêt obligatoire. Ce prêt consistait à faire participer les étrangers et les commerçants aux risques encourus et aux bénéfices escomptés. Le douanier nommait, comme c'était l'usage, et comme l'avaient précédemment fait les douaniers juifs, les titulaires des douanes parmi les membres de sa famille et de sa communauté. Le grand douanier se convertissait *de facto* en chef de la communauté. Il portait le titre « *Mu'âlem El-Dawwawîn* ». *Mu'alem* est un titre donné aux non Musulmans qui occupent une charge importante et *Dawwawîn* est le pluriel de *Diwân*, conseil des notables.

Digeon écrit en 1774 qu'Antoun Cassis était l'interlocuteur des Consuls, et leur intercesseur auprès du gouvernement égyptien.

Le grand douanier remplissait les fonctions de ministre des finances du cheikh el Balad. Celui-ci lui faisait part de ses besoins financiers, et le grand douanier lui avançait souvent de l'argent sur ses propres deniers. On comprend aisément qu'une seule personne n'aurait pu affronter cette situation.

L'ouverture de la Mer Rouge au trafic européen

La circulation en Mer Rouge était interdite aux bâtiments européens. En effet, les sultans avaient prohibé toute circulation non musulmane à proximité des Lieux Saints musulmans, le Hedjaz.

Comme ses prédécesseurs l'avaient fait auparavant en ce qui concerne le commerce du riz, Ali bey passant outre les ordres du sultan, décida de relier Suez à Djeddah – le Hedjaz était alors sous contrôle égyptien – en y créant une zone franche pour en faire l'entrepôt de produits en provenance des Indes[315]. Deux accords furent signés avec la BEI (British East(ern) India Company/Compagnie du Bengale). Le premier (1773) négociait les droits pour les navires anglais qui s'arrêtaient à Mokka et Djeddah, de prolonger leur trajet jusqu'à Suez. Les deux principaux négociateurs sont l'explorateur écossais James Bruce (1730-1794)[316] pour le compte de la BEI, et Youssef Bittar, le grand douanier d'Égypte[317]. Cet accord, connu sous le nom de Trade Agreement Act, sera signé par Mohamed bey « Abou Dahab » – gendre de Ali bey « el Kebir » –, et le président de la compagnie Warren Hastings. Il s'agissait d'une grande avancée. Deux ans plus tard, en 1775 un deuxième

---

[315] Philipp, *The Syrians in Egypt, 1725–1975*, op. cit., p. 44-5.
[316] « James Bruce, Scottish explorer », *Britannica*, https://www.britannica.com/biography/James-Bruce
[317] Anthony Sattin, *The Gates of Africa: Death, Discovery and the Search for Timbuktu*, Harper Perennial, Londres, 2004, p. 33.

traité de navigation plus avantageux est négocié par Antoun Cassis et John Shaw pour la BEI[318]. Les droits de l'entrée à Suez sont réduits[319].

La première fois que le nom d'Antoine Cassis est cité dans la correspondance des consuls français est quand il est question du commerce en mer Rouge. Antoine Cassis assurait ainsi, pour lui et pour sa communauté, le contrôle de nouvelles voies maritimes et renforçait la place de l'Égypte dans le circuit du commerce international[320]. Digeon écrit en 1778 : « Plusieurs d'entre eux (les grèques catholiques) se sont enrichis dans cette profession [négociants] surtout depuis qu'ils ont joint le commerce de la Sirie et de Djedda à celuy de Livourne. »[321] Ainsi, ils maîtrisent tout le commerce qui se fait avec l'Inde et la mer Rouge. Et ceci, en dépit du fait que les douanes de Kosseir[322] et de Suez, contrairement aux autres, ne furent jamais aux mains des Grecs catholiques. Celles-ci appartenaient aux beys de Haute-Égypte.

Pour mieux asseoir son autorité et assurer sa légitimité de « président » de la communauté grecque catholique, Antoine Cassis fit construire la première chapelle de la communauté au Caire. Il fit également don à la communauté d'un terrain pour refaire un cimetière et se chargea de l'entretien d'un prêtre. L'année même de la signature du Trade Agreement Act, l'ambassadeur britannique à Istanbul charge Antoine Cassis de protéger tous les sujets britanniques et de représenter les intérêts de la Couronne en Égypte. Au début des années 1780, Volney estimait sa richesse à environ trois millions de pataques[323].

En quelques décennies, les négociants syriens catholiques d'Égypte s'étaient hissés au niveau de négociants transnationaux du marché international. En effet, grâce à leur savoir-faire en matière de communication,

---

[318] David Kimche, « The opening of the red sea to European ships in the late eighteenth century », *Middle Eastern Studies*, 8:1, 1972, pp. 63-71 ; Thomas Philipp, *The Syrians in Egypt, 1725–1975, op. cit.*, p. 41-2 ; André Bittar, « La dynamique commerciale des grecs-catholiques en Égypte au XVIIIe siècle », *op. cit*, pp. 181-267, p. 194 ; John W. Livingstone, *'Ali bey al-Kabir and the Mamluk Resurgence in Ottoman Egypt, 1760-1772*, Princeton University Ph.D. dissertation, 1968 ; Cf. Archives Nationales, B¹ 335, 20 mars 1775.

[319] Charles-Roux, « France, Égypte et Mer Rouge de 1715 à 1798 », *Cahier d'histoire égyptienne*, 1951 ; David Kimche, « The opening of the red sea to European ships in the late eighteenth century », *op. cit.*, pp. 504-505 ; A.N. Caire, B1 335, 20 mars 1775, PP. 275-281.

[320] A partir de 1775, Cassis obtint des monopoles. Il s'adjugea celui de l'exportation du séné, et exporta 1500 quintaux dont 900 pour la France, et 600 pour Venise. André Bittar, *L'émigration des grecs-catholiques au XVIIIe siècle : de la Syrie à l'Égypte, op. cit.*, p. 73 ; 15 février 1769, A. N. Le Caire (note 49).

[321] Thomas Philipp, *The Syrians in Egypt, 1725–1975, op. cit.*, p. 41 ; André Raymond, *Artisans et commerçants au Caire au XVIIIe siècle, op. cit.*, tome I, p. 155. A. E., C.C.C, Alexandrie 16, 25 Brumaire, an VI, 234.

[322] Port de la mer rouge, situé au sud d'Hurghada.

[323] C. F. Volney, *Voyage en Syrie et en Égypte, pendant les années 1783, 1784 et 1785, op. cit.*, p. 209 ; Venture de Paradis, *Observations sur l'Échelle de Damiette*, 177 b-182 a. A.N., Caire, B¹ 336, 15 avril 1776, 180 a.

les Grecs catholiques, sous l'égide du grand douanier – celle d'Antoun Cassis en particulier, le plus brillant d'entre eux –, contrôlaient le développement des activités commerciales du pays.

En dépit de leurs richesses et de leur puissance, le crédit des grands douaniers était précaire et dépendait de la faveur du maître de l'époque. Aussi, demandèrent-ils au Consul de France d'être nommé barataires[324] tout comme l'étaient les drogmans de l'ambassade de France.

Antoine Cassis, président de communauté, grand douanier, barataire, Baron du Saint Empire, comte palatin, représentant des intérêts anglais de 1777 à 1779, puis Consul impérial d'Autriche en 1783, décide quand même pour sa sécurité de quitter le pays avec sa famille le 1ᵉʳ janvier 1784 à destination de l'Europe et s'installa à Trieste[325].

Quelques années plus tard, la fortune d'un autre grand douanier, Mikhaïl Kahil, provoque l'admiration et l'étonnement des membres de l'Expédition d'Égypte, particulièrement celle du mathématicien Pierre-Simon Girard[326] qui décrit la magnificence des fêtes de mariage qui durent plusieurs jours.

Mais ces riches *dhimmis* n'étaient jamais à l'abri d'un mouvement de mauvaise humeur de la part du gouvernement ou de la colère de la foule. En effet, si Cassis a pu s'enfuir à temps, son successeur Youssef Cassab a péri de mort violente.

Les incidences de la présence française sur la communauté melkite

L'occupation de l'Égypte par les Français a paradoxalement provoqué de grands préjudices aux non Musulmans du pays. Il y eut deux grandes révoltes au Caire, et les Chrétiens, toutes confessions confondues, furent prioritairement attaqués. Cette période est appelée par André Raymond « la crise de la fin du siècle ».[327] Elle fut entre autres provoquée par une combinaison de mauvaises récoltes et d'insécurité grandissante.

« La crise de fin de siècle » signifie aussi pour la communauté grecque catholique un déclin de pouvoir et une diminution du nombre de ses membres.

Mais ceci n'empêchera pas qu'à leur arrivée, les Français trouvèrent dans la communauté melkite des collaborateurs disponibles et très compétents. Yusuf Farhat et Mikhail Kahil furent nommés par les Français représentants grecs catholiques auprès du nouveau *diwan* récemment créé[328]. Ilias Fir'aun devient l'interprète personnel de Bonaparte, et l'accompagnera en Syrie ; il

---

[324] Qustantin al-Basha, *Tarikh usrat al Fira'un*, Histoire de la famille Pharaon, Beyrouth, 1933, p. 92. Thomas Philipp, *The Syrians in Egypt, 1725–1975*, op. cit., p. 44.
[325] André Bittar, « La dynamique commerciale des grecs-catholiques en Égypte au XVIIIe siècle », *op. cit*, p. 195.
[326] Thomas Philipp, *The Syrians in Egypt, 1725–1975*, op. cit., p. 43.
[327] André Raymond, *Artisans et commerçants au Caire au XVIIIe siècle, op. cit.*, tome I, pp. 100-2.
[328] 'Abd-al-Rahman al-Jabartî, *Journal d'un notable du Caire pendant l'expédition française – 1798-1801*, Paris, Albin Michel, 1979, p. 96.

deviendra par la suite premier interprète[329]. Abbud b. Ibrahim as-Sabbagh sera jusqu'à son assassinat, secrétaire du nouveau *diwan* du Caire[330]. Son neveu Mikhaïl travaillera et suivra le Général Reynier en France. Mikhaïl Kahil mit sa maison à disposition des officiers de l'Expédition.

Mais en dépit de cette étroite et fructueuse collaboration, en supprimant les fermages, les Français portèrent un coup dur aux activités commerciales des Syriens qui avaient évincé et remplacé les douaniers juifs en septembre 1769[331]. À l'exception notoire de la famille Bahri, très proche du pouvoir au temps de Mohamed Ali, cette communauté est quelque peu mise à l'écart et ne rebondira que dans la deuxième moitié du XIXe siècle.

Elias Fakhr et le père Raphaël ainsi que Jibra'il at-Tawil, Jibran Sakroug et Elias Lutfallah qui débutèrent en tant qu'interprètes au service des membres de l'Expédition française et participèrent à la création de la presse en Égypte[332]. Les deux premiers deviendront sous Menou interprètes officiels du *diwan* du Caire.

Comme pour les grands douaniers, la fonction de drogman n'était pas sans risques. Antoine Zaghib et Hanna Attiya qui accompagnèrent le général Beauvoisins dans sa mission à Acre pour négocier avec Ahmed El-Gazzar, furent tués par ordre de celui-ci[333].

Un membre éminent de la vie intellectuelle : Dom Raphaël

Dom Raphaël, est né en Égypte en 1759, dans une famille de rite grec catholique originaire d'Alep[334].

À l'âge de 15 ans, Raphaël Antûn Zahûr entre au séminaire grec de Saint Athanase de Rome, qui fut créé en 1577 par Grégoire XIII, pour les différentes communautés catholiques de rite byzantin[335]. Il sera fermé par Bonaparte

---

[329] Qustantin al-Basha, *Tarikh usrat al Fira'un*, Histoire de la famille Pharaon, Beyrouth, 1933, 113-115.

[330] Niqūlā Turk, *Mudhakkirāt*, Nicolas Turc, *Chronique d'Égypte 1798-1804*, Le Caire, IFAO, 1950, édité et traduit par Gaston Wiet, p. 83.

[331] André Raymond, *Artisans et commerçants au Caire au XVIIIe siècle, op. cit.*, tome II, p. 463.

[332] Ahmed Husain as-Sawi, *Fajr as-sihafa fi Misr, Dirasa fi iclam al-hamla al-faransiya*, [*L'aube de la presse en Égypte, étude sur les moyens de communication de l'Expédition française*], Le Caire, Haiat al Kitab, 1975, pp. 263-265.

[333] Niqūlā Turk, *Mudhakkirāt*, Nicolas Turc, *Chronique d'Égypte 1798-1804, op.cit.*, pp. 33-34, Thomas Philipp, *The Syrians in Egypt, 1725–1975, op. cit.*, p. 45.

[334] Henry Laurens, *L'Expédition de l'Égypte (1798-1801)*, Paris, Seuil, 1997 ; Charles Bachatly a disposé des papiers personnels de Dom Raphaël qui ont fourni la matière de ses deux excellents articles dans le *Bulletin de l'Institut d'Égypte* : « Un manuscrit autographe de Don Raphaël », vol. XIII, 1931, pp. 26-35 et « Un membre oriental du premier Institut d'Égypte, Don Raphaël », vol. XVII, 1935, pp. 237-60. Voir également Alain Messaoudi, « De l'expédition d'Égypte à la conquête d'Alger : le développement d'un milieu orientaliste-oriental », *Les arabisants et la France coloniale. 1780-1930*, ENS Éditions, 2015.

[335] Le rattachement à Rome de l'Église ukrainienne se fera en 1595/1596.

durant la campagne d'Italie[336]. En 1779, Raphaël est ordonné sous-diacre et s'installe à la Procure du Saint-Sauveur à Rome[337]. C'est lors de ce séjour d'environ sept ans en Italie qu'il acquiert une connaissance de l'italien, du grec, du latin, et du français en plus de l'arabe qui est sa langue maternelle. En 1781 il retourne en Syrie où il est ordonné prêtre en 1785 par l'évêque Athanase Jawhar.

Plus tard, Dom Raphaël rentre au Caire avec l'évêque de Beyrouth afin de résoudre un litige entre sa communauté et les franciscains. Il demeure au Caire quelques années comme on peut le constater dans un document du 3 novembre 1794[338].

En 1788, l'élection d'Athanase Jawhar au siège patriarcal à Beyrouth sera contestée par les évêques d'Alep et de Baalbek. En qualité de secrétaire-interprète, Dom Raphaël est envoyé à Rome pour défendre Jawhar lors de son procès. Grâce à ses dons de persuasion et qualités de négociateurs, il obtient gain de cause. Le pape confirme la nomination d'Athanase Jawhar comme patriarche, sous le nom d'Athanase IV[339].

Nous n'avons pas d'éléments concernant la période comprise entre 1795 et 1798, et ne pouvons donc que formuler des hypothèses.

Selon son propre témoignage, il semble avoir été recruté en Italie en tant que membre de la « Commission des sciences et des arts ». Sur la liste des orientalistes présentée par Pigeard, il apparaît sous le nom de Monachis. On peut penser qu'il se trouvait à Rome et qu'il fut recruté par le mathématicien Monge. Il aurait donc embarqué avec les membres de l'Expédition, soit à Toulon, soit à Civitavecchia, soit à Malte[340]. On voudrait néanmoins souligner le fait que ni Goby ni Laurens ne le cite dans leur liste des membres de la Commission[341].

Sur la liste des membres de l'Institut d'Égypte sous la section Littérature et arts, apparaît le nom de Dom Raphaël. Il s'agit comme nous l'avons dit, de l'unique membre étranger de l'Institut, et on peut penser que le fait qu'il était Oriental, a entraîné plusieurs confusions quant à ses patronymes. Ne sachant sous lequel le désigner, il apparaît comme Dom Raphaël, Don Raphaël, Raphaël, Père Raphaël, Dom Raphaël de Monachis, Monachis, Monsieur

---

[336] Eva Saenz-Diez, « Dom Rafael. Un sacerdote oriental miembro del Instituto de Egipto », *op. cit.*, pp. 109-10.
[337] Les Basiliens du Saint-Sauveur, sont une branche réformée en 1711 de l'ordre de Saint Basile – moines grecs catholiques – dont le siège se trouvait au Liban, à Saïda.
[338] Eva Saenz-Diez, « Dom Rafael. Un sacerdote oriental miembro del Instituto de Egipto », *op. cit.*, p. 110.
[339] Charles Bachatly, « Un manuscrit autographe de Don Raphaël », *op. cit.*, pp. 26-35, p. 29.
[340] Eva Saenz-Diez, « Dom Rafael. Un sacerdote oriental miembro del Instituto de Egipto », *op. cit.*, p. 110-1.
[341] Jean-Édouard Goby, « Commission des Sciences et Arts d'Égypte », in *Dictionnaire Napoléon*, pp. 445-446, pp. 932-933 ; Henry Laurens, *L'Expédition de l'Égypte (1798-1801)*, 1997, Seuil, Paris, p. 434.

Raphaël, Docteur Raphaël ou simplement « un prêtre grec ». En Égypte, les patronymes sont très rares. C'est normalement le prénom, suivi de celui du père, du grand-père et actuellement par celui de l'arrière-grand-père qui figurent sur les registres de l'État civil. Et ce système est souvent source de très grandes confusions dues à des problèmes d'homonymie, erreur dans l'ordre des prénoms, etc.

Dom Raphaël à l'Institut d'Égypte

L'article 20 de « l'arrêté portant création de l'Institut d'Égypte » du 5 fructidor an VI (22 août 1798), stipule que :

« Il y aura un interprète arabe qui aura un traitement particulier et qui pourra être membre de l'Institut. »[342] Raphaël est le plus indiqué. « C'est la considération de son zèle, de ses talens et ses mœurs qui a déterminé le choix que l'on a fait de lui en qualité de membre de l'Institut, distinction que l'on n'a accordée à aucun autre habitant de ce païs. »[343]

Le 7 septembre 1798 (26 fructidor an VII), Bonaparte demande à l'Institut de rédiger un almanach. « Les citoyen [sic] Beauchamps, Monge, Novet et Don Raphaël sont chargés de présenter cette rédaction. Ce triple annuaire comprendra la division du temps selon l'usage des Français, celui des Coptes et celui des Musulmans. »[344]

On peut lire dans la Décade égyptienne, an VIII : « Cet annuaire est fait à l'instar de celui de Paris, et composé par une commission spéciale de l'Institut d'Égypte. »[345] Cet almanach paraîtra l'année suivante, en 1799, sans nom d'auteur, sous le titre Annuaire de la République française calculé pour le Méridien du Kaire, l'an VIII de l'ère française[346]. Dom Raphaël en fut l'auteur, ou tout au moins le principal co-auteur de la partie relative aux ères copte et musulmane.

D'autre part, Bonaparte confia à Dom Raphaël la traduction de documents officiels nécessaires pour l'administration française. Sous le mandat du Général Kléber, il se voit confier la traduction des décrets, des projets de loi

---

[342] *Correspondance de Napoléon I publiée par ordre de Napoléon III*, tome IV, Imprimerie impériale, 1860, 385.

[343] Lettre de Fourier, préfet de l'Isère : « Demande d'une pension littéraire pour D. Raphaël Monachis », Archives de l'INALCO. Alain Messaoudi et François Pouillon, « Dom Raphaël, Raphaël Antûn Zakhûr de Monachis dit (Le Caire 1759 - Le Caire 1831) », *in* François Pouillon, (éd.), *Dictionnaire des orientalistes de langue française*, Paris, Karthala, 2012, p. 329.

[344] *La Décade Égyptienne, Journal littéraire et d'économie politique*, Tome I, An VIII de la République française, Le Caire, Imprimerie nationale, pp. 66-7.

[345] *La Décade Égyptienne, Journal littéraire et d'économie politique*, Tome I, An VIII de la République française, Imprimerie nationale, Le Caire, pp. 167-168. La publication des Annuaires paraît en l'an VIII et de l'an IX. Jean-Édouard Goby, *Premier Institut d'Égypte. Restitution des comptes rendus des séances*, Quetigny, Imprimerie Darantière, 1987, p. 11.

[346] Au Caire, Imprimerie Nationale, an VIII de la République (10 nivôse an VIII, soit 31 décembre 1799). Il fut réimprimé pour l'an IX.

et des proclamations. Il deviendra, sous le mandat du Général Menou, le « Premier interprète du Divan du Kaire ». Notons que contrairement au premier Divan créé par Bonaparte, le nouveau Divan établi par le général Menou ne comprenait pas de représentants des différentes communautés non musulmanes du pays : sans doute pour gagner la sympathie de la population musulmane. Menou constitue le nouveau Divan en Jamâda al thâni 1215 (en 1800). Dom Raphaël en était donc le seul membre oriental non musulman. Le Divan est composé de neuf notables musulmans en plus de l'éminent scientifique Fourier, en sa qualité de « Commissaire et Administrateur de la Justice ». Il compte comme collaborateur oriental, « le prêtre Raphaël, premier interprète du divan du Caire. » Selon Al-Jabartî[347], après les séances du Divan qui duraient de « trois heures avant midi jusqu'à l'heure de la prière »[348] Dom Raphaël se consacrait à la traduction des rapports et documents qui lui étaient soumis. En 1800, Dom Raphaël est ainsi, l'unique interlocuteur entre les deux parties, c'est-à-dire entre les Égyptiens et les Français.

Rappelons, pour marquer l'importance du traducteur à cette époque, la célèbre phrase du comte de Saint-Priest à son retour de son ambassade de Constantinople : « […] Le roi peut envoyer à Constantinople l'ambassadeur le plus habile, le plus consommé en négociations : celui-ci ne peut être et ne sera jamais que le premier secrétaire du premier drogman. »[349]

La liste impressionnante de tous les documents officiels traduits par Dom Raphaël atteste du rôle important qu'il joua au sein de l'administration française en Égypte[350].

L'Expédition contribua à établir de nouveaux liens entre l'Égypte et la France. Le fait qu'il ne s'agissait pas uniquement d'un intérêt d'ordre économique ou militaire, du moins officiellement, permit d'établir également des liens culturels et intellectuels. La décision de Bonaparte d'emmener en Égypte le tiers de l'Institut de France, et de créer l'Institut d'Égypte confirme cet intérêt particulier.

Depuis lors, l'Égypte sera une destination privilégiée pour les scientifiques et hommes de lettres. Le style *Retour d'Égypte* déclenche une fascination en France, et on découvre ou redécouvre la valeur stratégique de ce pays, pont entre l'Orient et l'Occident. Cette passion égyptienne donnera naissance à la monumentale œuvre multidisciplinaire *La description de l'Égypte*. Comme de très nombreux Orientaux catholiques, Dom Raphaël remplira bien ce rôle de trait d'union : il représente l'Orient en France avec l'enseignement de *l'arabe vulgaire* à *l'École des langues orientales* créée en 1803. Il aura notamment

---

[347] 'Abd-al-Rahman al-Jabartî, *Journal d'un notable du Caire pendant l'expédition française – 1798-1801, op. cit.*, pp. 263-4.
[348] L'heure de la prière étant à midi, les séances duraient donc trois heures.
[349] Henri Déhérain, « Les jeunes de langue à Constantinople sous le Premier Empire », *op. cit.*, p. 385.
[350] Eva Saenz-Diez, « Dom Rafael: Un sacerdote oriental miembro del Instituto de Egipto (1798-1801) », *op. cit.*, p. 116.

comme étudiant, François Champollion qu'il encourage à poursuivre des études orientales.

Après la chute de l'Empire, de retour en Égypte en 1816, il jouera un rôle considérable dans la modernisation du pays engagée par Mohammad Ali et son ouverture vers l'Occident. Le maître de l'Égypte vouait une admiration profonde à Bonaparte, et Dom Raphaël est le seul personnage dans l'entourage proche du pacha d'Égypte à avoir été au service direct de Bonaparte ayant étroitement collaboré avec le chef de l'Expédition d'Égypte.

Après avoir assisté au fonctionnement de l'imprimerie durant l'Expédition, et avoir publié de nombreux documents, il voit l'intérêt et mesure les avantages que la société égyptienne pouvait tirer de cette nouveauté. En appuyant activement le projet de Mohamed Ali de réintroduire l'imprimerie en Égypte, Dom Raphaël redevient ainsi pour la deuxième fois, un acteur de la modernisation de l'Égypte : la première sous le mandat français, et la deuxième, sous Mohamed Ali, le « Bonaparte musulman ». Influencé probablement par Volney, il pense que « l'imprimerie est le facteur prépondérant d'une vraie révolution culturelle ». Grâce à l'impulsion donnée par l'imprimerie nouvellement installée, les traductions de livres vers l'arabe dont notamment l'édition en 1822 de son *Dizionario italiano et arabo*[351], voient le jour.

En 1823, Mohamed Ali le charge d'enseigner l'arabe à l'École de Boulac[352].

Présentations de ses principales contributions :
Les Bédouins ou Arabes du Désert, ouvrage publié par Mayeux, d'après les notes inédites de Don Raphaël, 3 vol. Paris, 1816.
Dizionario italiano et arabo, Le Caire, Boulaq, 1238 (H), 1822.
M. Macquer, *L'art de la teinture en soie*, Paris, 1808. Traduit en arabe par Don Raphaël.
Machiavelli, *Il Principe*. Traduit en arabe par Don Raphaël.
Ceux-ci ne sont que les principaux ouvrages de Dom Raphaël. Pour de plus amples informations, voir *Un manuscrit autographe de Don Raphaël*[353].

Père Raphaël, outre sa très grande compétence fit preuve, comme on l'a vu, de beaucoup d'envergure et de grande initiative, à l'instar de très nombreux membres de sa communauté.

---

[351] Premier livre sorti des imprimeries des presses de Boulac.
[352] G. B. Brocchi, *Giornale delle ossevazioni fatte ne' viaggi in Egitto, nella Siria e nella Nubia*, Bassano, 1841, tome 1, p. 159, 173 ; Charles Bachatly, « Un manuscrit autographe de Don Raphaël », *op. cit.*, pp. 26-35, p. 27.
[353] Voir les deux articles de Charles Bachatly, « Un membre oriental du premier institut d'Égypte, Don Raphaël », *op. cit.* ; Charles Bachatly, « Un manuscrit autographe de Don Raphaël », *op. cit.*.

Chapitre VI
XIXᵉ siècle et premier tiers du XXᵉ : essor des communautés et début de leur déclin

L'Expédition d'Égypte puis l'avènement de Mohamed Ali en 1805, marquent le retrait momentané des Grecs catholiques de la vie économique du pays. Originaire de Cavalla en Macédoine et ne connaissant pas l'arabe, le nouveau maître du pays s'entoure de conseillers turcophones comme lui, Grecs et Arméniens. « [Il] aurait fait venir 200 Arméniens, maîtres artisans pour la plupart en 1817 »[354], ainsi que des ouvriers européens, dont notamment des Italiens et des Suisses[355].

Il fit également appel à des armateurs grecs[356] quand il voulut développer la marine marchande. Il leur accorde toute sa confiance, en dépit du fait qu'il envoya ses troupes sur ordre du sultan afin de mater l'insurrection grecque. Plus tard, c'est à un joaillier grec qu'il s'adresse pour chercher les mines d'émeraude sur le rivage de la mer Rouge[357], probablement pour accompagner Frédéric Cailliaud [358] nommé minéralogiste officiel de Mohamed Ali. Plusieurs Grecs constituent son cercle rapproché d'amis et de collaborateurs :

---

[354] Anne Le Gall-Kazazian, « Les arméniens d'Égypte (XIXᵉ-milieu du XXᵉ) : La réforme à l'échelle communautaire », in Alain Roussillon (éd.), *Entre réforme sociale et mouvement national*, Le Caire, CEDEJ - Égypte/Soudan, 1995, pp. 501-517, https://books.openedition.org/cedej/1441?lang=en, p. 501, § 1.

[355] Félix Mengin, *Histoire de l'Égypte sous le gouvernement de Mohammed-Aly : ou récit des événements politiques et militaires*, op.cit., tome II, pp. 377-8.

[356] *Ibidem*, tome 2, pp. 275-6.

[357] M Mohamed Sabry, *L'empire égyptien de Mohamed Ali et la question d'Orient (1811-1849)*, op.cit., p. 81.
Notons à ce propos, que déjà sous l'Empire romain, il y avait des mines d'émeraudes dans la région de Marsa Allam, plus précisément à Wadi Sikait. Joan Oller. « L'explotació de maragdes a l'Egipte romà », *Nilus*, 27, 2018, 13-19 ; James Shigley, « Historical Reading List: The Ancient Emerald Mines of Egypt », *Gemological Institute of America*, 23 mai 2017, https://www.gia.edu/gia-news-research/historical-reading-ancient-emerald-mines-egypt.

[358] Cailliaud, Frédéric (1787-1869), https://plants.jstor.org/stable/10.5555/al.ap.person.bm000001229

les Zizinia[359], les Anastasy, les Casulli et les Tossizza[360]. Il est particulièrement généreux avec Michel Tossizza, à qui, selon son habitude, il donne des terres lui demandant de les mettre en valeur[361]. Ce même Michel Tossizza sera plus tard choisi par la Grèce pour être Consul en Égypte[362].

Les Arméniens en Égypte au XIXᵉ siècle

Leur présence dans le pays est attestée depuis l'époque romaine. Mohamed Ali invite plusieurs centaines d'Arméniens à venir en Égypte pour prendre part à la modernisation du pays. Et bien que proportionnellement très peu nombreux à cette époque par rapport à d'autres communautés, ils joueront un rôle très important notamment dans les domaines économiques et politiques[363]. Certains Arméniens tiendront une place de premier plan. Le banquier, *sarraf* Yeghiazar prend le risque d'avancer de l'argent à Mohamed Ali alors que son pouvoir n'est pas encore stabilisé. Après la victoire de celui-ci, Yeghiazar est dûment récompensé. Il inaugure de ce fait une lignée d'hommes politiques arméniens au service de l'Égypte, qui s'étend sur tout le XIXᵉ siècle.

---

[359] Zizinia est toujours le nom d'un quartier à Alexandrie.
A ce propos, il est intéressant de relever les noms des stations du tramway (établi en 1863) qui indiquent la riche variété culturelle qu'eut la ville : Chatby (saint homme maghrébin), Ibrahimieh (Ibrahim pacha, fils de Mohamed Ali), Camp César, Cleopatra (vestiges de la colonisation romaine), Sidi Gaber (autre saint homme), Rushdy pacha (premier ministre égyptien qui démissionna en 1919 lors du mouvement indépendantiste), Stanley (journaliste anglais qui retrouva l'explorateur Livingstone, et qui lutta farouchement contre l'esclavage), Fleming (grand scientifique écossais), Laurens (fabricant français de cigarettes [en Égypte]), Zizinia (magnat grec du coton [en Égypte]), Saba pacha (Joseph Saba pacha, syrien, directeur des postes égyptiennes fondées en 1865, qui fut nommé ministre de finances en 1910), Mazloum pacha (autre directeur des postes), Gianaclis (fabricant de vin grec [en Égypte]), etc. Mohamed Awad, Sahar Hamouda (eds.), *Voices from cosmopolitan Alexandria*, Bibliotheca Alexandrina, Alexandrie, 2006, p. 12, https://hfc-worldwide.org/wp-content/uploads/2015/05/Voices-from-Cosmopolitan-Alexandria.pdf.
Pour les postes, voir Sherif Kamel, « The Egyptian National Post Organization Past, Present and Future: The Transformational Process Using ICT », *in* Christopher G. Reddick, *Cases on Public Information Management and E-Government Adoption*, San Antonio, The University of Texas at San Antonio, 2012, pp. 100-127, https://www.researchgate.net/publication/264552719_The_Egyptian_National_Post_Organization_Past_Present_and_Future_The_Transformational_Process_Using_ICT et Samir Raafat, « A snapshot of Egypt's Postal History », *The Egyptian Mail*, 3 décembre 1994, reproduit dans *The Khedivial Post*, Le Caire, Max Group, 1995, www.egy.com/historica/94-12-03.php.
[360] M Mohamed Sabry, *L'empire égyptien de Mohamed Ali et la question d'Orient (1811-1849)*, *op.cit.*, p. 81.
[361] *Idem* ; Athanase Politis, *L'hellénisme et l'Égypte moderne*, Paris, Félix Alcan, 2 vol., 1929 ; Robert Ilbert « Alexandrie, 1830-1930 : le mythe de la ville méditerranéenne », *Le Miroir Égyptien*, Marseille, Éditions du Quai, 1984.
[362] Robert Ilbert, « Qui est Grec ? La nationalité comme enjeu en Égypte (1830-1930) », *op. cit.*, p. 143.
[363] Par la suite la communauté grecque sera numériquement la plus importante d'Égypte.

Après Yeghiazar, le premier à entrer directement au service de Mohamed Ali est Boghos Youssoufian. Il est membre d'une famille d'*Amira* – titre que portaient les grandes familles arméniennes dans l'Empire ottoman, qui n'étaient pas astreintes à payer la *jizya* et n'étaient pas soumises au statut de *dhimmi*[364]. Youssoufian est un banquier de renommée internationale, qui entretient des contacts d'affaires à Constantinople, Smyrne et Trieste. Il est le chef des interprètes, et le directeur du commerce avec l'Europe depuis 1826. Il parle couramment le français, l'italien, l'anglais et le turc. Dans la seconde moitié du XIXe siècle, son neveu Nubar arrivé en Égypte en 1842, jouera un rôle politique de premier plan et sera nommé trois fois premier ministre (1878-9, 1884-8, 1894-5). Il est le plus grand homme politique d'Égypte du XIXe siècle, et internationalement reconnu comme tel à l'époque. Le Khédive Abbas dira de lui qu'il était très attaché à la cause arménienne, mais qu'en même temps il servait l'Égypte avec loyauté et compétence.[365]

Ces familles arméniennes, à l'instar des grandes familles syriennes et grecques, font entrer l'Égypte dans l'orbite du commerce international. C'est ce qui fera des membres de ces communautés, des pionniers de la mondialisation, ou plutôt de la « méditerranisation » du commerce.

Les enfants de ces grandes familles ottomanes étudient en France, en Suisse ou en Angleterre, et parlent plusieurs langues. Et les femmes ne sont pas en reste ; les consuls européens et voyageurs sont en effet admiratifs de leurs connaissances des langues orientales et occidentales, leur culture et l'aisance avec laquelle elles évoluent en société[366].

Cette élite, telle les élites occidentales, était représentative d'un cosmopolitisme et d'un multiculturalisme précoces qui ont caractérisé cette frange de la société.

Les raisons de l'arrivée des Arméniens à la fin du XIXe siècle

Bien que très réduite – la communauté arménienne n'était composée que de quelques centaines de familles au début du XIXe siècle –, elle a joué un rôle très important. L'arrivée en nombre d'Arméniens en Égypte est plus tardive que celle des autres communautés et se situe à la fin du XIXe siècle. Les

---

[364] Ils jouissaient des avantages du bérat sans en avoir à acheter le brevet, et ceci de façon héréditaire.
[365] L'UGAB (Union Générale Arménienne de Bienfaisance) sera fondée au Caire en 1906 par son fils, Boghos Nubar pacha (1851-1930) et par Yacoub Artin pacha (1842-1919). Anne Le Gall-Kazazian, « Deux familles arméniennes dans l'Égypte du XIXe siècle : les Tcherakian et les Nubarian », *Cahiers de la Méditerranée*, 82, 2011, http://journals.openedition.org/cdlm/5750, § 16.
Le siège de l'Union a été transféré à Paris en 1921 après le départ d'Égypte de Boghos Nubar en 1913, et se trouve depuis 1940 à New York. L'UGAB joue jusqu'à présent un rôle très important au sein de la communauté arménienne. Calouste Gulbenkian, magnat du pétrole, succédera à Boghos Nubar pacha à la tête de l'Union.
[366] Interview de la descendante de Nubar pacha, la comtesse d'Arschot, et auteure du *Roman d'Héliopolis*, Bruxelles, Avant-Propos, 2017.

vagues successives de migration correspondent aux massacres de 1894 et 1896. Soulignons le fait que de nombreux historiens font remonter le processus génocidaire arménien à cette période, processus qui culminera en 1915 par l'élimination d'un million et demi de personnes. Mais les massacres dans l'Empire ottoman avaient déjà entraîné la mort de 100 000 à 300 000 Chrétiens, principalement des Arméniens[367] et on estime à 500 000 le nombre de personnes déplacées ou converties de force à l'Islam sous le règne du sultan Abdul Hamid II (1876-1909)[368].

Comme nous l'avons vu, en France, Charles Péguy[369] prend la défense des Arméniens. Et Jean Jaurès, socialiste anticlérical, s'indigne du silence assourdissant des députés : « Pas un cri n'est sorti de leur bouche, pas un mot n'est sorti de leur conscience, et ils ont assisté, muets et donc complices, à l'extermination complète »[370].

Ces engagements en faveur des victimes ne sont pas sans rappeler que quelques décennies plus tôt, seuls Montalembert à la Chambre des Pairs en 1845, puis Crémieux, avaient pris la défense des Maronites[371]. Ce dernier s'écrie à la Chambre des Députés en 1847 : « Le sang n'aurait pas coulé, si vous aviez eu foi dans votre force et dans vos glorieux souvenirs ! […] Eh, Messieurs ! Il s'agit des chrétiens du Liban ! Les chrétiens du Liban, mais ils sont vos frères depuis des siècles, non pas seulement vos frères en religion, mais vos frères à la guerre, vos frères sur les champs de bataille ! Dans toutes les circonstances, vous les avez trouvés : Saint-Louis les a trouvés, Napoléon les a trouvés. »

367

« Génocide arménien », *Larousse*, https://www.larousse.fr/encyclopedie/divers/génocide_arménien/186105

[368] Jérôme Gautheret, « La destruction en marche », *Le Monde*, 21 avril 2015, http://www.lemonde.fr/europe/article/2015/04/21/genocide-des-armeniens-la-destruction-en-marche_4620182_3214.html

[369] Voir chapitre Capitulations.

[370] Vincent Duclert, *La France face au génocide des Arméniens*, Paris, Fayard, 2015.

[371] François Charles-Roux, *France et Chrétiens d'Orient*, op.cit., p. 162.

D'autre part, en 1860, l'abbé Lavigerie, le futur cardinal d'Alger, met sur pied une souscription, qui prend rapidement de l'ampleur grâce à la campagne qu'il mène auprès de l'opinion publique : « Il part pour la Syrie, accompagné d'un Jésuite, le R. P. de Damas. Là, les religieux français n'ont pas attendu son arrivée pour venir en aide aux survivants des massacres : couvents de Jésuites, de Lazaristes, de Capucins, de Filles de la Charité sont envahis de réfugiés, de femmes et d'enfants surtout ; corridors et cours sont transformés en bivouacs ; églises en asiles. » François Charles-Roux, *France et chrétiens d'Orient*, op.cit., p. 187.

L'abbé Lavigerie rencontre l'émir Abdel Kader pour le remercier et lui « exprimer […] les vifs sentiments d'admiration et de sympathie [qu'a] fait naître sa généreuse conduite. » *La Syrie en 1860 et 1861. Lettres et documents formant une histoire complète et suivie des massacres du Liban et de Damas, des secours envoyés aux chrétiens et de l'expédition française. Recueillis et coordonnés par M. L'Abbé Jobin*, Lille, L. Lefort, 1862, p. 185.

Élargissement du millet

Retournons quelques décennies en arrière pour présenter le cadre dans lequel évoluaient les communautés non musulmanes au XIXe siècle.

Les millets catholiques ne seront constitués que dans la première moitié du XIXe siècle, alors que vers la même époque le sultan déclare les supprimer (Hattis de 1839 et de 1856)[372]. L'acquisition d'un statut légitime accentuait le sentiment de sécurité des populations non musulmanes, catholiques en l'occurrence. En 1830, le Saint-Siège, la France et l'Autriche obtiennent que les Arméniens catholiques[373] ne soient plus soumis à la juridiction du patriarche Grégorien de Constantinople. Metternich, le Chancelier d'Autriche, écrit : « Le succès que nous venons de remporter dans l'affaire des Arméniens catholiques est d'une immense conséquence pour la religion dans le Levant. »[374] La même année, la Porte reconnaît l'existence de l'Église syrienne catholique, indépendante de l'Église jacobite. En 1848, le sultan crée le patriarcat grec catholique indépendant et accorde à Maximos III Mazloum (patriarche melkite en fonction entre 1833 et 1855) l'autorité sur les trois patriarcats : Antioche, Alexandrie et Jérusalem[375].

Rappelons que pour comprendre le succès dont parle Metternich, il faut avoir présent à l'esprit le souci permanent du pouvoir ottoman ; comme on l'a dit moult fois, qui consistait à entraver un quelconque rapprochement de ces Églises avec Rome, mais également, des Églises autocéphales entre elles. Sous Saïd pacha (1822-1863), le patriarche copte orthodoxe meurt subitement après être entré en contact avec son homologue arménien orthodoxe. Ce décès soudain éveille des soupçons de la part de la communauté copte. Celle-ci établit un lien entre sa mort subite et la colère de Saïd devant cette tentative de rapprochement qui aurait pu donner plus de pouvoir à l'Église égyptienne[376]. Cet épisode illustre bien le climat de défiance et d'irrationalité qui existait de part et d'autre.

---

[372] En effet, comme nous l'avons déjà relevé au Chapitre II, le millet n'était pas une institution structurée. Aussi notre étonnement est tempéré lorsque l'on apprend que la création (effective) des millets arménien et grec catholique a lieu au moment de la suppression « officielle » du système des millets.

[373] Pour plus de détails, voir Sossie Andézian, « Fondations des lieux de culte. Aux origines de l'Église arménienne catholique de Jérusalem », *Archives de Sciences sociales des religions*, n° 151, juillet-septembre 2010, pp. 47-69.

[374] Lettre de Metternich au Secrétaire d'État, le Cardinal Albany, 14 février 1830. Gaston Zananiri, *Pape et Patriarches, op. cit.*, p. 89.

[375] Bruce Masters, « The Establishment of the Melkite Catholic *Millet* in 1848 and the Politics of Identity in Tanzimat Syria », *in* Peter Sluglett with Weber Stefan (éd.), *Syria and Bilad al-Sham under Ottoman Rule. Essays in honour of Abdul-Karim Rafeq*, Leyde, Brill, 2010, pp. 455-474, p. 468 ; Bruce Masters, *Christians and Jews in the Ottoman Arab World: The Roots of Sectarianism*, Cambridge, Cambridge University Press, 2001, p. 111.

[376] S. M. Seikaly, *The copts under british rule, 1882-1014*, Unpublished Thesis, London University, 1967, p. 37 ; Moustapha Al Feqi, *Les coptes en politique égyptienne. Le Rôle de Makram Ebeid dans le Mouvement National, op.cit.*, p. 30.

Concernant les relations avec l'Abyssinie, les autorités égyptiennes veillent à ce qu'il y ait le moins de contacts entre les deux Églises, alors qu'elles sont sous la juridiction du même patriarche. Tout au long du Moyen-Âge, le pouvoir maintient les distances entre l'Église copte égyptienne et l'Église d'Éthiopie et veille à ce que leurs relations soient réduites à leur plus simple expression[377].

Début du XXᵉ siècle : essor des communautés allogènes et du règne de la langue française

Les années précédant la Grande Guerre constituent dans différents domaines une période de bien-être et de succès pour les communautés de Catholiques ottomans en Égypte. Le flot continu d'immigrés leur permet de consolider leur présence dans le pays. Des organisations communautaires importantes émergent, notamment grâce au processus de sécularisation à l'intérieur des différents millets qui entraîne un retrait progressif de l'Église. Ceci permet aux laïcs de jouer un rôle plus important : les notables font partie de conseils communautaires, et créent des écoles, des hôpitaux, des clubs, des journaux, etc. Plusieurs membres des dites communautés avaient très bien réussi au niveau professionnel, et les retombées sur les organisations caritatives se font ressentir de manière très positive.

Les élites de ces communautés occupaient le devant de la scène dans différents domaines, aussi bien économiques que culturels. Les Syro-libanais étaient très présents dans la presse, tant francophone qu'arabophone[378], et étaient les principaux fondateurs du mouvement du renouveau (la *Nahda*). Aussi, en dépit de certaines menaces, ou même de certaines agressions de la part de nationalistes égyptiens, au tournant du siècle, ces communautés – syro-libanaise, grecque, arménienne, juive, etc. – se sentaient globalement en sécurité, en tant que sujets ottomans dans une Égypte sous contrôle britannique.

L'arrivée d'immigrés venant d'autres régions de l'Empire ottoman, voire d'Occident, l'établissement et le développement d'une multitude de minorités religieuses et nationales ainsi que la nette augmentation de la population européenne rendaient des Chrétiens orientaux indispensables dans le rôle d'intermédiaires.

---

[377] Les Égyptiens craignaient que le Négus ne détourne le cours du fleuve pour venger les coptes persécutés. Conscient des enjeux, le pouvoir ne baisse jamais la garde. « Les musulmans, avaient la terreur permanente à travers les siècles, et qui dure encore, de complots entre leurs voisins pour leur couper l'eau du Nil. » Albert Kammerer, *La Mer Rouge, l'Abyssinie et l'Arabie depuis l'Antiquité*, I, 3ème fasc., Publications de la Société Royale de Géographie d'Égypte, Paris, Librairie Honoré Champion, 1929, p. 296.
[378] De 1873 à 1907, 15% des journaux appartiennent à des Syriens alors qu'ils ne représentent que 0,3% de la population. Thomas Philipp, *The Syrians in Egypt, 1725–1975*, *op. cit.*, p. 98.

Les vagues d'immigration de Syriens dans les décennies qui suivent les massacres de 1840, puis ceux de 1860, sont provoquées par des raisons sécuritaires, contrairement à celle de la fin du siècle, vers 1880, qui est plutôt motivée par des raisons économiques. Les principales destinations des *Shawam* (les levantins) qui émigrent étaient l'Amérique du Nord, l'Amérique du Sud et l'Égypte[379]. Parmi ces migrants, nombre d'entre eux avaient reçu une formation solide, grâce à l'enseignement des missionnaires dans les différents centres établis au Levant depuis le XVIIIe siècle. En Égypte, certains immigrés parviennent à occuper des fonctions importantes au sein de l'administration, l'éducation et la presse principalement à partir de 1882. Ils se trouvèrent être les seuls à pouvoir occuper ces fonctions au sein de l'administration britannique, ce qui d'ailleurs fait dire à un fonctionnaire anglais : « Où vais-je trouver des employés pour nous assister ? Le musulman n'est pour l'heure d'aucune utilité, le copte à peine mieux… dans de telles circonstances, le Syrien est une bénédiction pour l'administration britannique. »[380]

L'espace occupé par cette bourgeoisie commerçante et intellectuelle en Égypte est particulièrement intéressant. Ce groupe instruit prend ses distances avec le cadre du millet, tant d'un point de vue social que religieux, voire communautaire, et développe une nouvelle identité nationale duale au sein de la société égyptienne. Cette élite jouera un rôle de premier plan dans la culture et la pensée politique égyptienne du pays jusqu'à l'apparition d'une classe égyptienne instruite – copte et musulmane. Mais à la fin de la Grande Guerre, commence le déclin de ce groupe dans son rôle de pionnier, car rattrapé par d'autres communautés.

La presse

Rois de la presse au début du XXe siècle, « les Syriens prennent une avance chronologique sensible. Les journaux égyptiens et musulmans (sic) importants ne seront fondés que dans la période suivante. »[381] Les publicistes chrétiens seront toujours très respectueux des traditions de la société égyptienne. L'œuvre de philologues et d'historiens, comme les Yazigi et les Zaidan, est un « monument de piété quasi filiale élevé à la gloire de l'Islam, de la langue arabe, du passé arabe, de l'empire des califes. »[382] Afin d'être

---

[379] Notons que dans les deux premières destinations, ainsi qu'en Afrique de l'Ouest, ils se sont parfaitement adaptés.
[380] C. E. Coles, *Récollections and reflections*, Londres, St. Catherine Press, 1918, p. 164-165. Dans son ouvrage, Lord Cromer fait le même constat. Lord Cromer, *Modern Egypt*, 2 vols, New York, Macmillan Co., 1908, pp. 210-220
[381] *L'Égypte indépendante*, Paris, Groupe d'études de l'Islam, Centre d'études de politique étrangère, 1938, p. 377.
[382] *L'Égypte indépendante, op. cit.*, p. 385

acceptés, la déférence envers l'Islam de la part des chrétiens doit être totale. La moindre entorse à « cette loi non écrite » est sévèrement réprimée[383]. Farah Antoun, en fera les frais. Suite à une controverse avec Sheikh Abdou (1849-1905), Antoun sera obligé de s'exiler en Amérique[384] ! Abdou, le grand Mufti, est pourtant connu pour sa très grande modération. Il est notamment l'auteur de la fatwa du Transvaal. Il s'agit d'un avis juridique émis pour la première communauté musulmane, constituée de Malais qui avaient émigré vers Afrique du Sud, donc dans un environnement non musulman. Cette communauté lui demandait conseil concernant les interdits alimentaires et la façon de s'habiller[385]. La fatwa fait preuve d'une grande ouverture d'esprit : elle permet aux femmes de s'habiller et de se couvrir la tête comme les Occidentales – avec un chapeau au lieu du voile –, et au niveau alimentaire, ne mentionne que l'interdiction de la consommation du porc sans les astreindre à la nourriture *halal*.

La langue d'usage des communautés chrétiennes

Pour mieux comprendre le départ d'Égypte des Syriens et des communautés catholiques orientales, il serait nécessaire de prendre en considération deux facteurs : d'une part, la croissante « égyptianisation » de la politique, de la culture et de l'économie depuis la Grande Guerre, et d'autre part, la « désarabisation » qui leur sera reprochée. Accusation récurrente adressée par les nationalistes, et reprise souvent par des orientalistes, et finalement assumée par nombre des concernés dans un exercice d'autocritique.

Philipp par exemple affirme que les Syro-libanais qui émigrent dans les années 1960, ont déjà, culturellement parlant, quitté l'Égypte depuis une génération[386]. Ce qui revenait à dire, dans son argumentation, qu'ils avaient abandonné l'usage de l'arabe pour l'adoption d'une langue occidentale. Face à cette assertion, une mise en contexte est nécessaire. Au Levant, de très nombreux Syriens chrétiens furent la « cheville ouvrière », les acteurs incontournables de la création et du développement de partis prônant le nationalisme arabe et la lutte contre le colonialisme. En Égypte, cet engagement politique de la part des *Shawam* s'est presque exclusivement manifesté dans le journalisme. Ils ont œuvré pour l'unité du monde arabe, notamment par le biais de la modernisation de la langue. Leur rôle et leur apport dans le domaine culturel a marqué cette période. Ils dirigeaient jusqu'au moment des nationalisations dans les années 1960, les principales maisons d'édition arabophone.

---

[383] *Ibidem.*, p. 386.
[384] *Idem.*
[385] Éric Germain, *L'Afrique du Sud musulmane. Histoire des relations entre Indiens et Malais du Cap*, Paris, Karthala, 2007, pp. 130-1.
[386] Thomas Philipp, *The Syrians in Egypt, 1725–1975, op. cit.*, p. XIII.

Le rôle des Capitulations : suprématie du français

En fait, les Catholiques ottomans ont continué à utiliser la langue arabe tout en développant une double culture, avec une préférence marquée pour l'utilisation du français, étant donné les efforts déployés par la France dans la protection des Chrétiens de la région. Avec l'importance de son réseau d'établissements scolaires catholiques et laïques dans cette région du monde, le français deviendra la langue de prédilection des Catholiques allogènes[387]. Étant la langue diplomatique du Vatican, tous les religieux connaissaient de ce fait le français, ce qui n'est plus le cas aujourd'hui.

En effet, pour de très nombreux Chrétiens – Catholiques en particulier –, elle devient la langue maternelle. Alors que ce n'était pas le cas de l'anglais, contrairement à ce qui se passe maintenant dans les milieux privilégiés où très souvent, les parents s'adressent à leurs enfants en anglais. Comme précédemment mentionné, en ce qui concerne l'acquisition des langues étrangères, les Chrétiens catholiques devançaient d'une ou deux générations les élites musulmanes et coptes. Celles-ci se sont en effet familiarisé avec la culture et les langues occidentales quelques décennies plus tard au début du XXe siècle.

Ce choix linguistique adopté par les Chrétiens ottomans, les Catholiques plus particulièrement, est très mal perçu par certains nationalistes. Ce rejet sera encore plus marqué avec la prise de pouvoir des Officiers Libres. L'« aliénation culturelle et la presque complète désarabisation des catholiques orientaux »[388] pour reprendre l'expression de Thomas Philipp, sont dénoncées comme une trahison. Mais dire ceci serait ne pas prendre en compte l'attrait et la fascination qu'exerçait l'Occident sur une très large partie des milieux cultivés, au-delà des frontières confessionnelles.

La langue française : ennemi à abattre

Le succès et le développement du français ancrent profondément la culture française dans les esprits et instaurent « la primauté de la langue française sur toutes les autres langues européennes et son emploi à peu près exclusif dans les affaires. »[389]

Le français est la langue commune utilisée par la population bilingue, et *a fortiori* trilingue. Il joue le rôle de trait d'union d'une communauté à l'autre, et devient l'outil de communication entre étrangers et Égyptiens, à telle

---

[387] Jusqu'à l'arrivée des missionnaires protestants qui ont introduit l'anglais.
[388] Thomas Philipp, *The Syrians in Egypt, 1725–1975, op. cit.*, p. XIII. Philipp reprend cette idée à plusieurs reprises, notamment à la p. 155.
[389] Marcel Clerget, *Le Caire. Étude de géographie urbaine et d'histoire économique*, Thèse de Lettres, Paris, Le Caire, Imp. E. et R. Schindler, 1934, cité par Irène Fenoglio, « Réforme sociale et usage des langues », in Alain Roussillon, *Entre réforme sociale et mouvement national: Identité et modernisation en Égypte (1882-1962)*, Le Caire, CEDEJ - Égypte/Soudan, 1995, pp. 257-274, p. 265, § 24, http://books.openedition.org/cedej/1417.

enseigne que les fonctionnaires anglais s'adressent en français aux interlocuteurs égyptiens. Le français est aussi la langue utilisée à la Cour, au sein des juridictions mixtes, dans la vie publique et souvent dans les commerces. En 1926, quinze quotidiens et 35 périodiques sont publiés en français. En 1938, 65 périodiques sont en langues étrangères (44 en français, cinq en anglais, huit en grec et un en italien ; à Alexandrie, 31 périodiques sont en langues étrangères, dont vingt en français), alors que 200 périodiques sont publiés en langue arabe[390]. À Port-Saïd, sur les quatre périodiques en langue étrangère, trois sont en français, et le quatrième en grec.

À partir des années 1920, « la presse française est, en vérité, syrienne ou juive » mais l'élément étranger domine largement…[391] Il est évident que la situation des colonies étrangères[392] en Égypte ne leur permet pas de s'occuper de politique et de chercher à s'intégrer par des campagnes de presse. »[393] La mise sous tutelle de tous les journaux à l'époque nassérienne provoque le départ de très nombreux journalistes. Ceux-ci intègrent souvent la rédaction de médias prestigieux, notamment en France et en Suisse.

Les écoles françaises

Alors que toute l'élite égyptienne fréquentait ces établissements et vivait à l'heure occidentale, plus tard, à l'époque de Nasser, la presse essayera de les diaboliser, et les pressions exercées seront de plus en plus importantes.

Dans un récit biographique décrivant des personnages d'une famille de l'élite égyptienne du début du XXe siècle[394], son auteure retrace l'épisode durant lequel l'un de ses personnages s'adressant à un jeune homme, lui explique qu'il ne pourra réussir professionnellement que s'il maîtrise le français. « Le français est la langue du monde civilisé. Vous devez apprendre le français, vous familiariser avec la culture européenne. […] Je vous envoie un an en France. Revenez en sachant parler la langue. »[395]

Un autre personnage, Ismaïl est envoyé en France où il étudie au collège Saint-Louis à Paris puis à l'École centrale des arts et manufactures de Paris d'où il sort major en 1883[396].

---

[390] Irène Fenoglio, « Réforme sociale et usage des langues », in Alain Roussillon, *Entre réforme sociale et mouvement national : Identité et modernisation en Égypte (1882-1962)*, Le Caire, CEDEJ - Égypte/Soudan, 1995, pp. 257-274, pp. 266, 267, 268, § 29, http://books.openedition.org/cedej/1417.
[391] Pour Carnoy, « étranger » signifie non-Français, et non pas non-Égyptien. Norbert Carnoy, *La Colonie française du Caire*, Paris, PUF, 1928.
[392] Lire, communautés étrangères.
[393] Norbert Carnoy, *La Colonie française du Caire*, Paris, PUF, 1928, p.160.
[394] Chafika Soliman Hamamsy, *Zamalek: The Changing Life of a Cairo Elite, 1850-1945*, Le Caire, American University in Cairo Press, 2005, pp. 14, 20, 21, 22.
[395] *Ibidem*, p. 14.
[396] *Ibidem*, p. 22.

Toujours dans le même livre, quelques années plus tard, le père de famille décide de scolariser sa fille. C'est en effet dans une école de religieuses françaises, le couvent du bon Pasteur, qu'elle étudiera. « Là-bas, elle apprendra le français qui, je crois, est essentiel de nos jours pour les filles. »[397]

Cette situation n'est pas particulière à l'Égypte. C'est devenu presque la règle dans les provinces orientales de l'Empire ottoman[398].

La quasi-totalité de la classe dirigeante égyptienne avait fréquenté les écoles françaises et dans une bien moindre mesure, les écoles anglaises. Freinée durant deux ou trois décennies, cette tendance reprend de plus belle. Actuellement, les écoles étrangères et les établissements égyptiens d'enseignement de langues étrangères, appelées écoles d'investissement, attirent toute l'élite fortunée, sans que ne soit mis en doute le patriotisme des familles ! La question ne se pose pas et personne ne semble s'en indigner[399] comme c'était le cas suite à la Révolution de 1952 !

Primauté du français

Philipp relève que généralement la deuxième ou troisième génération d'immigrés s'exprime en français. Le cas de la famille Bahri, très proche du pouvoir au temps de Mohamed Ali et qui acquiert de ce fait une grande notoriété, en est un excellent exemple. Quelques décennies plus tard, un des descendants écrira l'histoire de la famille en français.

À propos de l'écrivaine Jeanne Arqash, Taha Hussein dit que « c'était une patriote égyptienne, et ses sentiments étaient égyptiens, mais sa langue, son imaginaire et sa pensée sont français ». C'est un fait : nous assistons à un changement complet de « cap » de la part de la communauté syrienne, mais pas seulement syrienne. C'est en effet également le cas d'intellectuels coptes (Georges Henein[400]) ou musulmans (les écrivains Out-El-Kouloub[401] ou Ahmed Rassim[402] pour ne citer que les plus connus qui ne s'exprimaient qu'en français).

---

[397] *Ibidem*, p. 71.
[398] Jérôme Bocquet, « Comment rester musulman dans un établissement étranger. L'islam dans les établissements français du Proche-Orient à la fin de l'Empire ottoman », *Cahiers de la Méditerranée*, 75, 2007 (Dossier Islam et éducation au temps des réformes), pp. 58-73, https://journals.openedition.org/cdlm/3553
[399] Le Lycée français du Caire est actuellement fréquenté par une très large majorité d'Égyptiens, et les élèves entre eux parlent très souvent l'anglais (témoignages de parents d'élèves).
[400] Paul Morelle, « Henein Georges (1914-1973) », *Encyclopædia Universalis*, https://www.universalis.fr/encyclopedie/georges-henein/
[401] « Out-El-Kouloub », *Babelio*, https://www.babelio.com/auteur/-Out-El-Kouloub/326325
[402] Robert Solé, « Ahmed Rassim : chants d'un monde évanoui », *Le Monde*, 17 mai 2007, https://www.lemonde.fr/livres/article/2007/05/17/ahmed-rassim-chants-d-un-monde-evanoui_911189_3260.html

Au début du XIXᵉ siècle, les *Shawam* traduisent des ouvrages du français vers l'arabe, alors que vers la fin du siècle, c'est vers le français que sont traduits des ouvrages écrits en arabe. Ce nouveau virage s'accélère à la fin de la Première Guerre mondiale.

La revue de la communauté grecque catholique, *Le Lien* qui paraît pour la première fois en 1935, est publiée en français. De son côté, la communauté grecque orthodoxe passe de l'arabe au français pour ses rapports annuels.

La place occupée par le français et son usage soulèvent animosité et rejets de manière tout à fait irrationnelle chez certains « nationalistes », allant même parfois contre les intérêts de l'Égypte. En effet, le texte ci-dessous est une bonne illustration.

« Le *Rose el Youssef*[403], raconte comment l'administration des Douanes a refusé dernièrement les lettres rédigées en français par la Croix-Rouge :

« L'Administration des Douanes a maintenu son point de vue et a refusé d'accepter pour base aux échanges de vue, la langue du général de Gaulle.

« Les rapports furent interrompus entre les deux parties. La Croix-Rouge rencontra de sérieuses difficultés par suite de cette situation singulière, surtout que tout ce qu'elle reçoit et tout ce qu'elle expédie d'Égypte doit passer par l'Administration des Douanes. Finalement la Croix-Rouge exposa le cas au ministère égyptien des Affaires étrangères. Celui-ci fut d'avis que la société s'occupant d'un service humanitaire devait avoir sa tâche facilitée. En conséquence, le ministère a exempté la Croix-Rouge de l'usage de la langue arabe.

« Les Contentieux de l'État ont trouvé que la loi relative à la langue arabe n'est applicable qu'aux sociétés et aux associations d'Égypte.

« Étant donné que la Croix-Rouge internationale est une société officielle de l'étranger, la loi relative à la langue arabe ne devait pas lui être appliquée ; l'association a donc le droit d'échanger sa correspondance avec le gouvernement égyptien conformément aux « traditions ». »[404]

En fait, on voit que le rejet du français à l'époque de Nasser, avait débuté bien avant. Nous sommes persuadés que si les échanges dont il est question ci-dessous avaient été rédigés en anglais, ils n'auraient soulevé aucun problème.

Le choix des prénoms et des surnoms

Au début du XIXᵉ siècle, des prénoms arabes chrétiens étaient les plus courants. À la fin du siècle, on trouve de plus en plus de prénoms occidentaux,

---

[403] Gloria Awad, « Rose Youssef Al- (Fatima Al-Youssef, dite), *Le Dictionnaire universel des Créatrices*, https://www.dictionnaire-creatrices.com/fiche-rose-youssef
[404] *Le Progrès égyptien*, 2 mai 1945.

comme l'atteste la liste de mariage publié dans *Le Lien*. Le choix des prénoms étrangers est un autre reproche récurrent adressé aux Chrétiens[405].

Il est vrai que le choix des prénoms étrangers et plus particulièrement français a été généralisé dans les familles chrétiennes, mais il y a eu aussi quelques exceptions chez les Musulmans. Il y a eu même quelques Kitchener et Hitler[406]. Le plus célèbre est le Général Hitler Tantawi né en 1941[407]. Ancien porte-parole du ministère de la Défense, il a été très présent dans les médias sous la présidence de Hosni Moubarak.

Les grandes familles musulmanes continuent évidemment à donner des prénoms arabo musulmans à leurs enfants, mais souvent accompagnés d'un diminutif à consonance occidentale. Dolly pour Dawlat ; Heydi, Hedayat ; Moudi, Ahmed ; Dodi ou Mimi, Mohamed ; Sherry, Sherine ; Bimbo, Ibrahim ; Sandy, Salah Eddin ; Fifi, Fawzeya ; etc.

Et les Coptes ne sont pas en reste non plus. Makram Ebeid (1889-1961), William de son prénom, était numéro deux du parti Wafd, ministre des Finances et grand promoteur du nationalisme égyptien[408]. Il y avait de très nombreux Albert et Victoria à cette époque chez les Chrétiens, principalement chez les Coptes. Parallèlement à « l'occidentalisation » des prénoms donnés, on assiste – et c'est la conséquence logique – à une latinisation de la graphie concernant les documents personnels, actes de mariage, testaments, etc. Après la Première Guerre mondiale, ces documents étaient rédigés et signés en français plutôt qu'en arabe.

Actuellement, ce sont plutôt des Michael, George, Peter et John qui remplacent les prénoms chrétiens arabes tels Mikhaïl, Guirguis, Boutros et Hanna. Il s'agit notamment d'une tendance très développée chez les Coptes de Haute-Égypte, qui n'ont rien abandonné de leurs traditions égyptiennes et dont la langue d'usage reste exclusivement l'arabe.

De manière générale, et indépendamment des communautés, la question des prénoms et des patronymes pose problème en Égypte, problèmes à différents niveaux. Les très nombreux cas d'homonymie sont souvent une source de problèmes inextricables. D'autre part, ceux qui possèdent un nom de famille, doivent souvent mener une bataille administrative afin de pouvoir

---

[405] Thomas Philipp, *The Syrians in Egypt, 1725–1975*, *op. cit.*, pp. 154-155.
[406] Jacques Berque, *L'Égypte. Impérialisme et révolution*, Paris, Ed. Gallimard, 1967, p. 213.
[407] Yezid Sayigh, « Above the State: The Officers' Republic in Egypt », *Carnegie Middle East Center*, 1er août 2012, https://carnegie-mec.org/2012/08/01/above-state-officers-republic-in-egypt-pub-48972.
[408] Copte protestant. Actuellement, la majorité de ses nombreux neveux, est retournée à leur confession d'origine, copte orthodoxe.

garder leur nom qui ne figure qu'en quatrième position[409], et qui par conséquent disparaît de certains documents d'une génération à l'autre[410].

Il arrive que sur les registres de l'État civil, l'ordre d'inscription des différents noms soit modifié, et donc que les membres d'une même fratrie aient des noms différents !

D'autre part, certaines familles chrétiennes témoignent du fait que lors de l'inscription de naissance du nouveau-né, le fonctionnaire modifie les prénoms chrétiens choisis par les parents. Il les remplace par des prénoms musulmans ce qui entraîne une situation administrative inextricable. Les parents, s'ils sont analphabètes, n'ont pas les moyens de vérifier séance tenante, et une fois l'inscription faite, il est très difficile d'apporter des rectifications.

Dépersonnalisation ou diglossie ?

En Égypte, la diglossie a toujours existé. Elle se situait entre l'arabe parlé et l'arabe littéraire et elle a été entretenue comme signe de distinction sociale et culturelle. À la fin du XIXe siècle, « la diglossie s'est maintenue, mais les pôles linguistiques qui la constituent ont changé. »[411] Ce phénomène explique peut-être la facilité avec laquelle le français a été adopté. Il existe « un rapport diglossique entre l'arabe vernaculaire et le turc. À partir de 1850 va s'installer […] un rapport diglossique prenant en compte l'utilisation du français. » Cette langue permet à des groupes sociaux divers d'exprimer la même ambition sociale, c'est-à-dire se distinguer du peuple, c'est-à-dire des fellahs. La façon de se distinguer, quand on fait partie par exemple de l'« aristocratie égyptienne », était de se montrer cultivé, ce qui impliquait à l'époque, de connaître une langue étrangère. Il ne faut pas simplement réussir à se « faire comprendre » par tout le monde, mais plutôt ne se faire comprendre que par quelques-uns. « Il faut donc adopter une langue étrangère à l'ensemble, mais commune avec ceux avec qui on veut communiquer y compris à l'extérieur,

---

[409] Jusque dans les années 1970, les Égyptiens avaient trois noms sur leur carte d'identité : leur prénom, suivi de celui de leur père et de leur grand-père. Mais depuis, un quatrième nom est rajouté : le prénom de l'arrière-grand-père, ou le nom de famille. La difficulté consiste à maintenir le nom de famille et qu'il ne soit pas considéré comme le quatrième prénom (correspondant à celui de l'arrière-grand-père) et qui disparaitrait à la génération suivante.

[410] Charles-François-Marie d'Harcourt, *L'Égypte et les égyptiens*, Paris, E. Plon, Nourrit et Cie, Paris, 1893, pp. 33-34 ; Jenna Le Bras, « Les Mohamed, levez la main !, *Middle East Eye*, 17 décembre 2016, https://www.middleeasteye.net/fr/reportages/les-mohamed-levez-la-main#:~:text=Autre%20problème%20%3A%20il%20n'y,de%20celui%20du%20grand-père

[411] Irène Fenoglio-Abd-el-Aal, *Défense et illustration de l'égyptienne : aux débuts d'une expression féminine*, Le Caire, Centre d'études et de documentation économique juridique et sociale, 1988, p. 268.

donc une langue à dimension transnationale. Le cosmopolitisme exige une langue commune normée. »[412]

Le statut privilégié du français en Égypte s'impose pratiquement de 1850 à 1960. La prise de pouvoir par les Officiers Libres va changer la donne. Ne faisant pas partie de la sphère francophone, ceux-ci vont s'acharner à mettre un terme à l'omniprésence du français dans la vie économique et culturelle du pays. Bien que perçu comme langue des élites, le français ne se limitait pas à la Cour, aux pachas, aux communautés étrangères et aux Chrétiens égyptiens privilégiés. En effet, jusque dans les années 1950, l'ensemble des écoles chrétiennes avaient des cycles d'enseignement gratuit bilingue arabe-français[413].

Problèmes inhérents à la langue arabe

Il ne serait peut-être pas inutile d'évoquer quelques problèmes inhérents à l'arabe et à son système d'écriture pour essayer de comprendre pourquoi l'adoption du français fut si rapide.

Tahtawi, membre et aumônier de la première mission d'études envoyée par Mohamed Ali en France, nous fait part, dans son livre *L'Or de Paris*, des difficultés que présente la langue arabe et établit un parallèle avec le français :

« En effet, apprendre leur langue n'exige pas grand effort. N'importe quel homme, normalement réceptif pourra, une fois qu'il l'a apprise, lire n'importe quel livre, puisque toute ambiguïté est absente de cette langue, dont le principe exclut l'équivoque. Si un professeur veut expliquer un livre, il n'est pas tenu d'en débrouiller les mots, car les mots sont clairs par eux-mêmes. Bref, pour lire un livre, on n'a pas besoin d'appliquer à ses vocables d'autres règles qu'on va chercher ailleurs, auprès d'une autre discipline. C'est le contraire en arabe, par exemple, où le lecteur d'un ouvrage traitant d'une discipline donnée doit soumettre le texte à l'épreuve de tous les instruments de la langue, examiner aussi minutieusement que possible les mots, et charger la phrase de significations éloignées de celles qu'offre l'expression. Rien de tout cela dans les livres des Français ! »[414] Aux problèmes soulevés par le sens des mots en fonction de leur position au sein de la phrase, s'ajoute celui de la vocalisation de l'arabe ainsi que celui de la transcription.

Ainsi, au XXe siècle, au sein même de l'Académie de langue arabe créée en 1932, les questions relatives à la transcription seront posées. 'Abd Al-'Aziz Fahmi (1870-1951) juriste et politicien, propose une latinisation partielle de

---

[412] *Idem.*
[413] Hyacinthe Amadou, *L'enseignement français* en Égypte, Imprimerie Centrales Jules Babier, Le Caire, 1897, p. 16 et suivantes.
[414] Rifâ'a at-Tahtâwî, *L'Or de Paris, Relation de voyage (1826-1831)*, traduction de l'arabe et présentation de Anouar Louca, Paris, Sindbad, 1988, pp. 185-186.

la langue arabe[415]. Il s'agit notamment d'adopter la latinisation pour l'arabe vulgaire et l'arabe journalistique. Salama Moussa (1887-1958), intellectuel et journaliste copte, fervent nationaliste, opposé aux Britanniques plaidait néanmoins pour un rapprochement culturel avec l'Europe. Il suggère, quant à lui, de « s'éloigner de l'Asie et [de se] rattacher à l'Europe »[416] et plaide donc, à l'instar de la Turquie, pour la latinisation de la langue arabe[417].

Plus récemment, Bayyumi Qandil, écrivain et journaliste, propose l'utilisation du script copte, qui aurait l'avantage de ne pas être importé et d'avoir été une langue vernaculaire[418].

Toutes ces propositions destinées à contourner les difficultés que dresse la langue arabe reçoivent une fin de non-recevoir indignée de la part des institutions compétentes. Et ceci notamment en raison de la place particulière qu'occupe l'arabe, langue du Coran donc langue divine pour les croyants.

À l'occasion de la Journée internationale de la langue arabe, le cheikh d'El-Azhar, le grand imam Ahmed El-Tayyeb a appelé sur les réseaux sociaux les Arabes à préserver leur langue, qui a été choisie par Allah pour transmettre son dernier message à l'Humanité, insistant sur le fait qu'elle est la « maîtresse/matrice » de toutes les langues, et qu'elle constitue une question d'identité et de survie pour les Arabes et les Musulmans[419].

---

[415] Madiha Doss, « Discours de réforme », in Alain Roussillon, *Entre réforme sociale et mouvement national : Identité et modernisation en Égypte (1882-1962)*, Le Caire, CEDEJ - Égypte/Soudan, 1995, pp. 235-256, p. 236, § 5, http://books.openedition.org/cedej/1415.

[416] Madiha Doss, « Discours de réforme », in Alain Roussillon, *Entre réforme sociale et mouvement national : Identité et modernisation en Égypte (1882-1962)*, Le Caire, CEDEJ - Égypte/Soudan, 1995, pp. 235-256, p. 238, § 14, http://books.openedition.org/cedej/1415.

[417] Il se pourrait que la présence du grand rabbin du Caire, Nahhoum Effendi, membre fondateur de l'Académie royale de la langue arabe ait peut-être influencé le débat sur la transcription de l'arabe dans un autre alphabet, l'hébreu s'étant écrit dans plusieurs graphies (judéo-arabe, yiddish, etc.). David Shasha, « Sephardic Judaism and the Levantine Option », in Ziauddin Sardar and Robin Yassin-Kassab, *Critical Muslim 06: Reclaiming Al-Andalus*, avril-juin 2013, Hurst Publisher, Londres, 2013, pp. 91-104, p. 100; Andrew Cusack, *Nahum Effendi and Cairo's Lost World*, 20 Novembre 2017, https://www.andrewcusack.com/2017/rabbi-nahum/ La littérature judéo-arabe, dont Maïmonide a notamment été le plus brillant représentant, a produit une œuvre très importante au Moyen-Âge. Voir Joshua Blau, *The Emergence and Linguistic Background of Judaeo Arabic. A Study of the Origins of Middle Arabic*, Oxford, Oxford University Press, 1965.

[418] Madiha Doss, « Discours de réforme », in Alain Roussillon, *Entre réforme sociale et mouvement national : Identité et modernisation en Égypte (1882-1962)*, Le Caire, CEDEJ - Égypte/Soudan, 1995, pp. 235-256, p. 238, § 14-15, http://books.openedition.org/cedej/1415.

[419] Cheikh Al-Azhar à l'occasion de la Journée internationale de la langue arabe: « Nous, les Arabes, nous devrions nous sentir fiers et honorés », *Cairo 24*, 18 décembre 2020, https://www.cairo24.com/reports/1104500/شيخ-الازهر-في

Occidentalisation et dépersonnalisation

À aucun moment les Syro-libanais ne se sont « désarabisés ». D'ailleurs, en 1923, Hussein ben Ali, chérif de La Mecque[420] déclare : « je vous avouerai à ma grande honte que ce sont les Libanais chrétiens qui ont réussi à faire revivre l'arabe classique. »[421]

Mais comme leur relation à la langue arabe ne relève pas de la « vénération », ceux-ci l'ont rapidement remplacé par le français qui se trouvait être le plus approprié pour remplir le rôle de langue d'échange commune à toutes les communautés allogènes en Égypte. Il détrône l'italien largement usité jusqu'alors pour les contacts avec l'étranger jusqu'à la moitié du XIXᵉ siècle.

Les missions religieuses françaises se développent à cette époque et occupent une place prépondérante dans l'enseignement[422]. Plus tard, la fermeture des établissements scolaires catholiques en France métropolitaine qui découla de l'adoption de la loi de 1905, permit un essor considérable de l'enseignement du français dans l'Empire ottoman, notamment en Égypte. Les congrégations y envoient de nombreux religieux qui ne pouvaient plus enseigner dans l'hexagone. À l'étranger, ceux-ci bénéficient de l'aide et de la protection des autorités françaises, car « l'anticléricalisme n'est pas un article d'exportation »[423] aurait dit Gambetta quelques décennies plus tôt. Cette autorité exercée par la France sera d'ailleurs rappelée par Benoît XV en 1917. Selon *Les Études*, « […] Benoît XV qui vient de maintenir intact, par déclaration authentique, le droit exclusif de protection diplomatique et consulaire de la France sur toutes les communautés catholiques, occidentales et orientales, des Échelles du Levant, qu'elle que soient les modifications

---

[420] Lisa Romeo, "Hussein et la famille Hachémite", *Les clés du Moyen-Orient*, 20 janvier 2011, https://www.lesclesdumoyenorient.com/Hussein-et-la-famille-Hachemite.html.
[421] Pierre Rondot, « Les chrétiens d'Orient », *op. cit.*, 1 vol., p. 116, cité par Anne-Sibylle Barbotin, *Les Syriens Catholiques en Égypte 1863-1929 : Identité et dépersonnalisation, op.cit.*, p. 149.
[422] La première école religieuse française ouvre en 1846 : il s'agit de l'école du Bon Pasteur au Caire, à Shoubrah. A partir des années 1870, des écoles laïques françaises vont s'installer. On dénombre six institutions missionnaires catholiques pour garçons et quinze pour filles. Irène Fenoglio-Abd-el-Aal, *Défense et illustration de l'égyptienne : aux débuts d'une expression féminine, op. cit.*, p. 261. Leur enseignement couvre toute la scolarité des élèves aussi bien dans le cycle Primaire que dans le Secondaire.
[423] « Attribuée tour à tour à Gambetta, ou à Freycinet, à Paul Bert ou à Combes », Bernard Droz, compte-rendu de Delisle Philippe (dir.), *L'Anticléricalisme dans les colonies sous la Troisième République*, in *Outre-Mers. Revue d'histoire*, Année 2010, 368-369 pp. 444-445, https://www.persee.fr/docAsPDF/outre_1631-0438_2010_num_97_368_4515_t1_0444_0000_2.pdf ;
Oissila Saaïdia, « L'anticléricalisme article d'exportation ? Le cas de l'Algérie avant la première guerre mondiale », *Vingtième Siècle. Revue d'histoire*, vol. n° 87, no. 3, 2005, pp. 101-112, p. 101, § 1, https://www.cairn.info/revue-vingtieme-siecle-revue-d-histoire-2005-3-page-101.htm

politiques et territoriales qui viendraient à résulter de la guerre actuelle. »[424]. Et ceci en dépit de l'hostilité avérée de la France de Clémenceau envers l'Église catholique. Ni la rupture des relations entre la France et le Vatican en 1904 ni les lois anticléricales de 1905 (n'eurent pas de répercussions sur la politique orientale de la France. Bien au contraire[425]. Déjà, Jules Ferry, encourageait les établissements français catholiques en Égypte[426].

---

[424] R. P. Yves La Brière, *Médiation pontificale et relations avec le Vatican*, Paris, Téqui, 1917, extrait de la Revue *Les Études*, 5 juillet et 5 septembre 1917, p. 35 cité par Nicolas Thevenin, « La note de Benoît XV du 1er août 1917 et les réactions des catholiques français », *Revue d'Histoire diplomatique*, CIII, 1989, p. 285-338.
[425] Gilles Ferragu, « Église et diplomatie au Levant au temps des Capitulations », *op. cit.*
[426] Hyacinthe Amadou, *L'enseignement français* en Égypte, Imprimerie Centrales Jules Babier, Le Caire, 1897, p. 16 et suivantes.

Chapitre VII
Le mouvement national à la fin du XIXᵉ siècle

L'appartenance communautaire est le référent identitaire le plus puissant chez les Syro-libanais a-t-on souvent l'habitude d'entendre. Mais énoncer une telle évidence, en guise de reproche, c'est faire preuve d'une méconnaissance de la question. L'Empire ottoman comme maintes fois mentionné, ayant confiné les communautés non musulmanes dans la structure des millets, celles-ci ne pouvaient exister que dans le cadre de cette institution. Et cette pratique n'a pas complètement disparu avec la chute de l'Empire ottoman : en ex-Yougoslavie, Tito avait créé en 1974 la « nationalité musulmane »[427] ! Jusqu'en 2018, en Grèce, en vertu d'un article du traité de Lausanne, les Musulmans étaient régis par la *chari'a*[428] sur les questions de statut personnel.

On présente souvent comme une abomination le fait que les chefs d'entreprises chrétiens orientaux n'engageaient quasiment que des personnes appartenant à leur communauté. Mais c'était la règle en Égypte[429], règle qui ne connaissait et ne connaît encore que de très rares exceptions.

À telle enseigne qu'après la nationalisation des sociétés de 1961, l'État n'engage pratiquement plus que des Musulmans[430]. Déjà en 1890, Riaz pacha élabore un projet de loi interdisant aux sujets ottomans d'origine syrienne, pratiquement les seuls arabophones allogènes, l'accès à la fonction publique[431]. Cromer réplique qu'aucune interdiction sur la base de la race ou de la religion ne pourrait être tolérée[432].

---

[427] Joseph Krulić, « Islam et communisme en Bosnie-Herzégovine », in *Cités*, 2007/4 (n° 32), pp. 75-82, https://www.cairn.info/revue-cites-2007-4-page-75.htm
[428] « Muslim minority of Greece », *Wikipédia*, https://en.wikipedia.org/wiki/Muslim_minority_of_Greece ; Marie Verdier, « La CEDH juge que la charia n'a pas sa place en Grèce », *La Croix*, 19 décembre 2018, https://www.la-croix.com/Religion/Islam/charia-pas-place-Grece-juge-CEDH-2018-12-19-1200990647.
[429] Phénomène découlant de la communautarisation de la société sous l'Empire ottoman (voir les millets).
[430] Cf. document lettre des patriarches coptes 1961.
[431] Lord Cromer, *Modern Egypt, op. cit.*, vol. II, pp. 216-7 ; Anne-Sibylle Barbotin, *Les Syriens Catholiques en Égypte 1863-1929 : Identité et dépersonnalisation, op.cit.*, p. 122.
[432] Alors que Riaz veut imposer cette interdiction, un compromis est trouvé : une distinction est faite entre les Syriens récemment arrivés en Égypte (moins de quinze ans) et ceux installés pour certains depuis plusieurs générations.

Les différents mouvements nationaux

De prime abord, on aurait pu penser que les mesures adoptées par le régime, après la révolution de 1952, étaient la cause principale du départ des communautés allogènes. Mais il faut se rendre à l'évidence : ces causes remontent à une période bien antérieure.

La tragédie de Denshawai en 1906 marque une césure dans la vie politique égyptienne et notamment au sein du mouvement nationaliste en Égypte. Au cours d'une partie de chasse aux pigeons, au village de Denshawai, un officier anglais meurt, probablement victime d'une insolation. Les paysans furent tenus responsables de ce décès. Il s'ensuivit une justice rapide et extrêmement brutale. Quatre condamnations à mort par pendaison parmi les villageois. Le tribunal était présidé par le Premier ministre Boutros Ghali (1908-1910). Bien que Lord Cromer était en Angleterre au moment du déroulement des faits, il est tenu responsable de cet incident tragique et sera destitué[433]. Plus tard, le Haut-commissaire, Lord Lloyd – titre donné au représentant du Royaume-Uni en Égypte entre 1922 et 1936 –, écrit à propos de Denshawai : « Par une seule erreur de jugement, un Gouvernement peut perdre d'un coup toute sa réputation d'intégrité et d'efficacité, quelque bien qu'il ait réalisé auparavant. »[434]

Les premiers partis politiques

Le parti de Moustapha Kamel, le Parti national, *Al-Hizb Al-watani*, est créé en 1895. Il prône le resserrement des liens avec la Turquie pour lutter contre la domination britannique, et s'adresse principalement à la jeunesse et aux couches populaires[435]. Son journal, intitulé *Al-Liwa* (1900), paraissait en édition trilingue (arabe, français, anglais). La position que celui-ci prend durant l'affaire de Taba en 1906 est représentative de sa tendance. En effet, le projet de la ligne du chemin de fer entre Damas et El-Hedjaz qui sera construite par le sultan sous l'égide de l'Allemagne, prévoit de modifier les frontières de l'Égypte : le Sinaï serait amputé de sa moitié orientale. Dans cette affaire, le leader du mouvement nationaliste, Moustapha Kamel prend le parti de la Turquie. Il ne perçoit pas ce projet comme un danger pour la souveraineté de l'Égypte, qui de toute façon fait déjà partie de l'Empire ottoman. En revanche, il le voit comme allant à l'encontre des intérêts

---

[433] Aux commandes de l'Égypte depuis 24 ans, il est obligé de démissionner et est remplacé par Eldon Gorst.
[434] Lord Lloyd, *Egypt since Cromer*, Londres, 1933, Macmillan and Company, Ltd. vol. I, p. 48, cité par Anne-Claire de Gayffier-Bonneville, *Histoire de l'Égypte moderne. L'éveil d'une nation. XIXe-XXIe siècle*, Paris, Flammarion, Champs Histoire, 2016, p. 202.
[435] Anne-Claire de Gayffier-Bonneville, *Histoire de l'Égypte moderne. L'éveil d'une nation. XIXe-XXIe siècle, op. cit.,*, 2016.

britanniques. La déception de Abbas Hilmi II, qui l'avait parrainé en Europe et qui avait soutenu financièrement son combat pour la libération de l'Égypte, est grande. Le Vice-roi choisit de soutenir la position des Anglais qui défendent l'intégralité du territoire de la péninsule sous la souveraineté de l'Égypte, alors que Moustapha Kamel soutient les Turcs[436].

Le cheikh Ali Youssef crée *Al-Hezb Al-islâh Al-dustûrî*, ou le Parti de la réforme constitutionnelle. Contrairement à Moustapha Kamel, il défend la politique du Palais, et de ce fait cherche à distendre davantage les liens avec la Porte.

Le *Hizb Al-Oumma*, ou Parti de la nation, est fondé par Ahmed Loutfi Al-Sayyid, Mahmoud Soliman pacha et Hasan Abd Al-Raziq en 1907. Al-Sayyid crée le quotidien *Al-Jarida*, c'est-à-dire Le Journal. Pour lui, contrairement à Moustapha Kamel, le concept d'égyptianité se fonde sur l'attachement à la terre d'Égypte. Mais ce parti aura une audience et une présence beaucoup moins importante que Kamel qui prône le panislamisme et un rapprochement avec La Porte.

Émergence du mouvement national

En Égypte, l'éviction des Syriens devient inéluctable une fois leur rôle de traceurs de voie achevé. Alors qu'ils ont été pionniers des mouvements nationalistes arabes, les Chrétiens orientaux se sont retrouvés éliminés par ces mêmes mouvements qu'ils ont souvent aidé à se définir, « l'Égypte [étant à cette époque] à la fois arabe, africaine et européenne. »[437] Au tournant du siècle, les fonctionnaires et militaires qui avaient reçu une formation moderne, se montraient réticents envers les influences étrangères. Ils adoptèrent de ce fait, par réaction, une idéologie anti-occidentale, craignant que leur héritage culturel ne soit mis en danger. L'élite au pouvoir était Turco-circassienne. Ceci faisait des dirigeants politiques des personnalités suspectes. « Les dirigeants politiques étaient eux-mêmes des migrants. […] Le khédive Isma'il proclamait d'ailleurs […] que son pays n'était pas en Afrique, mais en Europe. »[438]

En 1919, l'ennemi à combattre change ; l'on passe du joug ottoman à l'occupation anglaise. Le sentiment anti chrétien déjà présent depuis 1882, se développe. Les Chrétiens étrangers étant protégés par les Capitulations, ce sont les Chrétiens orientaux qui se retrouvent en première ligne face à l'agressivité populaire[439].

---

[436] Eva Saenz-Diez, « L'Égypte s'ouvre sur le Sinaï », in *Qantara. Magazine des cultures arabe et méditerranéenne*, 106, janvier 2018, p. 32.
[437] Robert Ilbert, « Qui est Grec ? La nationalité comme enjeu en Égypte (1830-1930) », *op. cit.*, p. 151.
[438] *Ibidem*, p. 151.
[439] *L'Égypte indépendante*, *op.cit.*, p. 240.

Comme on l'a déjà vu, dès avant la Première Guerre mondiale, certains intellectuels syriens qui nourrissaient des ambitions politiques, réalisent que leur intégration dans la vie publique au sein de la société égyptienne ne pouvait avoir lieu. Seul le journalisme peut, à l'exclusion de toute autre activité, leur permettait de prendre part à la vie politique du pays.

Les mouvements nationaux en Égypte ont en fait établi l'hégémonie de l'islam sous couvert de nationalisme arabe. Le mouvement pharaoniste développé dans l'entre-deux-guerres aurait pu être une alternative pour intégrer les non Musulmans, mais ce ne fut malheureusement pas le cas. Ce mouvement, tourné vers le passé antéislamique de l'Égypte, mettait en avant l'appartenance du pays au bassin méditerranéen et au Nil, et aurait eu comme conséquence l'exaltation de son glorieux passé pharaonique. Ceci aurait pu permettre aux Coptes de retrouver toute leur place au sein de la communauté nationale. Un des plus ardents défenseurs de ce mouvement était le grand écrivain, « doyen des lettres arabes » Taha Hussein (1889-1973). Cette politique de l'Égypte tournée vers le bassin du Nil a été développée par Mohamed Ali et ses successeurs. Or les mouvements arabes et islamistes, notamment les Frères musulmans à partir des années 1930, ne pouvaient reconnaître ce centre de gravité non arabe et non islamique, et encore moins permettre aux Coptes d'acquérir, de ce fait, une place privilégiée au sein de la société égyptienne[440].

Si l'Égypte, le seul État-nation de la région à l'époque, et le plus ancien au monde, avait pu emprunter cette voie, les Chrétiens y auraient trouvé toute leur place. Le Premier ministre Sedki pacha confie à son ami Gaston Zananiri, O.P. « il importe de nous renforcer sur le plan interne et de le faire avec la collaboration de l'Europe. Notre avenir est vers le Soudan. La destinée de l'Égypte est dans l'unité de la vallée du Nil. »[441]

Méfiance envers les non Musulmans

En 1908, le khédive Abbas Helmi fait part à Sir John Eldon Gorst (consul général britannique en Égypte 1907-1911) de sa volonté de nommer comme Premier ministre Boutros Ghali. Gorst le met en garde contre les réactions que pourrait provoquer la nomination d'un copte[442], bien qu'il soit « le plus fidèle parmi ceux qui lui sont dévoués ». Ceci reflète une régression notable par rapport à l'époque d'Ismaïl, qui avait nommé trois fois Nubar Premier ministre. En effet, cette nomination provoque de nombreuses protestations,

---

[440] Anne-Claire de Gayffier-Bonneville, *Histoire de l'Égypte moderne. L'éveil d'une nation. XIXᵉ-XXIᵉ siècle, op. cit.,*, pp. 266-7.
[441] Premier ministre, cité par Gaston Zananiri, *Entre mer et désert, Mémoires, op. cit.*, p. 66.
[442] Ahmed Shafiq, *Mes mémoires d'un demi-siècle (Mudhakkirati fi nisf qarn)*, Le Caire, Matba'at Misr, 1936, p. 142, cité par Anne-Claire de Gayffier-Bonneville, *Histoire de l'Égypte moderne. L'éveil d'une nation. XIXᵉ-XXIᵉ siècle, op. cit.,*, p. 211.

notamment dans la presse. Gorst recourt à la loi sur la censure, afin de freiner les appels à la violence à l'encontre de Ghali. Créée en 1881, cette loi n'avait pratiquement jamais été appliquée. Le prédécesseur de Gorst, Lord Cromer (consul général en Égypte 1883-1907) préférait laisser la presse s'exprimer librement puisque, disait-il « la liberté de presse permet de se rendre compte de l'état de l'opinion publique, fournit des renseignements utiles qu'il est facile de contrôler. »[443]

Abbas Helmi nomme quand même Premier ministre Boutros Ghali. En 1907, la Compagnie du Canal de Suez soumet au gouvernement égyptien un projet de prolongation de la concession du Canal de Suez à la Grande-Bretagne[444]. Alors que ce projet est à l'étude[445], en février 1910 le Premier ministre est assassiné par un pharmacien, El Wardani, non pas pour avoir présidé le tribunal de Denshawai, mais parce qu'il le soupçonnait d'être de connivence avec l'administration du Canal.

Wardani est condamné à mort et pendu en juin. Le slogan qui s'ensuit et qui est scandé lors des funérailles est : « El Wardani qattal el Nasrani », soit « El Wardani a tué le Nazaréen », terme employé de manière dénigrante pour désigner les chrétiens[446]. Celui-ci sera qualifié de « martyre de l'ombre » par la figure du nationalisme égyptien Mohamed Farid (1868-1919)[447]. Le Parti national est ciblé par le pouvoir. Mohamed Farid est obligé de s'exiler en Suisse, puis à Constantinople qui devint le refuge des nationalistes égyptiens, pro ottomans et panislamistes. Il termine sa vie à Berlin.

L'assassinat de Boutros Ghali provoque un choc, et selon le khédive Abbas Helmi, donne lieu à une scission au sein de la communauté copte[448], car Boutros Ghali était très actif dans la vie et l'organisation communautaires. Les Coptes se sentent menacés, et craignent d'être davantage marginalisés face au mouvement national de Moustapha Kamel, dont la direction revient à Mohamed Farid. Les revendications coptes s'expriment dans leurs journaux *El-Watan*, et *Misr*. Elles débouchent sur la décision de tenir une conférence

---

[443] Ibrahim Amin Ghali, *L'Égypte nationaliste et libérale, de Mustapha Kamel à Saad Zaghloul*, La Haye, Martinus Nijhoff, 1969, p. 50 cité par Anne-Claire de Gayffier-Bonneville, *Histoire de l'Égypte moderne. L'éveil d'une nation. XIXe-XXIe siècle, op. cit.,*, pp. 197-8.

[444] Caroline Piquet, « La Compagnie universelle du canal maritime de Suez en Égypte : concession rime-t-elle avec colonisation ou modernisation ? », *Entreprises et Histoire*, n°31, La Concession, décembre 2002, pp. 38-53, § 25 cité par Anne-Claire de Gayffier-Bonneville, *Histoire de l'Égypte moderne. L'éveil d'une nation. XIXe-XXIe siècle, op. cit.,*, p. 215.

[445] En contrepartie, l'Égypte recevrait une part plus importante de bénéfices.

[446] Propos qui nous ont été récemment rapportés par Michel Boutros-Ghali, petit-fils du premier ministre, et frère de Boutros Boutros Ghali, Secrétaire général del l'ONU (1992-1997).

[447] Mohamed Anouar Moghira, *Moustapha Kamel l'Égyptien (1874-1908). L'homme et l'œuvre*, Paris, L'Harmattan, 2007, p. 234.

[448] Abbas Hilmi II, *Mémoires d'un souverain, op. cit.*, p. 365, note 190.

générale à Assiout en 1911. Ils y expriment plusieurs demandes[449], mais aucune d'entre elles n'est accordée ! En réponse à cette initiative, est convoquée la même année une « Conférence égyptienne », entendez, musulmane.

Abbas Helmi écrit : « Je peux dire que le seul président du Conseil qui ait travaillé, sans répit pendant tout le temps…, pour servir son pays et son souverain est Boutros pacha Ghali… Copte de religion, il était profondément égyptien et diplomate averti. »[450] Au cours d'une visite à Constantinople, le sultan lui dit : « Je souhaite à l'Égypte beaucoup d'hommes de la classe de ce ministre et quelques-uns pour la Sublime Porte »[451].

Le Khédive Abbas Helmi n'avait-il d'ailleurs pas écrit à propos d'un autre collaborateur chrétien, Tigrane pacha (ministre des Affaires étrangères de 1891-1894) Arménien d'origine, et gendre de Nubar pacha : « Il avait su gagner la confiance autant par son caractère que par sa valeur. Profondément attaché au pays qu'il servait, il était fidèle à l'unité nationale et hostile à toute emprise de l'étranger, bien que favorable aux idées modernes et vivant une vie tout à fait européenne. »

Vivre d'une façon tout à fait européenne et utiliser le français comme langue principale ne suscitait pas alors de rejet ou du mépris. Rappelons que l'arabe ne devient langue officielle de l'administration que le 9 janvier 1870[452].

Regard porté sur les populations coptes et allogènes en Égypte

Durant l'Expédition d'Égypte, le plus célèbre des Français, avec la lucidité et le cynisme qui le caractérisaient, a tout de suite donné le ton avec une concision géniale : « Quoi que vous fassiez, soyez sûrs que toujours les chrétiens du pays seront pour vous ; n'hésitez donc pas à toujours donner aux musulmans la préférence sur les chrétiens. »[453] Et avant son départ précipité d'Égypte, Bonaparte redit à Kléber « quoi que vous fassiez les chrétiens y seront toujours pour nous. »[454]

---

[449] Éliane Ursula Ettmueller, « Les coptes et les musulmans, une fraternité précaire ? », *Confluences Méditerranée*, vol. 66, no. 3, 2008, pp. 117-128.
[450] Abbas Hilmi II, *Mémoires d'un souverain*, op. cit., p. 269.
[451] *Idem*.
[452] Irène Fenoglio, « Réforme sociale et usage des langues », in Alain Roussillon, *Entre réforme sociale et mouvement national : Identité et modernisation en Égypte (1882-1962)*, Le Caire, CEDEJ - Égypte/Soudan, 1995, pp. 257-274, p. 264, § 23,
http://books.openedition.org/cedej/1417
Le français a été rendu obligatoire par l'édit de Villers-Cotterêts le 10 août 1539 par François Ier.
[453] Amédée Ryme, *L'Univers. Histoire et Description de tous les peuples. Égypte Moderne. Période de la Domination française. 1798-1801*, tome I, Paris, 1848, p. 148.
[454] Instruction du 5 Fructidor an VII (22 août 1799).

Si Kléber (assassiné au Caire en juin 1800) est favorable aux chrétiens, Menou son successeur, converti à l'islam et marié à une Musulmane, adopte une autre approche, sans doute pour s'attirer la bienveillance de la majorité de ses administrés. Quelques mois après l'assassinat de Kléber par un azhariste, et sans craindre de faire des amalgames, Abdallah Menou écrit que les chrétiens sont « les plus vils et les plus méprisables habitants de ce pays-ci… Avares, fourbes, lâches, vindicatifs et vils au dernier degré » (26 décembre 1800)[455].

Peu de temps avant, quand les autorités eurent appris le débarquement des troupes de l'Expédition, quelques membres du divan appelèrent à l'extermination des Juifs et des Chrétiens indistinctement alors que les Coptes en Égypte avaient toujours fait preuve de réserves vis-à-vis des Européens (tant à l'époque des Croisades que plus tard, à l'époque moderne). Cet élan fut freiné par les autorités qui en eurent vent, nous dit Al-Jabartî. « […] On fouillait, en effet, les habitations des Européens à la recherche d'armes ou d'autres objets. On fit de même pour les maisons des chrétiens syriens, coptes ou grecs (*rûm*). On perquisitionna les églises et les couvents à la recherche d'armes. Le peuple brûlait du désir de massacrer chrétiens et juifs. Les autorités les en empêchèrent. Sans cette interdiction, le peuple les aurait certainement massacrés dans un moment de surexcitation. »[456]

Dans les années suivantes, s'ensuit une période de répit. Non seulement Mohamed Ali arrive à imposer la paix, mais il s'entoure d'étrangers, Français principalement, et de *rayas*, Chrétiens ottomans, Arméniens, Grecs et Syriens.

Cette situation fait écrire au polémiste Auriant, connu pour ses outrances haineuses, dans son ouvrage *L'Égypte : la proie de ses métèques 1805-1920*[457] des propos injurieux. Mohamed Ali « avait livré les Égyptiens à la merci des métèques »[458] ou « […] Des voiliers déchargeaient sur les quais d'Alexandrie des cargaisons, d'année en année… banqueroutiers, escrocs, faussaires, ruffians, transfuges politiques, Grecs, Italiens, Maltais, Polonais, Levantions (sic), Juifs allemands ou Autrichiens, tous, pauvres hères ou tristes sires à qui leur passé de crime ou de honte, leur médiocrité ou leur ignorance…. »[459] Il pouvait se permettre de tenir de tels propos sans en être inquiété vu qu'il s'agissait d'étrangers ou de *rayas*.

Plus tard, un professeur d'université Hassan el Nouty écrit qu'« une tourbe cosmopolite s'était formée, groupant autour de quelques Européens des Maltais, des Levantins, des Arméniens… Ils avaient beau se réclamer de la

---

[455] André Raymond, *Égyptiens et Français au Caire, 1798-1801*, Le Caire, IFAO, 1998, p. 307.
[456] 'Abd-al-Rahman al-Jabartî, *Journal d'un notable du Caire durant l'expédition française. 1798-1801*, , *op. cit.*,, p. 31.
[457] L. Auriant, *L'Égypte : la proie de ses métèques 1805-1920 : Pour un retour à la tradition des khalifes*, Paris, Delesalle, 1920.
[458] *Ibidem*, p. 20.
[459] *Ibidem*, pp. 21-22.

civilisation européenne, ils n'en connaissaient et ne colportaient que le côté le plus frelaté. Dans leur orbite gravitaient des Orientaux bon teint, alléchés par le vice ou par l'espoir d'un gain facile. Tout ce monde malodorant constituait un énorme foyer de gangrène. »[460] Cela ne l'a pas empêché d'avoir le prix France-Égypte en 1953 pour sa thèse de Doctorat, *Le Proche-Orient dans la littérature française de Nerval à Barrès* [461].

Conclusion

La virulence des critiques à l'égard de ces communautés, est, nous semble-t-il, à la mesure de la crainte qu'elles inspiraient, et ce, dès le XVIIIe siècle[462].

Le regard porté sur les Syro-libanais, les Catholiques orientaux en particulier, puisque ce sont les éléments les plus brillants de cette myriade de communautés, a souvent été très péjoratif. Maîtrisant les deux registres, à savoir les codes de fonctionnement des sociétés orientales et occidentales, ils pouvaient être redoutables.

La presque totalité des communautés allogènes quitte l'Égypte dans les années 1960. Jusqu'au bout, c'est-à-dire jusqu'à la promulgation des lois socialistes en 1961-1962, elles continuent à bénéficier ou à jouir d'une situation économique relativement confortable. Et ceci, notamment grâce au très bon fonctionnement des sociétés de bienfaisance qui parvenaient à créer des liens étroits entre les membres de la communauté, particulièrement entre donateurs et bénéficiaires.

Au début du XXe siècle, le renforcement de la présence britannique, et l'instauration du protectorat, puis la chute de l'Empire ottoman, éveillent et consolident le sentiment national égyptien. Jusqu'alors, les habitants de l'Égypte n'étaient pas unis par un sentiment d'appartenance commune. Lord Cromer n'y perçoit qu'une juxtaposition de communautés sans projets communs fédérateurs. Et Moustafa Kamel déplore le manque de sentiment d'appartenance nationale qui unirait les habitants de l'Égypte[463]. L'occupation britannique change la donne. Les communautés allogènes doivent se positionner par rapport à l'occupant[464].

Les Chrétiens, quels qu'ils soient, ont toujours posé problème aux mouvements nationaux, sauf au mouvement pharaoniste ; mais comme nous

---

[460] Hassan el Nouty, *Le Proche-Orient dans la littérature française de Nerval à Barrès*, Paris, Nizet, 1958, p. 33.
[461] *In Memoriam, Hassan el Nouty*, https://senate.universityofcalifornia.edu/_files/inmemoriam/html/hassanelnouty.html
[462] André Raymond, *Artisans et commerçants au Caire au XVIIIe siècle, op. cit.*, tome II, p. 489 qui cite le consul Mure, Archives nationales, Alexandrie, B 1 112, 13 septembre 1781.
[463] Anne-Claire de Gayffier-Bonneville, *Histoire de l'Égypte moderne. L'éveil d'une nation. XIXe-XXIe siècle, op. cit.,*, p. 204.
[464] Voir James Sanua, dit Abou Naddara.

l'avons vu, celui-ci a rapidement disparu face à la montée des Frères musulmans.

Contrairement aux détenteurs d'une nationalité européenne, les Syriens, les Arméniens et certains Grecs [465] ne bénéficient pas des privilèges capitulaires réservés aux Occidentaux. Cette « lacune » était en quelque sorte compensée par leur implication, leur rôle dans le commerce international, la connivence communautaire et religieuse qu'ils entretenaient avec les Européens ainsi que le fait de mener le même style de vie et de partager les mêmes valeurs et les mêmes codes que les Occidentaux. Tous ces atouts faisaient d'eux d'incontournables collaborateurs pour les puissances européennes. De son côté, le mouvement nationaliste égyptien n'était pas encore assez puissant pour la confrontation et pour demander aux Syriens, et aux communautés allogènes en général, une intégration pleine – évidemment dans les limites octroyées par la législation ottomane – au sein de la société égyptienne. Le statut de citoyen posait et pose encore problème… Rappelons, que ceux-ci, tout comme les Égyptiens, n'étaient que d'anciens sujets de provinces de l'Empire ottoman. Il ne s'agissait donc en principe que d'une question d'appartenance « régionale » ou « provinciale » et non pas nationale.

Mis à part ceux qui nourrissaient des ambitions politiques, les immigrés de manière générale, pouvaient continuer à mettre l'accent sur leurs différences communautaires et culturelles par rapport à la société égyptienne[466] tout en se sentant parfaitement chez eux et installés de manière permanente en Égypte. Dans le roman *Le Tarbouche*, le père, chef d'une entreprise prospère, déclare à sa famille, après avoir obtenu un contrat important et reçu un titre honorifique de la part du roi : « Nous sommes là pour mille ans ! »[467] Si l'engagement culturel de la communauté catholique ottomane dans la société égyptienne diminua après la Première Guerre mondiale, leur succès économique, notamment au sein de la bourgeoisie, renforçait l'idée que la question de l'assimilation ne constituait pas un problème.

Pour illustrer cet état d'esprit, citons un auteur syro-libanais, Michel Ayyoub, qui dédie son étude portant sur la question économique et sociale au roi Farouk, en mentionnant « Mes deux patries l'Égypte et le Liban ».[468] Quant à Marius Schemeil, il dédicace son ouvrage *Le Caire, sa vie, son histoire, son peuple* « À sa Majesté Farouk 1er, l'Égypte ma seconde patrie, Le Caire ma résidence depuis 63 ans. »[469]

---

[465] Ceux qui étaient sous le joug ottoman.
[466] Thomas Philipp, *The Syrians in Egypt, 1725–1975*, *op. cit.*, 1985.
[467] Roman de Robert Solé, *Le Tarbouche*, Paris, Éditions du Seuil, 1992.
[468] *Le Lien*, juin 1938 p. 311.
[469] Marius Schemeil, *Le Caire, sa vie, son histoire, son peuple*, Le Caire, Dar El-Maaref, 1949. Pour ce qui est des Grecs et des autres communautés, voir aussi Robert Ilbert, « Qui est Grec ? La nationalité comme enjeu en Égypte (1830-1930) », *op. cit.*, p. 147.

« Alexandrie était devenue au sens strict du terme une seconde patrie » pour les Grecs. Les mécènes répartissaient leurs donations entre l'Égypte et la Grèce. Le cas d'Antoniadis est le plus emblématique, mais est loin d'être une exception. Il a notamment légué les fameux jardins qui portent son nom à la ville d'Alexandrie, ainsi que sa villa dans laquelle fut signée la création de la Ligue arabe.

Bien que les Grecs constituaient la communauté la plus importante, leur présence et leur participation dans la vie industrielle et économique du pays a été surreprésentée par rapport à leur nombre. C. Salvago est un des fondateurs de la National Bank of Egypt, Cozzika développa d'importantes distilleries, et Gianaclis (qui) « ressuscita » et développa d'importants vignobles de l'époque ptolémaïque à l'Ouest d'Alexandrie[470], et créa les vins Ptolémée et Cleopatra, et Omar Khayam, poète perse qui chanta les bienfaits du vin.

Les Grecs étaient également très actifs dans l'industrie du tabac. Jean Kyriazi, arrivé dans les années 1870, fonda une fabrique de tabac au Caire et étendit son commerce avec notamment l'établissement d'un comptoir à Cavalla, ville natale de Mohamed Ali. Ses successeurs établiront des firmes à Amsterdam et Hambourg. Actuellement, les électroménagers Kyriazi sont très présents et appréciés en Égypte[471].

Les Grecs dominaient presque exclusivement le secteur agroalimentaire et le domaine de la restauration en Égypte.

Nous retiendrons notamment George Averof, Antonis Benakis, Mikes Synadinos, etc. « History », *Greek Community of Alexandria*,
https://ekalexandria.org/en/establishment/history/#.YL855JP7Qyk
[470] Robert Ilbert, « Qui est Grec ? La nationalité comme enjeu en Égypte (1830-1930) », *op. cit.*, p. 156.
[471] *Idem.*

Portraits

Farid Boulad

Farid Boulad, est né au Caire en 1872, d'une famille grecque catholique rescapée du massacre de Damas de 1860. Il fit ses études au Collège des Frères des Écoles chrétiennes et a comme condisciples, Tewfik Nessim pacha et Ismaïl Sedki pacha, tous deux futurs premiers ministres.

Il obtient le baccalauréat égyptien en 1889, et s'inscrit à l'École d'agriculture qui venait d'être fondée à Guiza. Son père, lui-même expert agronome et inspecteur général des cultures du prince Hassan pacha Hafez, oblige son fils à poursuivre la même carrière que lui, ce qui était alors très fréquent.

En 1892, Boulad participe au premier concours organisé par le gouvernement égyptien pour l'envoi de boursiers en Europe. Classé premier, il part en France poursuivre ses études d'ingénieur et obtient son diplôme en 1898 de l'école des Ponts et Chaussées. Il travaille à Paris au sein de la compagnie de chemin de fer. Ensuite il retourne en Égypte où il occupe le poste d'ingénieur du district de Zagazig des chemins de fer égyptiens.

De 1900 à 1924, il est ingénieur et vérificateur principal du Service des ponts à l'administration des chemins de fer et dirige des plans et projets de la plupart des ponts importants en Haute et Basse-Égypte. La plupart des grands ponts construits sur le Nil sont l'œuvre de Farid Boulad, et bon nombre de grands travaux comme les gares d'Alexandrie et du Caire, sont le résultat de ses recherches.

Les plus grandes sociétés et associations de mathématiques l'élisent parmi leurs membres. Elles publient ses travaux, dont le théorème dénommé « théorème Boulad » ainsi que les résultats de ses diverses études.

Boulad devient membre des plus grandes sociétés savantes du monde : la Société de mathématiques de France (1909), l'Association française pour l'avancement des sciences (1909), les Cercles de mathématiques de Palerme (1910), l'Institut d'Égypte (1921). Il est membre honoraire de la Société des ingénieurs sortant de l'école des travaux pratiques publics de Paris, de la Société royale égyptienne des ingénieurs (1924), de la Société des ingénieurs civils de France (1929), de l'Association internationale des ponts et charpentes de Zurich (1930), de la London Mathematical Society (1912–1918), de la Commission internationale de l'enseignement mathématique (1913–1931) ainsi que de la American Mathematical Society de New York (1913–1932).

Le gouvernement ottoman, puis égyptien et français, lui ont décerné plusieurs titres et décorations : en 1905 il reçoit l'ordre du Medjidié[472] pour l'élaboration de projets et calculs relatifs au renforcement des grands ponts sur le Nil.

Il est nommé bey par le roi et le gouvernement égyptien lui décerne la décoration de l'ordre du Nil. En 1936, le gouvernement français lui décerne le titre d'officier de la Légion d'honneur. Le ministre des Travaux publics, Chafik pacha écrira à son sujet qu'il compte « parmi les savants éminents qui ont servi les sciences non seulement en Égypte, mais aussi à l'étranger par les importantes découvertes qu'il a réalisées et en consacrant une grande partie de son temps et de sa fortune. »

En 1922, il devient lauréat de l'académie des sciences de Paris. En 1940, le jury supérieur international de Liège, lui octroie un diplôme spécial pour sa collaboration effective aux Congrès internationaux de béton armé et la construction métallique tenue à Liège.

Les théorèmes et méthodes Boulad étaient enseignés dans les grandes écoles mondiales de mathématiques et de génie, à l'École Centrale de Paris et l'École des ponts et chaussées, etc.

Cette notice biographique a été composée grâce aux informations fournies par institut égyptien d'actuariat et de statistiques du Caire[473].

Bibliographie

J.-E. Goby 1947-1948, « Farid Boulad Bey », *Bulletin de l'Institut d'Égypte*, 30, 21-31.

P. M. D-Ocagne 1899, *Traité de nomographie*, Paris, Gauthier-Villars

T. L. Hankins 1999, « Blood, Dirt and Nomograms », *Isis*, 90, 50-80.

F. Y. Boulad 1909, « Remarque relative aux nouveaux théorèmes sur les moments fléchissants maxima dans une poutre du pont », *Institut Égyptien Bulletin*, 5th s., 3, 23-26.

F. Y. Boulad 1909, « Sur l'introduction du principe de dualité et de la méthode nomographique des points alignés », *Institut Égyptien Bulletin*, 5th s., 3, 59-67.

F. Y. Boulad 1911, « Application de la notion des valeurs critiques à la disjonction des variables dans les équations d'ordre nomographique supérieur », *Bulletin de la Société Mathématique de France*, 39, 105-129.

F. Y. Boulad 1912, « Sur les équations à quatre variables d'ordre nomographique supérieur », *Bulletin de la Société Mathématique de France*, 40 (1912) : 383-392.

---

[472] « Medjidié », *Centre National de Recherches Textuelles et Lexicales*, CNRS, https://www.cnrtl.fr/definition/medjidié

[473] *Le Lien*, avril 1947, pp. 245–251.

F. Y. Boulad 1918-1919, « Nouveaux théorèmes sur le virile de forces et leurs applications géométriques et mécaniques », *L'Enseignement Mathématique*, 20, 421- 432.

Al-Ahram : les rédacteurs en chef

Khalil bey Moutran (1872-1949), né à Baalbek, fait ses études au Collège patriarcal grec catholique de Beyrouth où il acquiert une parfaite maîtrise du français. Il a comme professeur d'arabe, le cheikh Ibrahim el Yazigi[474] qui formera une brillante lignée d'Hommes de Lettres. Au début du XXe siècle, après un séjour d'études à Paris, il s'installe en Égypte où il fonde une revue dans laquelle il expose des idées sur la langue arabe et la poésie.

Le propriétaire du quotidien d'*Al-Ahram* (fondé en 1875) Bichara Takla, le nomme rédacteur en chef de son journal. Il occupera ce poste durant six ans.

Pendant cette période, il traduit à la demande du ministre de l'Éducation publique le *Traité d'économie politique* de Leroy-Beaulieu. Cette traduction effectuée en collaboration avec Hafez Ibrahim (1872-1932), sera très importante, car elle fixera la terminologie de cette science en arabe.

Moutran traduit quinze pièces de la littérature étrangère dont *Hamlet*, *Macbeth*, *Le marchand de Venise*, *Othello*, *Le Roi Lear* de Shakespeare ainsi que *Le Cid*, *Cinna*, *Polyeucte* de Corneille, *Bérénice* de Racine et *Hernani* de Victor Hugo.

Intellectuel reconnu dans tout le monde arabe, il reçut une première consécration, professionnelle et mondaine, en 1913. Une grande fête donnée en son honneur est présidée par le prince Mohamed Ali en représentation du Khédive Abbas. Ahmed Chawki, le « prince des poètes » plusieurs ministres ainsi que les délégués de différentes régions de l'Empire ottoman y assistèrent

Le 20 mars 1947, un grand gala donné en son honneur constitue son apothéose. « Il y a de ceux qui sortirent des sentiers battus de l'imitation et brisèrent les chaînes du traditionalisme servile élargissant le cœur de la poésie arabe en l'ouvrant aux lettres européennes » dit de lui son collègue Hafez Ibrahim.

« Il a su allier dans ses poèmes et harmoniser parfaitement la voie des Européens et celle des Arabes. Tentative pleine d'audace » écrit Ahmed Chawki.

Sanhouri pacha, ministre de l'instruction publique et brillant constitutionnaliste, dit de Moutran « qu'il constitue à lui seul un tournant capital de l'histoire de la poésie arabe loin d'être en retard sur son temps il le devance au contraire et dépassa sa génération. »[475]

---

[474] Pierre Rondot, « Le destin des chrétiens d'Orient », *Politique étrangère*, N°1 – 11ème année, 1946, pp. 41-60, p. 50.
[475] *Le Lien*, septembre-octobre 1949, pp. 14-16.

Antoun Gemayel pacha

Antoun Gemayel pacha (1887-1948) autre grand intellectuel grec catholique, est un des successeurs de Moutran à la tête d'*Al-Ahram*, après Dawoud Barakat.

Né au Liban en 1887, Gemayel fait ses études au collège des pères jésuites à Beyrouth et émigre en l'Égypte en 1905.

Il intègre le ministère des Finances après avoir été classé premier au concours d'accès sur plus de cent candidats. Après un brillant parcours, il termine sa carrière comme président du comité financier de l'État et sera membre du Sénat durant 10 ans[476].

Ces quelques éléments biographiques d'intellectuels syro-libanais sont un brillant exemple du bilinguisme à l'époque d'or de leur présence en Égypte. Ce bilinguisme représentera pour eux une richesse, une ouverture sur deux cultures et civilisations et non un handicap ou une trahison comme ça a été présenté par la presse au temps de Nasser.

---

[476] *Ibidem*, pp. 12-14.

> *« Il est significatif que la double appartenance culturelle effarouche, dans l'ensemble, beaucoup moins les puristes du langage que les autarcistes, les constructeurs en champs clos qui accordent plus d'importance aux barrières qu'au bâtiment, et pour qui l'existence d'une communauté homogène est la condition préalable de toute œuvre de planification. Que la communauté ne se présente pas, dès l'abord, comme homogène, et l'on s'efforcera de la rendre telle par tous les bons moyens de la chirurgie d'État ».*
> Georges Henein, *L'Esprit frappeur : carnets 1940-1973*, Encre, 1980.

Chapitre VIII
La situation des communautés chrétiennes sous Nasser

Présentation

    Ayant fait l'objet de très nombreuses études, la politique sociale et sociétale de Nasser ne sera présentée ici qu'a minima, principalement par le biais de textes inédits et de témoignages d'acteurs de cette période.

    Nous avons eu la chance de rencontrer Samir Khalil (S.J.) qui nous a demandé de publier les archives du Collège jésuite de la Sainte Famille du Caire concernant la période de Nasser. Dans ce chapitre, nous ferons ainsi état de bon nombre d'entre elles, ce qui nous permettra de constater que l'idéologie des Officiers libres a été, du moins dans un premier temps, bien plus marquée par l'islam et les courants islamo-nationalistes – qui se sont affirmés à partir des années 1930 et 40 – qu'on ne le pense communément. Apparaîtra également dans ce chapitre l'inadéquation presque totale entre d'une part les textes officiels et d'autre part les directives des ministères, les jugements des tribunaux, les correspondances ou les notes de responsables de l'administration, de diplomates ou d'ecclésiastiques de haut rang ou plus généralement les témoignages des principaux acteurs de cette période.

    En raison essentiellement d'un effet de contraste avec l'état politique et social du monde arabo-musulman d'aujourd'hui, l'idéologie nassérienne pourrait être perçue comme n'étant pas été trop éloignée du modèle laïc. Aussi, les documents ci-dessous concernant spécifiquement l'aspect confessionnel paraîtront alors pour le moins paradoxaux.

    On relèvera notamment :
- que la suppression des tribunaux confessionnels en 1955, présentée alors comme l'élimination d'une rémanence ottomane rétrograde, a été perçue par les principaux intéressés, à juste titre semble-t-il, non pas comme une émancipation, mais au

contraire comme une généralisation à tous les non Musulmans des normes juridiques islamiques concernant le statut personnel, l'islam étant la religion d'État ;
- que l'union en 1958 avec la Syrie a révélé assez clairement des dissonances entre les sensibilités arabo-nationalistes respectives des deux contrées ; l'arabisme étant, semble-t-il, moins marqué par l'Islam dans la contrée nord de la République Arabe Unie qu'en Égypte. Le rôle essentiel et fondateur qu'ont joué les Chrétiens syriens et libanais dans ce mouvement pourrait expliquer, en partie, cette situation.

Arabisme et islamisme

Quand les Officiers Libres prennent le pouvoir, la ligne directrice de la politique arabe est en parfaite adéquation avec l'islam. La notion d'arabisme n'a clairement pris le dessus que dans un deuxième temps. Au départ c'est l'idée de religion qui est essentielle. Ainsi, dans une lettre adressée au maréchal Abdel Hakim Amer,[477] Kamal Eddin Hussein[478] écrit : « Tu ne peux nier, et Gamal Abdel Nasser aussi (*sic*) ne peut nier notre tendance religieuse islamique et nationaliste depuis le temps que nous nous sommes connus… Nous marcherons sur la voie de l'Islam, mais sans fanatisme ou slogans. Nous ferons appliquer le droit islamique. »[479] Olivier Carré écrit que la présence des Frères musulmans au sein de l'Armée et de la Police était très importante. D'après un rapport, ils représentaient le tiers des officiers de l'Armée royale en 1950. On y compte notamment « […] quatre Frères intimement liés à Nasser et tous fidèles au nouveau Guide, Hudaybi »[480] présents dans l'Armée, à la Police, à la tête de l'Organisme spécial (Organisation secrète) et au sein du Barreau[481].

Les termes *Islamisme et arabisme* ont souvent été indifféremment employés par Nasser pour désigner la même réalité. À partir des années 1950, le *za'îm*, baptisé « Le nouveau Saladin » par ses admirateurs et adulé par les foules de l'Atlantique à l'Océan indien, n'a fait que renforcer ce binôme. Nasser écrit en 1954 :

« L'appel de l'islam est en vérité plein de leçons et comporte plusieurs disciplines morales. Pourquoi ne chercherions-nous pas en lui notre ligne de conduite et notre inspiration ? Et quand nous nous égarons, ou doutons du

---

[477] Un des principaux Officiers Libres et compagnon de Nasser.
[478] Qui sera ultérieurement en charge de l'Éducation.
[479] S. Jawhar, *Les silencieux parlent*, Le Caire, Al-Maktab al-Masri al-Hadith, 1975, pp. 97-8, *in* Sami Awad Aldeeb Abu-Sahlieh, *L'impact de la religion sur l'ordre juridique. Cas de l'Égypte. Non-musulmans en pays d'Islam*, Fribourg, Presses Universitaires de Fribourg, 1979, p. 127.
[480] Olivier Carré, Gérard Michaud, *Les Frères musulmans (1928-1982)*, Paris, Gallimard/Julliard, 1983, p. 51.
[481] Il s'agit de Salâh Shâddi, très proche de Nasser et un des principaux dirigeants Frères musulmans à la tête des Frères à la Police. Al-Sanadi est quant à lui chef de l'Organisme spécial (organisation secrète). Et quant au Barreau, l'avocat Hassan al-'Achmâwi, fils d'un ministre de l'Éducation sous l'Ancien régime, également lié à Nasser, est favorable aux Frères à partir de 1946.

véritable chemin, pourquoi ne pas faire appel à l'islam pour nous guider dans le bon chemin ? […] N'avons-nous pas souffert dans notre dignité, n'avons-nous pas été humiliés alors que, un jour, nous avons été les maîtres de tous, honorés et respectés par tous ? »[482]

Et, de manière on ne peut plus explicite, il lance solennellement cet appel : « Arabes et musulmans à travers le monde ! Obéissez à Dieu et à son Prophète, unissez-vous en un seul front contre quiconque est votre ennemi, et donnez votre aide à quiconque est votre ami. […] Si vous êtes vraiment guidés par l'esprit et les [idéaux] de l'islam, vous serez les plus forts et c'est vous qui aurez la haute main. Ce ne sont pas là des mots vagues et vides de sens, mais l'expression de ma profonde conviction. Ces mots jaillissent de mon cœur – un cœur qui croit fermement et profondément en l'islam, en son message, message de puissance et de paix. »[483] Nasser n'aurait pas été contredit par Michel Aflaq qui « lance le parti Ba'th (Résurrection) arabe clandestin, en 1941, et le fonde publiquement en 1947, en expliquant que *l'Islam est l'âme dont l'arabisme est le corps*. Il entend l'Islam comme la culture créée par Muhammad *le prophète arabe.* »[484]

Cela dit, il faut rappeler que le retour aux origines, à l'Islam des débuts, celui de la conquête, est un sujet de grande fierté, un sujet très présent tout au long de l'histoire. Par conséquent, il n'est pas surprenant que ce thème refasse surface, avec plus ou moins de force, à chaque inflexion de parcours. « Le coup militaire du 23 juillet 1952 est l'œuvre de Nasser, mais la base populaire nécessaire à son succès et à sa durée, ce sont les Frères qui l'ont fournie. Pour eux, la révolution est donc leur chose. L'accord n'est pas destiné à durer. Mais comme deux Frères sont Officiers Libres : 'Abd Al-Raouf et Mohanna, et que Kamâl Eddine Hussayn, Sadate, Néguib, Nasser lui-même sont très proches du mouvement, il faudra deux ans à ce dernier pour priver les Frères de ce qu'ils considèrent comme *leur révolution.* »[485]

Il est vrai aussi que le conflit violent qui par la suite a opposé les Frères musulmans au régime de Nasser a quelque peu occulté le tropisme islamique assez marqué des débuts du mouvement des Officiers Libres. Ce dernier a été plus influencé qu'on ne l'a dit par les idées panislamistes défendues par la branche du mouvement national égyptien représentée par Moustafa Kamel et Mohamed Farid au début du siècle. Cette tendance, en effet, se distingue clairement de celles plus inclusives et favorables aux Chrétiens portées principalement par la mouvance de Saad Zaghloul (dont l'un des slogans les

---

[482] Préface rédigée par Nasser de l'ouvrage de Mohamed Atta, *La mission civilisatrice de l'Islam*, 1954 cité par Georges Vaucher, *Gamal Abdel Nasser et son équipe. L'édification de la République Arabe Unie*, Paris, René Julliard, 1959, vol. 2, p. 54-55.
[483] *Idem.*
[484] Olivier Carré, Gérard Michaud, *Les Frères musulmans (1928-1982)*, Paris, Gallimard/Julliard, 1983, p. 42.
[485] *Ibidem*, p. 49.

plus importants était « *El din lillah wa l-watan lilgami'* », « *La religion est pour Dieu, la Patrie pour tout le monde* »). Si le retour aux origines ne représente qu'une nostalgie pour la majorité des Musulmans, il s'agit en revanche pour les fondamentalistes, d'un projet qui pourrait recourir à des actions violentes[486]. Ceci expliquerait peut-être le refus opposé à Mohamed Naguib, lorsqu'il proposa aux Frères de participer au pouvoir[487]. Plus tard, le Guide Suprême Hudaybi, écrit depuis sa prison à Nasser:

« Sans doute ce qui vous a conduit à déclarer la guerre et la persécution contre les Frères musulmans, c'est qu'ils ont refusé le traité signé *[en juillet 1954]* avec l'Angleterre. S'ils avaient agi autrement, ils eussent été à vos yeux les meilleurs des hommes. »[488]

Au vu de ces déclarations on pourrait raisonnablement avancer que l'influence des Frères musulmans a été très importante chez Nasser, et s'il a déclenché les hostilités, c'est en raison de divergences de vues concernant l'orientation du pouvoir, et non de désaccord avec la philosophie des Frères musulmans.

La non adhésion complète avec toutes ses vues, sera la ligne rouge à ne pas franchir. L'aspect autoritaire du régime de Nasser s'affirme dès le début et ne sera jamais démenti. L'Université n'y échappera pas, et sera littéralement décimée. Ses plus brillants intellectuels seront écartés. « Entre 1953 et 1955, des dizaines d'intellectuels de sensibilités très différentes sont incarcérés ; en septembre 1954, la purge de l'université du Caire prend pour cibles des enseignants parmi lesquels figurent certains des plus grands auteurs du moment, tels l'intellectuel marxiste Mahmud Amin Al-Alem (1922-2009) ou Louis Awad (1915-1990). Le milieu intellectuel est embrigadé et contrôlé par de nouvelles institutions : le Conseil supérieur des arts et des lettres (1956), le ministère de la Culture (1958), la télévision (1960). »[489]

Si par la suite, surtout après l'union avec la Syrie en 1958, le panarabisme s'affirme comme le thème dominant de l'idéologie du régime – lequel va prendre de surcroît au cours des années 60 une orientation socialiste de plus en plus marquée – la dimension islamique reste néanmoins présente.

Laïcité-égalité, options impossibles

Il est ainsi aisé de constater – rien qu'en considérant les archives concernant les décisions de justice et les mesures prises dans le secteur de l'enseignement – que malgré son abolition formelle au milieu du XIXe siècle, la *dhimma* n'a jamais complètement disparu des mentalités. Comme nous l'avons vu, ce statut d'inégalité a été gommé de tous les textes officiels

---

[486] Cf. chapitre Sadate.
[487] Olivier Carré, Gérard Michaud, *Les Frères musulmans (1928-1982), op. cit*, p. 54.
[488] *Ibidem*, p. 62.
[489] Sophie Pommier, *Égypte : l'envers du décor*, Paris, La Découverte, 2008, p. 52.

ottomans suite à la guerre de Crimée, plus précisément suite au traité de Paris de 1856. Mais on pourrait en fait dire que ce statut n'a fait que s'estomper dans la deuxième moitié du XIXᵉ siècle et le premier tiers du XXᵉ. Paradoxalement, c'est avec le développement et la consolidation des mouvements nationalistes dès les années 30 que ressurgit dans les pratiques administratives et sociales cette notion devenue juridiquement obsolète. D'ailleurs, les mouvements nationaux ne sont pas tous sans présenter une certaine porosité avec les mouvements religieux du type Frères musulmans, wahhabites [490] ou salafistes [491]. Quand bien même ces mouvements se voudraient laïques – à l'image de celui d'Atatürk en Turquie – force est d'admettre, tout en restant nuancé, la pertinence de ce que l'on pourrait baptiser « le Paradoxe de Crimée » : la suppression du statut de *dhimmi*, permettra en fait « des discriminations inavouées, les pires qui soient »[492].

Dans l'article « Dhimmi ou citoyen. Réflexions réformistes sur le statut des non Musulmans en société islamique » qui rend bien compte de cette période décisive de l'histoire contemporaine de l'Égypte, Krämer note que « le principe d'égalité juridique et politique des non Musulmans continue à faire problème aux oulémas et aux militants islamistes. »[493] Samir Khalil estime de son côté que « la notion moderne de citoyenneté, malgré les efforts considérables d'intellectuels de tous bords, ne passe que lentement et difficilement dans la mentalité de la plupart des pays arabo-musulmans. On a l'impression que, dans le subconscient – sinon dans la loi – de beaucoup de Musulmans, les catégories classiques de *Oumma* et de *dhimma*, de communauté dominante et d'autres communautés plus ou moins dominées, sont toujours présentes. Le Chrétien, qu'il le veuille ou non, est ramené au concept de *dhimmi*, même si le terme n'a plus cours dans le droit actuel. »[494]

Suppression tardive des Capitulations : originalité égyptienne

Rappelons que le régime avait été supprimé au lendemain de la Grande Guerre dans tous les pays issus de l'ex-Empire ottoman, à l'exception de l'Égypte où ce statut a été maintenu à la demande expresse de celle-ci jusqu'en 1937. L'Égypte craignait en effet que la suppression des Capitulations n'entraînât un renforcement de l'autorité britannique. Dans *L'Égypte indépendante*, on lit justement : « Les victimes les plus certaines du nouveau

---

[490] Anne-Lucie Chaigne-Oudin, « Wahhabisme », *Les clés du Moyen-Orient*, 9 mars 2010, https://www.lesclesdumoyenorient.com/Wahhabisme.html.
[491] Olivia Blachez, « Qu'est-ce-que le salafisme ? », *Les clés du Moyen-Orient*, 7 décembre 2011, https://www.lesclesdumoyenorient.com/Qu-est-ce-que-le-salafisme.html.
[492] François Zabbal, « Les Chrétiens arabes », *Qantara*, n° 35, printemps 2000, p. 29.
[493] Gudrun Krämer, « Dhimmi ou citoyen. Réflexions réformistes sur le statut des non-musulmans en société islamique », *op. cit.*, § 15, https://books.openedition.org/cedej/1446?lang=en
[494] Samir Khalil Samir, « Les communautés chrétiennes, membres actifs de la société arabe au cours de l'Histoire », *op. cit.*, p. 88.

statut égyptien ne seront vraisemblablement pas des étrangers ; on les trouvera sans doute dans les communautés chrétiennes de nationalité égyptienne (Coptes, Syriaques, Grecques-catholiques, Arméniennes, etc.). En effet, ces communautés jouissaient avant 1937 de la protection officielle du gouvernement britannique qui par sa déclaration de 1922 s'était fait le défenseur des minorités. Ainsi quand un grossier déni de justice intervenait au détriment d'un copte, par exemple, ce dernier savait pouvoir trouver à la résidence britannique une oreille bienveillante et tout rentrait dans l'ordre. […] Un vent nouveau de nationalisme musulman, parti des rangs de l'opposition, agite actuellement le pays, se manifestant par son intolérance religieuse. Cette opposition demande l'enseignement de la religion musulmane dans les facultés universitaires, la séparation des sexes dans les écoles, et l'expulsion hors d'Égypte des missionnaires chrétiens. Prosélyte, elle réclame par contre l'envoi des missionnaires musulmans en extrême Orient. Elle se déclare enfin favorable au couronnement du jeune roi Farouk à la mosquée d'El-Azhar, coutume que l'islam n'a jamais connue. »[495]

Rappelons que cet ouvrage date de 1938.

La caducité juridique du concept de *dhimmi* depuis le milieu du XIXe siècle a permis l'émergence d'une classe moyenne de Chrétiens et de Juifs que la politique nassérienne réduira considérablement en la poussant notamment à l'exil ou en essayant de la déclasser[496]. Il faudrait également relever, et ce de manière beaucoup plus générale et systémique, que l'État étant établi sur une base religieuse, tout affaiblissement ou disparition de contraintes limitant sa souveraineté ou son développement, se produit généralement au détriment des minorités non musulmanes. Ainsi la pleine indépendance obtenue[497], le fait que l'Islam soit religion d'État a pour conséquence que le non Musulman se trouve en règle générale exclu de toute fonction liée à l'exercice du pouvoir sur les Musulmans : en l'occurrence, l'accès aux positions politiques, juridiques et militaires importantes[498], bref, aux positions de commandement supérieur. Comme nous l'avons vu, ceci a toujours été la règle, à l'exception de la période de Saad Zaghloul où les Coptes occupaient des ministères régaliens. Si l'« Arménien » Nubar pacha et le « copte » Boutros Ghali ont occupé au XIXe et au tout début du XXe siècles des postes au sommet du pouvoir, ceux-ci sont généralement perçus par une majorité de nationalistes

---

[495] *L'Égypte indépendante*, op. cit., p. 240.
[496] Suite aux « lois sociales » adoptées par Nasser à partir du début des années 1960, nous assistons également au départ d'une certaine élite de Musulmans appartenant à la classe la plus *occidentalisée* ou perçue comme telle.
[497] Pour ce qui est de l'Égypte, celle-ci s'est effectuée en trois temps : 1922 (indépendance formelle), 1936 et 1954.
[498] A ce propos, voir Michael Wahid Hanna, « Excluded and Unequal Copts on the Margins of the Égyptian Security State », *The Century Foundation*, 9 mai 2019, https://tcf.org/content/report/christian-exclusion-from-egypts-security-state/?agreed=1&session=1

comme des symptômes de l'assujettissement de l'Égypte aux puissances étrangères ! Si l'on désire parvenir à une véritable égalité, tout en gardant les références au religieux, il faudrait inscrire le Christianisme oriental au même titre que l'islam dans la constitution. Or on en est très loin, et on s'en éloigne de plus en plus. Bien que parfaitement logique, la mesure est évidemment inapplicable et même pas envisageable.

Pour bien illustrer la difficulté de la cohabitation de la notion de laïcité avec les courants de pensée qui ont marqué le nationalisme égyptien du XXe siècle, il est intéressant de relever ce que pense l'universitaire musulman bien connu Tarek Al-Beshri auteur notamment de *Al-Muslimun wal-aqbat*[499]. Al-Beshri note dans sa préface du livre de M. Al Feqi[500] que recourir au concept de laïcité en vue de rassembler les Musulmans et les Coptes ne ferait en fait qu'approfondir la brèche. Il écrit : « Le résultat serait une nouvelle division qui s'imposerait par les moyens mêmes qui devaient aboutir à l'unité. L'expérience des années trente en témoigne. Je pense d'une part que l'égalité entre Musulmans et Coptes serait plus claire et plus unanime si elle était soutenue par les docteurs de la pensée et du fiqh musulmans au lieu d'être seulement préconisée dans le cadre d'une laïcité désavouée par le mouvement politique islamique. »[501]

Ce qui est préconisé est une évidence, mais elle est malheureusement irréalisable.

La nouvelle Constitution de 1953

Ainsi, au moment de la rédaction de la Constitution en 1953, des membres de l'Assemblée constituante demandent le retour à l'application de la loi islamique, donc l'application de la chari'a[502]. Et ils mentionnent explicitement que le président de la République doit être Égyptien, Musulman, descendant d'un père et d'un grand-père égyptiens.

Ce qui semble aujourd'hui normal, ne l'était pas à l'époque, à un moment où les Coptes avaient joué un rôle de premier plan dans la vie politique du pays. Signalons ci-dessous quelques aspects discriminatoires qui affectent les Coptes, qui *a fortiori* concernent également les Chrétiens allogènes.

---

[499] Krämer note que cet ouvrage est considéré comme un texte de référence par tous les auteurs égyptiens. Gudrun Krämer, « Dhimmi ou citoyen. Réflexions réformistes sur le statut des non-musulmans en société islamique », *op. cit.*, note 11, p. 582, https://books.openedition.org/cedej/1446?lang=en

[500] Moustapha Al Feqi, *Les coptes en politique égyptienne. Le Rôle de Makram Ebeid dans le Mouvement National*, *op.cit.*, p. 11.

[501] À ce propos, notons que les Églises bénéficient de certaines exemptions fiscales, et que les séminaristes sont dispensés du service militaire.

[502] Déjà dans le code civil de 1949, on trouve à l'article 1 que « … à défaut d'une disposition législative applicable, le juge statuera d'après la coutume, et à son défaut, d'après les principes du droit musulman. »

Ibrahim Fehmi Hilal, président de l' « Association de la Nation copte » est l'auteur d'un Mémorandum, rédigé au début des années 50, où sont énumérées les discriminations que subissent les Coptes au sein de l'administration et du gouvernement. Il s'indigne qu'un député propose qu'un Musulman, quelle que soit son origine, pourvu que son père et son grand-père aient habité en Égypte, puisse devenir président de la République et jouir de tous les droits, « alors que le Copte, véritable Égyptien qui ne connait d'autre patrie que l'Égypte depuis l'aube de l'Histoire » voit s'ériger toutes sortes d'obstacles devant lui, déclarés ou non[503].

Dans le même Mémorandum, on lit que les responsables religieux entretiennent savamment la confusion entre islamisme et arabisme. « Ils font même croire que les Anglais sont ennemis de la Patrie, car chrétiens. La notion de guerre nationale, devient celle de guerre religieuse ». Le 4 janvier 1952, une église de Suez est incendiée « au vu et au su des Responsables sans que ces fidèles aient commis d'autres crimes que d'être de la religion des colonisateurs. »[504]

À la page 6 du même document, on s'aperçoit que les prétextes les plus fallacieux, voire même les plus ridicules, sont utilisés. En l'occurrence le refus de retransmission à l'antenne des messes au motif que l'on ne pouvait pas émettre un programme dans une langue étrangère. En effet, certains passages de la cérémonie religieuse sont en langue copte, considérée comme une langue étrangère[505] !

Et Hilal de conclure, « Nous avions espéré que l'ère moderne effacerait ces inepties. Mais malheureusement elles demeurent, voire même elles augmentent et se multiplient. »[506]

La marginalisation des non Musulmans dans la fonction publique amorcée en 1936, date de la deuxième indépendance formelle et partielle du pays[507],

---

[503] Documents rédigés par des représentants coptes, envoyés aux responsables gouvernementaux en 1953. Ibrahim Fehmi Hilal, « Mémorandum de l'Association de la Nation copte aux honorables Messieurs Président et Membres de la Commission du projet de la Constitution », 1953, *in* Sami Awad Aldeeb Abu-Sahlieh, *L'impact de la religion sur l'ordre juridique. Cas de l'Égypte. Non-musulmans en pays d'Islam*, *op. cit.*, p. 315.

[504] Ibrahim Fehmi Hilal, « Mémorandum de l'Association de la Nation copte aux honorables Messieurs Président et Membres de la Commission du projet de la Constitution », *op. cit.*, p. 4, *in* Sami Awad Aldeeb Abu-Sahlieh, *L'impact de la religion sur l'ordre juridique. Cas de l'Égypte. Non-musulmans en pays d'Islam*, Presses Universitaires de Fribourg, *op. cit.*, p. 316.

[505] Ibrahim Fehmi Hilal, « Mémorandum de l'Association de la Nation copte aux honorables Messieurs Président et Membres de la Commission du projet de la Constitution », *op. cit.*, p. 6, *in* Sami Awad Aldeeb Abu-Sahlieh, *L'impact de la religion sur l'ordre juridique. Cas de l'Égypte. Non-musulmans en pays d'Islam*, *op. cit.*, p. 316.

[506] *Idem*.

[507] « Sa Gracieuse Majesté reconnait l'Égypte comme État souverain indépendant le 21 février 1922, mettant ainsi fin au protectorat. Néanmoins, la fin du protectorat britannique est soumise à certaines conditions : l'Angleterre doit toujours pouvoir être en mesure d'assurer des lignes de communication avec le reste de son empire, pouvoir intervenir militairement pour la défense de l'Égypte, garantir la

s'aggrave donc sous le nouveau régime des Officiers Libres. Elle s'accélèrera de manière significative après l'expédition de Suez en 1956, comme on le constatera à la lecture des documents ci-dessous. Elle s'étendra ensuite à l'ensemble du secteur public – lequel s'élargira considérablement grâce aux lois socialistes des années 60 jusqu'à englober la partie la plus importante de l'activité économique.

Suppression des tribunaux confessionnels

Les Tribunaux confessionnels traitaient de toutes les questions relatives au statut personnel. Leur suppression en 1955, est comparable à certains égards à la réforme introduite par Nubar Pasha en 1875 qui mit fin à la juridiction des Tribunaux consulaires. En dépit des complications, parfois insurmontables que représentaient les Tribunaux confessionnels, lorsque les plaignants étaient de rites différents, cette réforme a été très mal vécue par les communautés concernées qui la considèrent comme une intrusion dans leur vie privée. En fait, le statut personnel couvrait un champ très large de compétences. Grand nombre de non Musulmans ne connaissaient d'autres juridictions que celle de leur autorité religieuse respective. Ajoutons à cela que les litiges commerciaux, ou autres – entre membres de la même communauté – à l'exception des affaires criminelles, étaient réglés par les mêmes tribunaux religieux.

Les questions relatives au statut personnel, relevant de la compétence de ces dits tribunaux, comprenait : « les contestations et les questions relatives à l'État et à la capacité des personnes, aux droits de la famille, notamment aux fiançailles, au mariage, aux droits et devoirs réciproques des époux, à la dot et au régime des biens entre époux, au divorce, à la répudiation, à la séparation, à la filiation, à la reconnaissance et au désaveu de paternité, aux relations entre ascendants et descendants, à l'obligation alimentaire entre les parents et entre les alliés, à la légitimation, à l'adoption, à la tutelle, à la curatelle, à l'interdiction, à l'émancipation, aux donations, aux successions, aux testaments et autres dispositions à cause de mort, à l'absence et à la présomption de décès. »[508]

---

protection des étrangers et des minorités, enfin, le Soudan reste britannique. » Émilie Polak, « Le protectorat britannique en Égypte », *Les Clés du Moyen-Orient*, 10 janvier 2014, https://www.lesclesdumoyenorient.com/Le-protectorat-britannique-en.html ; Jean-Pierre Maury, « Égypte Indépendance », *Digithèque*, https://mjp.univ-perp.fr/constit/eg1922.htm#:~:text=a)%20la%20sécurité%20des%20communications,d)%20le%20Soudan.

[508] Cf. Yvon Linant de Bellefonds, « La suppression des juridictions de statut personnel en Égypte », in *Revue internationale de droit comparé*, 1956, vol. 8 n° 3, pp. 412-425, p. 413, http://www.persee.fr/doc/ridc_0035-3337_1956_num_8_3_10932.
« Jusqu'au 31 décembre 1955, il y avait en Égypte, à côté des tribunaux nationaux de droit commun compétents en toutes matières civiles et commerciales, sauf pour les questions de statut personnel,

Les responsables religieux chrétiens relèvent avec justesse que si la loi abolit les tribunaux non islamiques, les tribunaux islamiques, eux, continuent de fait à exister, mais en ne faisant que changer de nom. En effet, les *qadis* siègent toujours dans les tribunaux nationaux où la législation islamique est appliquée aux Musulmans et aux non Musulmans.

Dans une lettre intitulée « Discrimination entre Chrétiens et non Chrétiens en ce qui concerne le statut personnel », adressée à Nasser, les patriarches syriens[509] évoquent justement leurs craintes de se voir appliquer la même réglementation qu'en Égypte :

« Le chrétien n'est pas traité à parité de droits avec les autres citoyens. Alors que son frère musulman est traité selon sa religion dans tout ce qui touche son statut personnel, il se voit au contraire, dans la province Sud, traité en matière de mariage d'une façon contraire à sa religion, comme il se voit menacé, dans la province Nord, de subir bientôt un traitement semblable. Nous avons beau crier que nous ne réclamons nullement le maintien de la juridiction ecclésiastique dans les affaires d'argent, mais nous ne pouvons, par contre, pas nous désister de notre droit de juger de la validité ou de la nullité du mariage et de ses effets. »[510] À la lecture de certains jugements rendus à cette époque, on constatera en effet que leur appréciation n'est pas infondée.

Dans *Le Lien*, de nombreux articles et commentaires tentent de démontrer que l'instauration des tribunaux confessionnels relève en réalité de la loi islamique, comme le reconnaît d'ailleurs Mourad Kamel Bey :

« Aussi voit-on, dès le début de l'Islam, le Khalife Omar Ibn-al-Khattab donner aux Syriens, aux Palestiniens et puis aux Égyptiens, alors Chrétiens, à la conquête de leurs pays en 637 et 638, des Capitulations d'après lesquelles il leur laissait leur religion, leurs coutumes, leurs lois et leurs juges, en ne leur demandant en échange de cette franchise et en reconnaissance de son autorité que le paiement d'un léger impôt personnel dit « droit de capitation », suivant en cela la politique du prophète Mohamed lui-même à l'égard des Chrétiens et des Juifs d'Arabie. »[511]

Dans le *prolongement* de l'idéologie des années 50 – et non pas en rupture avec celle-ci comme certains ont pu le croire – l'adoption dans les années 1970, sous Sadate de l'Article 2 de la Constitution reconnaissant la *chari'a* comme source principale de la législation, lève toute ambiguïté, si

---

deux ordres de juridictions d'exception chargées précisément de statuer sur les questions de statut personnel ; c'étaient pour les Égyptiens musulmans, les Mehkémehs, et, pour les Égyptiens non-musulmans (chrétiens ou israélites), les tribunaux Millis ou de communauté, qu'on appelait aussi, suivant le cas, tribunaux de patriarcats ou rabbiniques. Les deux catégories de tribunaux n'avaient qu'un seul point commun : ils constituaient les uns et les autres des juridictions d'exception, leur compétence étant limitée au statut, personnel. »
[509] Province Nord de la R. A. U.
[510] Lettre des patriarches syriens à Monsieur le Président Gamal Abdel-Nasser, Président de la République Arabe Unie, 30 septembre 1959.
[511] Mourad Kamel Bey, *Études générale sur la condition des Étrangers en Égypte*, op. cit., p. 5.

toutefois le doute était encore possible. Cela permet aujourd'hui aux islamistes de revendiquer logiquement l'inégalité de traitement et la négation du statut de citoyen en application stricte de la chari'a.

Ségrégation dans l'enseignement

Comme nous l'avons vu, l'égalité prônée depuis 1856 n'a été à aucun moment entièrement appliquée, notamment dans le domaine de l'enseignement. Notons aussi que si cette réalité est devenue plus visible sous Nasser, ce dernier n'a pas été en revanche dans ce domaine un innovateur. Rappelons qu'au XIXe siècle, les écoles coraniques (*kuttabs*) et les écoles primaires gouvernementales nouvellement créées, étaient interdites aux coptes, car de « caractère islamique »[512]. Pourtant ces écoles étaient financées par une nouvelle taxe prélevée sur les propriétaires terriens qui équivalait à 5 % de l'impôt sur la terre. Or, la contribution des propriétaires terriens non musulmans était proportionnellement beaucoup plus élevée que celle des Musulmans[513].

L'enseignement à la veille de la Révolution

La lecture de la correspondance de l'internonce apostolique Arthur Hughes[514] vers la fin des années 1940, donc antérieure à l'arrivée au pouvoir des Officiers Libres, est particulièrement intéressante. Elle illustre, de manière on ne peut plus claire la ségrégation en place avant la Révolution de 1952 : l'inadéquation entre les textes officiels et la réalité, la mauvaise volonté des fonctionnaires, la réticence des autorités à appliquer la loi voire même les écarts entre les dispositions de cette dernière et les décrets ministériels. Elle permet donc en effet, de prendre entièrement conscience *que l'état d'esprit trop souvent décrit comme étant caractéristique de l'époque de Nasser lui était en fait antérieur.* Le régime nassérien n'a fait que l'accentuer.

L'internonce apostolique en poste au Caire, Mgr Hughes rappelle entre autres que les écoles normales étaient toujours interdites aux Chrétiens[515]. Il rapporte l'échange avec le ministre et l'étonnement, certainement feint, de ce dernier vu que cette situation perdure depuis leur création au XIXe siècle :

---

[512] Moustapha Al Feqi, *Les coptes en politique égyptienne. Le Rôle de Makram Ebeid dans le Mouvement National*, *op.cit.*, p. 51 qui cite Kyriakos Mikhail, *Copts and Muslims under British Control*, Londres, Smith, Elder & Co., 1911, pp. 28-30.
[513] Ils payaient 16% de l'impôt foncier, alors qu'ils ne représentaient qu'un pourcentage beaucoup moins élevé de la population. *Idem.*
[514] Note du 5 avril 1949, document inédit. Archives du Collège jésuite de la Sainte Famille du Caire.
[515] En fait, cette interdiction de facto s'applique à tous les non Musulmans, y compris les Juifs. Les s d'Égypte, séphardes et caraïtes étaient arabophones. À milieu social équivalent, ils se sont d'ailleurs « désarabiser » beaucoup plus tard que les chrétiens avec notamment la création des écoles de l'Alliance israélite.

« *[…] Mon entretien avec le ministre portait aussi sur l'écart entre les dispositions de la loi et son application par les inspecteurs ; et même sur l'écart entre la loi et les décrets ministériels. À plus forte raison fallait-il souligner l'écart entre les réassurances données par le ministre aux représentants des écoles libres et les décrets et faits et gestes des inspecteurs.* »

Dans une note du 5 avril 1945 envoyée à la Secrétairerie d'État, il relève un incident très révélateur :

« *[…] Il est de mon devoir de vous informer qu'un petit incident très suggestif eut lieu vers la fin de l'entrevue. Le docteur Saïd Bacha, inspecteur d'école, a été appelé par le ministre pour donner des renseignements en réponse à une de mes questions ; […] le ministre (qui avait de la peine à croire que les écoles normales gouvernementales n'acceptaient pas d'élèves chrétiens) a alors demandé : « pourquoi n'y a-t-il pas d'élèves chrétiens dans les Teacher's training College ? » Immédiatement, sans une fraction de seconde d'hésitation, Saïd Bacha répondit : « C'est défendu, Excellence. » Après une exclamation de Son Excellence, l'inspecteur a corrigé son expression, disant « ce n'est peut-être pas exactement défendu, mais c'est contre la tradition.*

Combien d'élèves chrétiens y a-t-il actuellement dans ces écoles ?

Aucun ». *Et même à la faculté des arts à l'université parmi ceux qui se préparaient pour le brevet permettant d'enseigner l'arabe, Saïd Bacha nous informait que l'unique chrétien qu'il a connu était en 1942. Un des objets de ma visite au ministre était d'ailleurs de demander la création d'une école « Teacher's training College » pour les non-musulmans afin que les chrétiens puissent enseigner l'arabe dans nos écoles et afin que le Coran n'y soit plus enseigné*[516]. *Je dois dire que le ministre était très emphatiquement d'accord avec moi qu'il ne pouvait être aucunement question de justifier l'enseignement du Coran comme une œuvre purement littéraire : le Coran étant […] le livre saint de l'islam.* »

Alors que le prosélytisme est strictement interdit aux non Musulmans, l'islamisation ouverte est pratiquée sans complexe. Il s'agit là clairement d'un autre exemple de l'inadéquation entre la loi et son application : en effet, selon la loi 38/1949, il est interdit à toute école libre de donner à ses élèves une instruction religieuse autre que la leur, même si le tuteur de l'élève y consent. Pourtant, l'enseignement et les injonctions à suivre les préceptes de l'Islam sont très présents non seulement dans les écoles, mais aussi dans les médias, l'espace public, etc.[517].

La question du prosélytisme est centrale en Islam, faut-il le rappeler, et les Musulmans y sont extrêmement attachés. Alors qu'eux-mêmes déclarent

---

[516] Notons qu'un tel établissement n'existe toujours pas.
[517] Il faut remarquer que jusqu'en 1936, tous les élèves – toutes religions confondues – des écoles des missionnaires suivaient les cours d'instruction religieuse chrétienne.

ouvertement leur volonté de diffuser leur propre religion, ils n'acceptent pas la moindre allusion à ce qui pourrait ressembler à une tentative de conversion à une autre religion ou tout simplement au fait de la faire connaître.

Inadéquation relevée entre les textes officiels et leur application

L'Internonce Hughes, continue d'énumérer les contradictions entre les textes et la pratique. Il s'insurge notamment contre l'interdiction effective faite aux non Musulmans d'enseigner l'arabe et déplore également, la contrainte imposée de fait aux élèves non musulmans, d'apprendre par cœur de nombreux extraits du Coran[518].

Nous reproduisons ci-dessous la lettre que l'Internonce Hughes adresse à la Secrétairerie d'État en date du 12 avril 1949 :

« *[Taher El Emari, ministre égyptien auprès du Saint-Siège] dit qu'on n'exige en aucune école libre [N.D.L.R. c'est-à-dire, école non gouvernementale] d'enseigner l'Islam aux Musulmans ni de leur aménager une moussale (salle de prière musulmane) : or en fait les inspecteurs souvent l'exigent. Il dit que les écoles sont libres de choisir leurs professeurs d'arabe et que l'État n'exige pas qu'ils soient musulmans : or en fait les chrétiens ne peuvent pas devenir attitrés pour enseigner l'arabe, les inspecteurs exigent des musulmans, seuls les musulmans sont officiellement reconnus « qualifiés ». Il dit que personne n'est obligé d'apprendre le Koran par cœur : or en fait beaucoup y sont contraints. Il dit que les écoles d'État comptent beaucoup de non Musulmans comme professeurs d'arabe : or pourrait-il donner un seul nom ?* »

Monseigneur Hughes recommande donc de « […] veiller à ce que les chefs d'écoles aient sous la main les textes véritables des lois et des décrets ministériels pour n'être pas pris au dépourvu quand un Inspecteur demande plus qu'il n'en a le droit. »

Évidemment aucune modification n'a été apportée, ni sous l'ancien régime ni sous les gouvernements qui lui ont succédé. En fait, l'inadéquation entre les textes officiels adoptés depuis le milieu du XIXe siècle et les multiples ambiguïtés de leurs applications effectives ont toujours existé. Celles-ci n'ont fait que s'accentuer à partir du milieu du XXe. Pour comprendre l'étonnement de l'internonce, il faudrait imaginer qu'à son époque il ait été interdit aux Protestants et aux Juifs d'enseigner le français en France, ou aux Catholiques et aux Juifs d'enseigner l'anglais au Royaume-Uni (Mgr Hughes était britannique) !

Comme nous l'avions vu dans le chapitre « Catholiques ottomans au XVIIIe siècle », Mohamed Ali avait nommé Dom Raphaël professeur d'arabe

---

[518] Pratique toujours en cours dans le système d'enseignement égyptien où des passages du Coran ou du corpus de textes religieux sunnites sont enseignés dans des matières communes (Langue arabe, histoire, études sociales et civiques, etc.).

à l'école de Boulac et aurait eu comme professeur d'arabe, un membre de la famille Bahri, Grec catholique !

À propos de l'égyptianité : témoignages d'observateurs de l'époque

Le souci d'homogénéisation de la société et le manque de distanciation du religieux et du politique qui ont fini par prévaloir chez les nationalistes égyptiens ne pouvaient se traduire que par une accentuation des discriminations. Celles-ci, apparues dès la fin des années 30, n'épargnaient pas les Coptes – même si ces derniers sont d'authentiques indigènes, *exclusivement* arabophones dans leur immense majorité –. Ajoutons qu'il existait à cette époque des Égyptiens musulmans non arabophones – les Nubiens ou les Berbères du désert libyque par exemple –, ce qui n'était pas le cas des coptes. Sans compter les membres de l'aristocratie turco-circassienne, dont nombre d'entre eux avait une connaissance très limitée de l'arabe.

Le document officiel attestant de la nationalité n'impressionnait pas beaucoup les Égyptiens, d'aucuns allant jusqu'à le qualifier de « décoration ». La véritable identité est ailleurs. Dans la *Philosophie de la Révolution*, rédigée peu après son accession au sommet de l'État, Nasser lui-même ne cherche aucunement à masquer ses réticences ou à rendre ses interrogations moins abruptes : il se demande comment se retrouver, quand dans une famille « le père est paysan, la mère de descendance turque, les fils poursuivent leurs études dans des écoles anglaises, les filles fréquentent des institutions françaises. »[519]

De son côté, Jean Lacouture écrit : « *Vrai égyptien. Le mot est lâché. C'est un mot à la mode depuis le régime des colonels. De fait, on peut se demander, au Caire, qu'est-ce qu'un vrai égyptien. Au Caire, on ne vous demande pas : « Quelle est votre nationalité ? » Mais : « Quel passeport avez-vous ? » Car vous pouvez être Égyptien avec un passeport français, ou Juif avec un passeport anglais, Grec avec un passeport italien, « étranger de l'Étranger » ou étranger d'Égypte*[520] *... Toutes les combinaisons sont permises. [...] Au Caire, tant de conquérants ont passé, tant d'émigrés ont fait souche que l'on n'y comprend plus rien. Officiellement, le « vrai égyptien », est l'Égyptien musulman. Mais c'est là une notion neuve, « révolutionnaire » (ou réactionnaire) qui n'a que peu de liens avec la réalité.* »[521] Mais la situation est encore plus complexe ; il y a lieu de rappeler ici que jusqu'à la Révolution de 1952, l'Égyptien de souche musulman était tenu dans un état d'infériorité

---

[519] Gamal Abdel-Nasser, *Philosophie de la Révolution*, Le Caire, Imprimerie gouvernementale, 1957, p. 59.
[520] En Égypte, dans certains milieux populaires, deux termes distincts sont utilisés : *khawaga* pour étrangers d'Égypte, et *missiou* pour étrangers de l'étranger. Notons que *khawaga* peut également désigner le non Musulman (*khawaga* Boutros ou *khawaga* Hanna).
[521] Jean et Simonne Lacouture, *L'Égypte en mouvement*, Paris, Éditions du Seuil, 1956, p. 385.

par rapport au Turco circassien de nationalité égyptienne. Ce fut là d'ailleurs la motivation principale de la révolte de Orabi (1879-1882).

Toutefois, bien des observateurs ou auteurs de cette époque ont une perception de la situation identique à celle de Lacouture. Le directeur des études du Collège jésuite de la Sainte Famille, le père Clément, note au début des années 1950 :

« [...] La notion égyptienne de l'étranger n'est pas une notion purement politique. Des faits et des documents multiples montrent que l'étranger n'est pas tant celui qui appartient à une nation étrangère, mais bien celui qui appartient à une religion autre que l'Islam. D'où les difficultés que rencontrent par exemple les Coptes (chrétiens autochtones) pour se faire intégrer dans la vie nationale arabe. »[522]

Relevons que le statut « d'indigénat » a été créé par Ismaïl au sein de la nationalité ottomane et avait pour objectif de distinguer les habitants de la vallée du Nil des sujets ottomans venant d'autres provinces[523]. Il permettra au concept « Égyptien » d'être appliqué de manière différente suivant le domaine concerné.

« On pouvait être Égyptien pour faire partie de l'administration, mais ne pas l'être pour satisfaire aux conditions de la loi électorale par exemple. »[524] Il régnait en effet un flou juridique concernant les populations ottomanes, grecques et syro-libanaises, et « plusieurs décrets tendirent à préciser la définition du « sujet local » : décret de 1892 sur l'accès aux fonctions publiques, décret du 29 juin 1900 sur l'exercice du droit électoral et décret du 4 novembre 1902 sur le recrutement militaire. Mais ces trois décrets ne se complétaient pas : on pouvait être Égyptien d'un point de vue et non de l'autre. »[525] L'Égypte a toujours eu du mal à reconnaître comme Égyptien le non autochtone, même si son installation remontait à plusieurs siècles. En 1926, une première loi sur la nationalité égyptienne est promulguée. Au recensement qui a lieu un an plus tard, les sujets Ottomans non musulmans sont classés dans deux catégories : « sujets locaux », *mehalli*, pour tous les Chrétiens ottomans originaires d'autres provinces et « Égyptiens » pour les Coptes. Cette distinction perdure lors du recensement suivant, en 1937, alors que ni la langue, ni le « type physique » – critères retenus par les autorités égyptiennes – ne les distinguent du reste de la population. Comme on l'a déjà

---

[522] Père Clément, *Les Chrétiens dans l'Égypte de Nasser*, texte dactylographié, p. 5.
[523] Frédéric Abécassis et Anne Le Gall-Kazazian, « L'identité au miroir du droit. Le statut des personnes en Égypte (fin XIXe - milieu XXe siècle) », *op. cit.*, p. 11, § 18, https://journals.openedition.org/ema/296#quotation.
[524] Anne Le Gall-Kazazian, « Les arméniens d'Égypte (XIXe-milieu du XXe) : La réforme à l'échelle communautaire », *op. cit.*, p. 516, § 37, http://books.openedition.org/cedej/1441.
[525] I. Assabghy, *La nationalité égyptienne, étude historique et critique*, Le Caire, sans date, cité par Robert Ilbert, « Qui est Grec ? La nationalité comme enjeu en Égypte (1830-1930) », *op. cit.*, p. 153.

dit, nationalité et citoyenneté égyptienne étaient deux concepts différents, et ceci, indépendamment du nombre de générations passées dans le pays !

Jean Lacouture note également :

« *Le gouvernement ébauchait une politique de « protectionnisme musulman », qui tend à égyptianiser usines et commerces et notamment celui du coton. En protégeant les « vrais Égyptiens », les autorités favorisent en fait les musulmans aux dépens des israélites et des chrétiens de toutes origines. Cela peut prendre la forme de prêts bancaires particulièrement généreux [...]. *»[526]

L'« affaire » de Suez, 1956

L'intervention militaire a donné un coup d'accélérateur au processus « d'égyptianisation de l'Égypte ». Les mesures prises contre les citoyens français et anglais ont été étendues, dans certains domaines à tous les étrangers ayant des intérêts en Égypte. Les banques, les compagnies d'assurances, et de nombreux secteurs ont ainsi été « égyptianisés ».

Nombre de citoyens égyptiens non musulmans ont également été touchés par cette « égyptianisation ».

Jean Lacouture, lui-même – à qui on a pourtant sévèrement reproché en France, durant l'été 1956, des opinions jugées trop favorables au colonel Nasser –, va jusqu'à affirmer qu'« égyptianisation » veut en fait dire islamisation[527].

Chrétiens et étrangers : confusion volontaire

Les notes qui suivent mettent bien en évidence ce phénomène d'ostracisme qui frappe non seulement les « étrangers », mais aussi les Chrétiens en général.

Père Clément, S.J., observateur attentif des événements de cette époque, relève dans le *Journal de guerre* :

« *Jeudi 16 novembre 1956*

« *La mainmise sur les biens « occidentaux » se poursuit : même la Cie d'Héliopolis (qui est belge) semble être prise ; le Directeur est remplacé par un Égyptien...* »[528]

« *Le Nonce fait des démarches pour bien rappeler que les écoles religieuses relèvent du Vatican et non du pays d'origine des religieux. Il a transmis à l'instruction publique et aux Affaires étrangères, la liste des écoles qui dépendent de lui. Le sort de la mission scolaire se joue ces jours-ci.* »

---

[526] Jean et Simonne Lacouture, *L'Égypte en mouvement*, Paris, Éditions du Seuil, 1956, p. 347.
[527] *Ibidem*, p. 348.
[528] Journal du père Clément, 16 novembre 1956, p. 7.

Et pour conclure, le père Clément se demande : « *[...] Sommes-nous en face d'une vague de fond islamique qui ne s'arrêtera pas, même si le régime change ?* »[529]

Pourtant, pendant ce temps, certains Coptes font de la surenchère nationaliste : « L'évêque copte de Guizeh aurait réclamé la fermeture immédiate de toutes les écoles françaises. »[530] Il ne s'agit pas d'un cas isolé, mais plutôt d'un épisode relevant de l' « étatisation de l'Église copte » qui multiplie ses prises de distance vis-à-vis des autres communautés chrétiennes.

En 1959 les représentants des Églises chrétiennes en Égypte constatent, non sans surprise, que les délégués du patriarcat copte refusent de se joindre à leur corps au moment de la présentation des vœux protocolaires au gouverneur d'Alexandrie, à l'occasion des fêtes officielles. « Ils soulignaient nettement ainsi leur volonté de faire cette démarche « à part ». »[531] À ce propos le père Clément relève le refus à la dernière minute de prêter la Cathédrale copte orthodoxe Saint Marc d'Alexandrie, au comité œcuménique pour une célébration pour l'unité[532]. « Le gouvernement n'aurait pas vu d'un bon œil l'alliance de l'Église copte orthodoxe avec les autres Églises pour une prière commune. »[533]

Le père Clément écrit dans son journal, en date du mardi 20 novembre

« *[...] On apprend que les chrétiens eux aussi sont mis, pour le moment, à la porte de leur travail, sans autre raison que d'être chrétien, et donc de ne pouvoir être « égyptiens ».*

« *L'Italie organise l'émigration de ses nationaux vers le Brésil. Les autres chrétiens cherchent à partir. Même s'il y a un retournement total de politique, beaucoup de chrétiens partiront dès qu'ils le pourront. Or comme les chrétiens sont actifs (industrie, commerce) ce sera une ruine supplémentaire pour l'Égypte.* »

« *21 novembre*

[...] Le ministère est décidé à couper les relations culturelles avec la France et la Grande-Bretagne, à superviser tous les livres qui viennent de là-bas pour éviter de corrompre l'esprit des Égyptiens avec l'impérialisme caché sous les notions de liberté, fraternité, égalité...

La situation des juifs apatrides[534] *est grave. 15 000 seraient susceptibles d'être chassés. Or ils n'ont aucun consul pour s'occuper de leurs intérêts.* »

---

[529] *Idem.*
[530] *Idem.*
[531] *Les Chrétiens dans l'Égypte de Nasser*, document anonyme, Archives de la BJEC, p. 8.
[532] Ceci sera une constante de la politique copte. Déjà en 1938, on peut lire : « La presse copte [...] s'est toujours montrée l'adversaire des Étrangers. » *L'Égypte indépendante, op. cit.*, p. 405
[533] *Les Chrétiens dans l'Égypte de Nasser, op. cit.*, p. 8.
[534] Il s'agit principalement de Juifs qui provenaient de différentes provinces de l'Empire ottoman, mais qui ne remplissaient pas les conditions d'obtention de nationalité, suite à la chute de l'Empire ottoman. Lacouture relève qu'ils sont désignés par la formule « nationalité indéterminée » par les autorités égyptiennes. Et cette « nationalité indéterminée » se transmettait de génération en génération. Jean et Simonne Lacouture, *L'Égypte en mouvement, op. cit.*, p. 38.

Dans ce même journal de guerre, il écrit le 27 novembre 1956 :

« *Ce matin les journaux démentent qu'il n'y ait jamais eu des ordres d'expulsion des Français, des Britanniques et des juifs.* » Ce qui est vrai, et c'est la raison pour laquelle quelques familles sont restées en Égypte ; il s'agissait de personnes bien intégrées connaissant bien l'arabe, qui n'ont pas voulu tenir compte des « conseils » reçus et n'ont pas cédé aux mesures d'intimidation pourtant très persuasives. Il n'y a jamais eu en effet de textes officiels demandant l'expulsion des étrangers ou des Juifs. Ce qui n'a pas empêché qu'une immense majorité de Juifs ait quitté l'Égypte entre 1956 et 1967.

Le père Clément poursuit :

« *Les autorités démentent que jamais on n'ait donné des ordres pour priver des Égyptiens de leur travail pour cause de religion. Comment se fait-il alors que la Société d'Héliopolis ait renvoyé plus de 35 employés ? Comment se fait-il que parmi les candidats, aucun copte n'ait été admis ? Il est vrai que les Coptes ne sont peut-être pas égyptiens... puisque le journal annonçait l'autre jour : « grande séance de fraternisation entre Égyptiens et Coptes »* ».

Il s'étonne aussi [535] « *qu'on ait réquisitionné et mis sous séquestre l'imprimerie des Minerbo, juifs grecs. [Et] que dans la nomination de séquestres*[536]*, on ne relève que difficilement un nom de chrétien.* »

Sélim Sednaoui, lors d'un entretien accordé en 2014, nous a décrit le déroulement de la mise sous séquestre des grands magasins Sednaoui appartenant à sa famille. Les fonctionnaires chargés de « réorganiser » l'entreprise ont demandé au propriétaire, son père : « Quel est l'employé musulman qui a le poste le plus important ? » C'était un sous-chef de rayon, qui n'avait aucune compétence, ni administrative ni commerciale, pour diriger une société de cette envergure. Il a été nommé séquestre. L'activité commerciale des « magasins Sednaoui », ainsi que celle des grands magasins appartenant notamment à des Juifs – Cicurel, Gattegno, Adès, Hannaux, etc. – n'a fait que péricliter depuis, notamment en raison de ce genre de choix.

Le précédent témoignage corrobore cette conclusion du père Clément :

« *Il n'y a pas de persécutions, mais... seuls les musulmans ont droit à une place... On ne persécute pas, mais... On pourrait continuer longtemps sur ce thème. S'il y a des observateurs de l'ONU, seront-ils seulement capables de saisir les nuances ? Il faut avoir vécu en Orient pour comprendre ce qu'est une persécution sournoise et larvée.* »[537]

---

[535] Journal du père Clément, 29 novembre 1956.
[536] Titre de la personne chargée d'administrer une entreprise mise sous séquestre, c'est-à-dire en fait, PDG de l'entreprise.
[537] Journal du père Clément, 29 novembre 1956.

Pour tout ce qui est des réflexions du père Clément sur le catholicisme en Égypte, nous renvoyons aux passages en annexe de ce chapitre.

Pour conclure, on relèvera que l'intervention de Suez n'a fait qu'exacerber, jusqu'à l'outrance il est vrai, une tendance de fond déjà présente depuis les années 1930.

Ceci dit, la crise de Suez a eu bien évidemment un impact considérable dans plusieurs domaines. Ses conséquences ont été extrêmement importantes non seulement à l'échelle de l'Égypte, mais aussi au niveau du monde arabe. D'une part elle confirme définitivement – au niveau de la politique internationale – le rapport de forces entre les grandes puissances. C'est-à-dire l'élimination de deux des plus grands acteurs de la scène mondiale, à savoir la Grande-Bretagne et la France au profit des États-Unis et de l'URSS. Et ceci représente une force symbolique considérable. On ne peut en effet négliger le fait que Nasser a été perçu par les foules arabes et des millions d'individus dans le monde musulman comme le nouveau Saladin vainqueur des Croisés. Dans l'ensemble du tiers-monde, il est considéré, comme un des leaders du mouvement des non-alignés – avec le maréchal Tito, Nehru et Sukarno –. Cette réalité ne peut en effet être considérée comme négligeable.

Conclusion

Il n'est pas étonnant que le triomphe du courant nationaliste et du panarabisme révolutionnaire de Nasser se soit fait au détriment des communautés étrangères. On aura noté toutefois que la virulence du rejet a été telle, que toutes les communautés, même égyptiennes, indigènes et arabophones, mais non musulmanes, ont été affectées.

La composante islamique de l'idéologie nationaliste et panarabe a été sérieusement sous-estimée jusqu'à une date récente par un grand nombre d'auteurs. Les Catholiques d'origine ottomane, très influencés par la culture française il est vrai, ne s'étaient pas tous, loin de là, coupés de leurs racines orientales, et arabes. Leur contribution au mouvement de la Nahda a été considérable, comme nous l'avons vu dans les chapitres précédents.

L'arabisme, dans sa version nassérienne tout au moins, s'est insuffisamment distingué de la religion. Ce qui a eu pour conséquence pratique de provoquer la migration de la majorité des Catholiques, mais également d'accentuer la marginalisation de la communauté copte.

Deuxième partie : Documents

Dans cette deuxième partie, nous ferons état :
– de quelques jugements rendus par les tribunaux afin d'illustrer ce qu'il en est du statut, juridiquement obsolète depuis le XIXe siècle, de *dhimmi* ;
– de quelques extraits de manuels de l'époque rendant compte de la politisation des programmes scolaires, ainsi que la prégnance du religieux ;
– il sera également fait mention de certaines archives du Collège jésuite de la Sainte Famille du Caire concernant la marginalisation des non Musulmans dans la fonction publique.

Enfin, on fournira en annexe un certain nombre de profils de personnalités qui ont contribué au développement économique et industriel de l'Égypte.

Les documents ci-dessous, concernant surtout les décisions judiciaires du Tribunal du statut personnel, permettront enfin de lever les derniers doutes sur ce qui a été avancé.

De l'emploi du terme *dhimmi* dans les décisions judiciaires ?

Jugements[538]

1ᵉʳ jugement
Tribunal du statut personnel
IIᵉ section Guizeh
Jugement dans l'affaire numéro 90 de 1961 du 23/01/1962

Il s'agit d'un cas de la garde d'un enfant suite à la conversion du père à l'Islam. Conversion motivée par le désir de rompre le mariage sans procès, ce qui était un procédé très courant. Ali Amin, éminent journaliste, écrit en 1958 à ce sujet dans le quotidien Al-Akhbar qu'il voudrait être Recteur d'El-Azhar durant trois mois. « Je flétrirais le chrétien qui embrasse l'Islam, non par conviction, mais pour se débarrasser de sa femme. Je dirais que c'est un athée et que l'Islam ne peut pas lui ouvrir les bras. Je demanderais qu'il soit déchu de ses droits civiques, en tant qu'être méprisable qui cherche à tromper Dieu pour frapper une femme faible. »[539]

Ci-dessous quelques extraits de jugements (années 1960, 1961) opposant des ex-conjoints.

Nous apprécierons le vocabulaire adopté par le tribunal ! Le texte original en arabe, ainsi que sa traduction reprise ci-dessous, sont consultables aux archives du Collège de la Sainte Famille.

« [...] Qu'il est entendu légalement que les enfants en bas âge doivent embrasser celle des religions de leurs parents qui seraient la meilleure ; que la tutelle d'un non musulman n'est pas admise sur le musulman et que la garde de l'enfant étant une forme de tutelle, il s'ensuit que la femme NON musulmane ne peut absolument pas avoir la garde d'un musulman. [...]

« [Les juristes] ont fait exception à ce principe en faveur des « *dhimmis* » et ont reconnu à la femme « *dhimmi* » le droit à la garde de l'enfant, mais tout en posant des conditions. En effet ce droit à la garde de l'enfant est retiré à la femme « *dhimmi* » dans les cas où il y a un risque pour le mineur de se familiariser avec une autre religion que l'Islam, ou de contracter les pratiques des « *kafer* » telles, par exemple, le fait par celle qui en a la garde, de lui donner à boire du vin ou à manger du porc. Dans ces deux cas, elle n'aura plus le droit de garder l'enfant, il s'impose de lui retirer.

« À l'appui de cette thèse, le jugement cite quelques auteurs, des jugements et arrêts de la cour où il est précisé, entre autres, que c'est depuis l'âge de deux ans que l'enfant en bas âge est exposé à être dévoyé de l'islam, et qu'il

---

[538] Les jugements ci-dessous proviennent des archives de Me Platon Valaskakis, et sont également disponibles aux archives du Collège de la Sainte Famille, Fagalla, Le Caire.
[539] Cf. *Le Lien*, « Si j'étais Recteur d'El-Azhar », octobre-décembre 1958, citant l'article paru dans *Al-Akhbar*, 19 octobre 1958.

s'impose par conséquent de l'arracher des mains de la non Musulmane qui en aurait la garde.

« [...] Attendu que [...] la défenderesse est chrétienne, que leur fille Nadia se trouve sous la garde de la défenderesse alors qu'elle était musulmane par suite de la conversion à l'islam de son père, que les juristes ont donné le droit à la femme « *dhimmi* » de la garde de l'enfant musulmane sous deux conditions : la première que l'enfant ne saisisse pas encore le sens de la religion et la deuxième qu'il ne se familiarise pas avec d'autres religions que celle de l'Islam ni les pratiques des gens « *kafer* ».

« [...] Attendu que la défenderesse a dû sûrement se faire accompagner à l'église par la petite pour la faire bénéficier des bénédictions de l'église et de la communion du Saint-Sacrement qui est fait de pain et de vin représentant le corps et le sang du Christ parce que le Christ a promis aux chrétiens la vie éternelle s'ils mangent et boivent son corps et son sang (citant à l'appui des textes de l'Évangile).

« Attendu que la prière et les dévotions chez les chrétiens se font d'abord à la maison et en secret [...] : « quand tu veux prier, rentre chez toi, ferme la porte, et prie ton père qui est caché », Évangile selon saint Matthieu (Mt 6, 6). Que c'est pour cette raison que les chrétiens réservent dans leur domicile, un lieu pour la prière et les dévotions[540].

« [...] Attendu que la défenderesse a présenté dans l'affaire numéro 742 de 1960 actuellement pendant devant le tribunal, des quittances de l'école fréquentée par la petite Nadia ; que ces quittances émanent d'une école dirigée par des religieuses françaises chrétiennes qui ont consacré leur vie au service de la religion chrétienne et son expansion par tous les moyens.

« [...] Attendu que le demandeur demande comme preuve à l'appui de ces questions la comparution de l'enfant devant les juges pour savoir d'elle ce qu'elle sait de l'Islam et du prophète et si elle va prier à la mosquée ou à l'église et si elle préfère les sonneries des cloches de l'église ou les chants du muezzin ; si elle sait faire le signe de la croix avec sa main droite sur sa tête et sa poitrine ou si elle pratique l'ablution et les prières ; si elle porte des robes neuves et reçoit des cadeaux et des gâteries aux fêtes de sa mère ou aux fêtes de l'Islam. Et il conclut en persistant.

« [...] Attendu qu'il est admis légalement que l'enfant du musulman doit être retiré de la garde d'une femme *dhimmi* quand il aura sept ans parce qu'il sera en mesure de comprendre [...] et que sa religion musulmane est juste. Suivant des textes d'auteurs juristes de l'Islam et au vu que la garde de l'enfant expire à l'âge de sept ans, terme admis par la défenderesse puisqu'elle avait réclamé dans son premier procès la garde de l'enfant jusqu'à l'âge de sept ans.

---

[540] Pour connaître si bien la doctrine chrétienne, le juge est probablement un ancien élève des écoles missionnaires. Et le fait de fréquenter des écoles chrétiennes, ne crée pas toujours un préjugé favorable vis-à-vis des Chrétiens ; loin s'en faut.

« […] Attendu que l'enfant a dépassé les sept ans d'âge et qu'elle devient influençable par les rites de la religion chrétienne qui se passent sous ses yeux dans le milieu où elle vit actuellement, ce qui laisse à craindre qu'elle se familiarise avec une autre religion que l'Islam, et avec des pratiques contraires à celles de l'Islam, pratiques précédemment exposées dans les conclusions du demandeur.

« Pour ces motifs

« Le tribunal, jugeant contradictoirement, ordonne à la défenderesse de remettre au défendeur, sa fille Nadia ; jugement exécutoire sur minute, et la condamne à tous frais et dépens et à 5 £ d'honoraires.

« Le juge, El Sayed Badawi, 22/01/1962 »

2ème jugement

« **Le tribunal correctionnel de Guizeh a condamné Maître Farid Antoine à un an de prison et aux travaux forcés, le 31 juillet 1960 (procès numéro 1555/1960).**

Étant donné que Maître Farid Antoine a présenté un appel contre ce jugement, la séance du 26 octobre fut fixée pour étudier le procès au tribunal de Guizeh.

« […] La déclaration d'appel cite, d'autre part, que la loi donne pleins pouvoirs au tuteur sur la pupille, mais aucune tutelle ne peut être exercée par un non musulman sur une musulmane, comme il est venu dans les paroles de Dieu au Coran : « Dieu ne donnera aucun pouvoir aux athées (*ahl el kafr*)[541] sur les croyants ».

« […] Il est par conséquent permis aux consciencieux[542] (*sic*) de prendre sous leur tutelle un enfant, même s'il est musulman, tant qu'il n'y a pas crainte que le petit soit influencé par son ou ses tuteurs et qu'il embrasse une religion autre que l'Islam ou qu'ils prennent les coutumes du peuple athée.

« […] – La crainte de l'influence de l'athéisme est suffisante pour placer le petit loin de cette atmosphère.

« […] – Celui qui croit en ce Livre et en la mission de celui qui l'a écrit est croyant. Quant à celui qui ne croit pas à ce livre et en la mission du prophète, il est « athée » ».

L'avocat de la partie adverse cite plusieurs jugements antérieurs allant dans le sens de sa plaidoirie. Ceux-ci stipulent que dans tous les cas, la garde de l'enfant revient au parent s'étant converti à l'Islam.

« Maître Farid Antoun s'est efforcé de réfuter l'accusation portée contre lui et contre sa race,[543] qui les qualifie d'athées et les accuse de propager l'athéisme en considérant comme de viles créatures dont le refuge est l'enfer,

---

[541] Le terme utilisé dans le texte en arabe est *kâfer* (infidèle) et non pas *molhed* (athée). Le traducteur a dû se tromper.
[542] Non Musulmans mais qui respectent les préceptes de l'Islam.
[543] Le terme « race » désigne indifféremment la communauté, la Nation voire la religion.

et ce par des moyens légaux. Il a demandé d'éloigner les formules blessantes utilisées par la partie adverse, d'autant plus que le Coran et l'Islam sont innocents de ces actes. Entendant ces formules, le procureur Général présent à la séance, s'est empressé de l'accuser de s'attaquer au Coran. »

« Monsieur Farid Antoun a voulu réfuter cette grave accusation lancée contre lui, car l'attaque contre le Coran est l'un des plus grands crimes qui blessent les sentiments et réveille la haine. Le procureur Général fait des menaces de frapper l'avocat avec ses chaussures. Il a même ôté ses chaussures pour exécuter sa menace. »

Alors qu'aucun des témoins ne déclara avoir été blessé par les propos de Maître Farid Antoun, il fut néanmoins condamné à un an de prison avec les travaux forcés.

Quant au procureur général qui attaqua le premier, il ne fut pas poursuivi. En outre, le tribunal de Guizeh a jugé de lui accorder 5 LE à titre d'indemnité. Il est à noter qu'il réclamait 5000 LE.

Voici donc quelques exemples de jugements, révélateurs du climat de l'époque. Notons que toujours l'accusation d'injure à la religion suffit à rendre coupable ! En 1961, une religieuse de l'école du Sacré-Cœur d'Héliopolis est accusée par un professeur d'arabe d'avoir jeté un exemplaire du Coran par terre. Une des élèves, Hoda el Kolali, fille d'un avocat, ex-Doyen de la faculté du Droit de l'Université du Caire, rédige une pétition et la fait signer par toutes les élèves musulmanes de la classe contredisant l'accusation du professeur.[544]

La religieuse n'ayant pas poursuivi l'enseignant, l'affaire en est restée là. Celui-ci a été muté, mais la religieuse a quand même été obligée de passer le reste de l'année scolaire cloîtrée à l'intérieur de la communauté pour avoir été victime d'une calomnie. Elle a dû quitter l'Égypte et rentrer définitivement en France à la fin de l'année scolaire. Dans ce genre d'affaires, l'accusation seule rend coupable.

Tout ajout ou commentaire à ce récit serait superfétatoire !

3ème jugement

« Jugement prononcé le 16 janvier 1955 au tribunal légal de Sayeda dans le procès de justice sommaire numéro 2473 de l'année 1954 qui mentionne :

« – Étant donné que la plaignante a présenté sa plainte contre un chrétien, qu'elle est devenue musulmane et qu'elle ne peut légalement vivre sous son giron, et comme le tribunal ayant proposé à l'accusé d'embrasser la religion musulmane afin que son épouse demeure avec lui, l'accusé a refusé cette proposition.

« Étant donné que la séparation à cause de l'Islam est une séparation et non un divorce, car s'il proclame la foi musulmane, elle demeure son épouse. »

---

[544] Monique Luirard, *La Société du Sacré-Cœur : 100 ans de présence en Égypte*, Union Press, 2009, p. 100 et suivantes.

« Le jugement prononcé par le tribunal du Caire le 28 mai 1957 au procès numéro 1989 de l'année 1956, dans lequel on lit :

« – Étant donné que l'accusé s'est marié avec sa femme, a vécu avec elle et a engendré de sa femme un garçon et une fille.

« Étant donné que le tribunal a proposé à l'accusé d'embrasser l'Islam et qu'il a refusé en disant qu'il tient à sa religion et comme la plaignante persiste à demander la séparation, et comme le procureur ne trouve aucun empêchement à prononcer un jugement en sa faveur.

« Étant donné que la plaignante a embrassé la religion musulmane et que son mari reste dans la religion des athées et persiste à refuser d'embrasser la religion musulmane en déclarant qu'il tient à sa religion.

« Si c'est la femme qui se convertit à l'Islam, on propose au mari d'embrasser cette religion. S'il accepte, il peut continuer à vivre avec sa femme, mais s'il refuse, le juge prononce le divorce, car il n'est pas permis à une musulmane de vivre sous le même toit avec un athée. »

4ème jugement
« **Le jugement prononcé par le tribunal primaire d'Alexandrie le 16 mars 1956.** Ce jugement défend à un père d'exercer son autorité paternelle sur ses enfants parce que leur mère, qui était chrétienne s'est convertie à l'Islam et parce que les enfants suivent celui de leurs parents fidèles à la meilleure religion et dans ce cas, ils doivent suivre leur mère et sa religion, car elle est la meilleure entre toutes et parce qu'il n'est pas permis à un non musulman d'exercer une autorité sur un musulman. »

5ème jugement
« **Le jugement prononcé par le tribunal primaire du Caire le 27 décembre 1957 au procès numéro 1505 de l'année 1957**, dans le dossier duquel est joint l'acte du procureur général qui déclare : « si un non musulman déclare qu'il a enfanté un petit musulman par des relations illégales avec une femme musulmane, la paternité n'est prouvée par cette déclaration même si la femme approuve. Le cas reste le même si cette femme présente une demande pour prouver la paternité contre le père non musulman. »[545]

---

[545] Ceci pose problème pour les binationales (française et d'un pays où l'Islam est religion d'État) qui se marierait avec un non Musulman. En effet, le mari qui ne se serait pas converti, n'existe pas aux yeux des autorités du pays musulman auquel appartient la mère. Et s'ils ont des enfants, il ne sera reconnu comme leur père.

Mainmise sur les écoles catholiques dans la province nord de la R. A. U.

Lettre des patriarches catholiques orientaux

Il s'agit là d'un document absolument irréfragable, vu que les patriarches ne peuvent se permettre aucune inexactitude ou exagération. La hiérarchie catholique syrienne s'adresse à Nasser afin de dénoncer la détérioration flagrante de la situation des Chrétiens en Syrie, province nord de la R. A. U. de 1958 à 1961. Ce qui est mis en cause en l'occurrence, est bien la politique nassérienne en Syrie cette fois. La situation de l'Égypte n'est pas mentionnée, car les nationalisations et les entraves à la liberté ont déjà été imposées en 1956.

En ce qui concerne les établissements scolaires, les patriarches exposent leurs doléances concernant les écoles catholiques. Ci-dessous les principaux points :

Lettre des patriarches syriens au Président Nasser Président de la République Arabe Unie (30 septembre 1959)

« Le chrétien sent désormais qu'il est indésirable. Il se voit, en effet, dépouillé chaque jour davantage de fonctions gouvernementales et autres postes importants, sauf si le gouvernement ne peut se passer de ses services. Un poste important occupé par un chrétien vient-il à être vacant – on s'arrange parfois pour qu'il le devienne même par des moyens injustes – on met à sa place un musulman, quelquefois moins capable et moins compétent. Cette ligne de conduite n'est pas limitée aux ministères et autres services publics, mais elle est appliquée aussi dans les institutions d'intérêt public, les banques, les compagnies, les grandes et petites industries, voire même les professions libérales. Si l'on continue ainsi, il ne se passera pas longtemps que les chrétiens deviennent comme des étrangers pour leur propre pays. Est-ce juste ? Est-ce dans l'intérêt bien compris du pays ? Il y a plus de 50 portefeuilles ministériels, mais seulement deux ministres chrétiens, souvent dans des domaines non régaliens. Peut-on soutenir qu'il n'y a pas parmi les chrétiens de gens capables et compétents ? Si l'on ajoute tout cela à la difficile situation financière, la crise économique grave, le chômage qui frappe le pays, mais qui touche les chrétiens plus que les autres, étant exclus même des fonctions et des charges publiques, il est aisé de comprendre pourquoi un grand nombre de chrétiens pense à s'expatrier afin de trouver du travail et d'assurer leur subsistance et celle de leurs enfants. »

Établissements d'enseignement catholique

Dans cette lettre, les patriarches disent que par la loi 160 de 1958 et l'arrêté ministériel numéro 20 de 1959, le gouvernement signe l'arrêt de mort de leurs établissements scolaires.

« Nos écoles chrétiennes ont été les premières à propager la science dans nos pays et à assurer la renaissance de la langue arabe après sa décadence. Elles ont rendu des services inappréciables dans l'instruction et l'éducation d'un grand nombre de personnalités arabes et ont contribué à relever le niveau du pays.

« […] Les parents, qu'ils soient chrétiens ou musulmans, s'estiment heureux de pouvoir confier leurs enfants à ces écoles, vu leur culture et leur excellente discipline.

« […] On rend la vie intenable à ces écoles, par des lois qui paraissent étranges à tous ceux qui ont quelques expériences dans les affaires scolaires… Est tombée sur elles quotidiennement une pluie d'instructions et arrêtés sans fin, de nature à les étouffer, pour que leurs directeurs se voient obligés de les fermer.

« Il est facile de constater la vérité de ce que nous avançons si on lit attentivement la loi 160 de 1958 sur l'enseignement privé dans la République arabe unie, et le décret ministériel numéro 20 de 1959 qui contient les règles d'exécution de la loi susdite.

« […] Voici à titre d'exemple, le texte des articles 49 et 54 de la loi 160 de 1958 :

« Dans le cas où une école privée contrevient aux dispositions, quelle qu'elle soit, […] le directeur de l'éducation et de l'instruction, peuvent prendre à son encontre un certain nombre de mesures, parmi lesquels la confiscation définitive ».

« La confiscation définitive a pour effet que l'école devienne propriété de l'État, avec tout ce qu'elle renferme, étant rompu tout lien qui la relie à son ancien propriétaire. Deviennent propriétés de l'État, sans obligation d'indemnisation, tous les biens, le mobilier, les instruments, les donations ou les fondations dont les revenus sont destinés à assurer l'enseignement dans l'école et son entretien.

« Cette législation est-elle raisonnable ? Est-elle dans l'intérêt du pays ?

« En outre, le gouvernement feint d'ignorer les caractéristiques essentielles de nos écoles. Il feint d'ignorer qu'elles ont été créées d'abord et en premier lieu pour enseigner notre religion à nos enfants. Nous constatons que plusieurs inspecteurs combattent parfois des emblèmes religieux. En plus le gouvernement oblige nos enfants à étudier dans les livres qui sont parfois en opposition avec nos croyances ou qui blessent nos sentiments religieux[546].

« Avec ce que nous venons de signaler, il faut ajouter que plusieurs dispositions de cette loi violent la constitution du pays qui accorde la liberté religieuse à tous les citoyens et impose l'égalité absolue entre eux. Tant que la constitution reconnaît l'existence des communautés religieuses, personne

---

[546] Voir Eva Saenz-Diez, *Égypte d'une révolution à l'autre. Politiques d'enseignements et de changements sociaux*, Paris, Ed. Publisud, 2013, pp. 246 et suiv.

n'a le droit de défier ou blesser les croyances et les règlements intérieurs de ces communautés. Il est pour le moins étrange que le gouvernement essaie de supprimer tout ce qui peut rappeler le christianisme, en changeant, par exemple [certains noms]. »[547]

Ces remarques ne concernent que la province Nord de la R. A. U. En Égypte, la nationalisation a été plus « douce ».

Lettre des patriarches coptes orthodoxes et catholiques et du représentant de la communauté anglicane

Deux ans après la lettre des patriarches syriens, et devant la détérioration de la situation des Coptes, ce sont les représentants des communautés coptes qui envoient une lettre de doléances au président (25 septembre 1961).

« Monsieur le Président, nous croyons que nous n'avons pas besoin de vous assurer que nos fils les Coptes sont des citoyens fidèles pleins d'abnégation pour la patrie, parfaitement assimilés. Ils sont toujours prêts à sacrifier leur vie pour la patrie et à mettre toutes leurs activités personnelles à votre disposition pour servir le pays.

« Cependant, ils trouvent rarement la chance de contribuer au service de la patrie et de participer dans les voies actives de la révolution, dans le domaine politique, économique ou social. Malgré leur nombre qui s'élève à plusieurs millions et malgré les grandes capacités de plusieurs d'entre eux, ils sont presque totalement écartés des grands postes dans les ministères, le corps diplomatique et consulaire. Et sont jusqu'à ce jour écartés des postes de préfet, de directeur de la sûreté et de chef de police de district. Très peu sont ceux qui occupent des postes de ministres, de directeurs généraux, membres de conseil d'administration des sociétés et membres du Conseil d'État.

« Il n'y a aucun doute que l'écartement d'une équipe de citoyens doués et fidèles[548] est en contradiction avec des buts de la révolution qui s'applique à profiter de toutes les capacités et veille à ce que les chances soient égales devant tous les citoyens sans ségrégation ou discrimination. Ceci est contraire aussi à toutes vos déclarations et notamment à celles que vous avez faites devant la délégation des Arabes vivants à l'étranger.

« Nous sommes parfaitement conscients que vos occupations multiples ne vous ont pas permis de voir l'injustice dont souffrent nos fils coptes[549] surtout dans les mouvements de nomination et d'avancement dans les postes de premier degré et au-delà, dans les missions et le travail dans les sociétés. Cette

---

[547] Tous les documents cités se trouvent aux archives du Collège de la Sainte Famille.
[548] Cf. Mirrit Boutros Ghali, Adrien Daninos, Naoum Chebib § Les deux projets phares de l'époque nassérienne et § La tour du Caire, chapitre VIII, La situation des communautés chrétiennes sous Nasser.
[549] Ces tournures de phrase ne sont pas sans rappeler les lettres de doléances de 1789 qui commençaient effectivement par « Ah, si le roi savait, ... il n'aurait pas permis. »

discrimination se fait sentir aussi lors de l'admission dans les facultés militaires et de police, dans les écoles normales primaires et supérieures ainsi que dans les écoles des beaux-arts. Nous sommes sûrs que cette injustice en contradiction avec les principes d'égalité que vous cherchez à réaliser ne vous plaira pas.

« Étant donné que la plainte de nos fils coptes concernant cet état de choses est devenue générale, nous nous sommes permis de vous la présenter en priant d'y remédier avec votre sagesse et d'attirer l'attention des responsables sur la contradiction existante entre ce traitement et les buts de la révolution et l'intérêt du pays.

« Nous prions le Très-Haut de guider dans le succès et de vous garder pour le bien du pays.

« Kyrillos VI, Pape d'Alexandrie et patriarche de la chaire de Saint-Marc
« Stephanos 1er, Pour toutes les communautés catholiques
« Le Docteur Pasteur Ibrahim Saïd, Pour les communautés anglicanes. »

Influence de la politique et la religion sur les programmes scolaires

La chute drastique du niveau, due à la politisation des programmes, aurait pu être évitée, contrairement à celle causée par la massification de l'enseignement. Selon l'actualité politique, les programmes étaient modifiés et les sujets d'examens étaient fixés en fonction des événements marquants des derniers quinze jours (il suffisait de lire les journaux pour anticiper les questions qui allaient être posées aux examens). La révolution en Irak fournit des sujets d'examens de l'année scolaire 1958-59 ; deux ans plus tard, l'examen portera sur le tremblement de terre d'Agadir en 1961. En revanche, la *Charte d'action nationale* rendue publique par Nasser en mai 1962 et destinée à guider l'ensemble du monde arabe, faisait partie des sujets permanents que l'on était sûr de voir figurer à tous les examens du niveau primaire à la dernière année de l'université. Dans une moindre mesure, l'industrialisation, le haut barrage, la solidarité afro-asiatique et le non-alignement faisaient aussi partie des sujets classiques[550]. « Si l'ère de la machine à vapeur nous a échappée, nous ne raterons pas l'ère atomique », était le refrain que tous les écoliers devaient entonner.

Ajoutons à cela que le panarabisme inhérent au régime et le prosélytisme, résultat de l'influence d'El-Azhar, allaient fortement influencer le contenu des manuels scolaires[551].

Citons quelques exemples de textes scolaires :
« Le nationalisme de la RAU est basé sur :
« La langue unique, l'arabe.

---

[550] Témoignages recueillis auprès d'anciens élèves du Collège jésuite de la Sainte Famille du Caire.
[551] Eva Saenz-Diez, « La place des Coptes dans l'enseignement en Égypte », *Confluences Méditerranée*, vol. 75, no. 4, 2010, pp. 91-106, pp. 100 et suiv.

« L'unité de religion, car nous appartenons pour la plupart à une seule et même religion céleste qui est l'Islam, bien qu'il y ait des minorités chrétiennes dans les deux provinces de la « République, qui sont nos frères, car ils sont d'origine arabe et parlent l'arabe.

« L'unité des traditions d'origine arabe... »[552]

« La propagation de la religion Islamique et de la langue arabe a donné naissance à une entité politique solide qui est l'état Islamique...

« L'Islam est la religion dominante chez tous les peuples arabes. Les adeptes des autres religions, dans le monde arabe, vivent en frères dans l'arabisme... »[553]

« Ce qui a contribué à l'unité spirituelle des Arabes, malgré leurs différences religieuses, c'est que la religion chrétienne n'a pas proposé d'enseignement sur l'organisation de la vie sociale ; elle se contente de la formation morale et invite à la vie spirituelle. C'est ce qui a entraîné les Chrétiens arabes à adopter dans leurs affaires quotidiennes la plupart des institutions sociales musulmanes... » Citons quelques textes déjà plus engagés qui montrent clairement que dû à un certain nombre de mesures, les Chrétiens ont le sentiment croissant qu'ils sont indésirables.

« Le Christ, Fils de Marie, n'était qu'un Prophète. »[554]

« Le Christ est un début, et il est indispensable que tout début ait un complément. [...] Il est rare que l'Église puisse inspirer aux hommes quoi que ce soit en dehors de l'emplacement où elle se situe. L'Église, c'est les quatre murs. Quant aux musulmans, leur temple a pour limite les quatre points cardinaux. »[555]

« Les chercheurs constatèrent que beaucoup de préceptes de l'Église étaient faux et ne trouvaient aucune place dans les livres célestes. »[556] Notons que les établissements scolaires dits « privés », c'est-à-dire religieux, n'utilisaient pas ces manuels. Ducruet relève en effet, que pour l'enseignement des matières de sciences sociales, de langue arabe, de religion, etc., les écoles privées pouvaient utiliser d'autres manuels, en obtenant un accord préalable du ministère[557].

« Les Égyptiens trouvèrent dans l'Islam un moyen de se débarrasser des scissions confessionnelles et des persécutions religieuses qui sévissaient en

---

[552] Jean Ducruet, « Situation de l'enseignement en Égypte, en Irak et en Syrie », in *Travaux et Jours*, n° 10 (juin-septembre 1963), pp. 57-97, pp. 93 et suivantes. Les écoles privées pouvaient avoir leurs propres manuels scolaires à condition d'être agréés par le Ministère.

[553] Livre de géographie adopté par la R.A.U. pour la 2e année préparatoire, p. 23.

[554] Jean Ducruet, « Situation de l'enseignement en Égypte, en Irak et en Syrie », *op. cit.*, p. 94, note 2.

[555] *Idem*.

[556] Jean Ducruet, « Situation de l'enseignement en Égypte, en Irak et en Syrie », *op. cit.*, pp. 93 et suivantes.

[557] *Ibidem*, p. 96.

Égypte avant la conquête arabe et qui ont porté préjudice à de nombreux Coptes. »[558]

Ce sont justement ces scissions confessionnelles et ces persécutions religieuses de la part des Byzantins qui ont rendu la conquête si facile.

Marginalisation des non Musulmans dans la fonction publique

Cette tendance s'accélère à partir de 1956, et ce jusqu'à nos jours. Aussi bien dans l'administration, que dans les sociétés nationalisées, les Chrétiens ont été rapidement évincés (cf. lettre des patriarches syriens à Nasser). Ils n'ont plus eu que le secteur privé, réduit à sa plus simple expression, et les quelques sociétés étrangères, consulats et agences de voyages pour être embauchés.

Dans ses notes, le père Clément S.J.[559] précise en effet que les Chrétiens ont joué un rôle de pionniers, d'éducateurs dans les domaines suivants : celui du journalisme [560], de la banque, du droit, de l'enseignement, de l'administration, du cinéma, etc. « Ils ont éduqué… ils ont préparé la voie. Et on les met à la porte » écrit-il.

Ensuite il dresse la liste des professions desquelles les Chrétiens sont écartés une fois que les Musulmans acquirent les mêmes compétences. Celles « qui donnent l'esprit de la cité [sont] aux mains exclusives de musulmans ou au service de l'Islam ». La politique, la magistrature, le barreau sont dominés par les Musulmans. L'opinion : le journalisme, la pensée (l'enseignement), la Force (l'armée), l'argent (les banques) ou les cadres de la vie (l'administration), etc. Celles qui restent encore accessibles aux Chrétiens, sont les professions techniques : médecins, ingénieurs, commerçants. En gros, les professions « réservées dans l'Antiquité aux esclaves ». Une fois de plus, nous assistons à une situation paradoxale. Il s'agit de professions qui permettent de propulser ceux qui les exercent au premier plan et d'acquérir une grande aisance financière et un grand prestige social[561]. En revanche, elles ne leur procurent aucun levier de commande, ni poids, ni rôle décisionnel sur la marche du pays.

---

[558] *Ibidem*, pp. 93 et suivantes.
[559] Archives du Collège jésuite de la Sainte Famille du Caire. Notes du père Clément, septembre 1958.
[560] Le domaine du journalisme était principalement tenu par des chrétiens libanais, précurseurs dans ce domaine, jusqu'aux années 1960. Le dernier rédacteur en chef chrétien du quotidien *Al-Ahram* était Aziz Merza, grec catholique. Il fut remplacé par Hassanein Heikal, proche de Nasser, qui occupa ce poste durant toute la présidence de celui-ci. Cf. *L'Égypte indépendante, op. cit.*, p. 377 sur l'avance prise par les chrétiens orientaux dans le domaine de la presse, § La presse, chapitre VI, XIXe siècle et premier tiers du XXe : essor des communautés et début de leur déclin.
[561] Sophie Pommier relève ce phénomène à l'époque de Sadate. Mais il a été initié dès 1952, et la situation perdure depuis 1952 et ne fait que se consolider. Sophie Pommier, *Égypte : l'envers du décor*, *op.cit.*, p. 130.

Dans un autre document des archives des Jésuites du Caire, on lit que certains pensent « qu'il n'y aura plus de Coptes dans trois ou quatre générations, si grande et systématique se trouve être la pression sociale et politique exercée par l'environnement musulman. On ne peut certes pas dire que le passé garantit l'avenir. Si les Coptes ont pu tenir près de mille ans, coupés de l'Europe, c'est qu'ils avaient les refuges de la montagne et des déserts. Aujourd'hui, il ne leur est plus permis de fuir à l'intérieur du pays. Ils ont tenté d'émigrer en Éthiopie, mais les sondages du patriarche Cyrille VI[562], dit-on, ont rencontré une « fin de non-recevoir » ».

Et l'auteur d'évoquer l'invitation adressée par le Négus aux jeunes diplômés coptes de s'installer en Éthiopie pour moderniser l'économie du pays. La proposition qui reçut un accueil enthousiaste de la part de certains, offrait des débouchés devenus inaccessibles aux Coptes dans leur pays. Mais le projet tourna court. Les autorités égyptiennes dressèrent d'insurmontables obstacles à la proposition du Négus transmise par le patriarche Cyrille VI. Comme nous le voyons, la méfiance que nourrissait les autorités égyptiennes à l'égard de l'Éthiopie depuis le Moyen-Âge – et notamment la volonté d'éviter un rapprochement entre les deux Églises –, se voyait une fois de plus confirmée, même à l'époque de Nasser[563].

---

[562] 116ème patriarche de l'Église copte orthodoxe, et patriarche de toute l'Afrique et du siège de Saint Marc (1959 – 1971). A noter que jusqu'en 1959, les deux Églises avaient des liens étroits puisque le chef de l'Église éthiopienne était un évêque copte égyptien intronisé par le patriarche d'Alexandrie.
[563] Jacques Tagher, *Coptes et musulmans, op. cit.*, pp. 296 et suiv.

Les deux projets phares de l'époque nassérienne

Le fait d'être concepteur d'un des projets prioritaires du gouvernement et de faire une analyse solide et documentée, ne suffisait pas pour intéresser les autorités. Il fallait présenter le profil adéquat tant soit religieux qu'idéologique. La compétence pouvait être au rendez-vous, mais si la « confiance » n'y était pas, cela était insuffisant. Les deux projets phares de l'ère nassérienne – à savoir la réforme agraire et la construction du haut barrage – furent conçus par deux éminents chercheurs dont les noms n'ont pratiquement jamais été prononcés.

Mirrit Boutros Ghali

En 1945, sous les auspices du groupement du « relèvement national », l'intellectuel copte Mirrit Boutros Ghali qui appartenait à une famille de très grands propriétaires fonciers, avait publié une étude en arabe *La réforme agraire (propriété, location, travail)*. Deux ans plus tard en 1947 il publie un opuscule en français intitulé *Un programme de réforme agraire pour l'Égypte*. Il préconisait le relèvement du « niveau de vie des paysans par l'extension de la protection de la petite propriété rurale, la limitation de la grande propriété, la réglementation des loyers agricoles et l'encouragement des coopératives de production et de consommation »[564]. Et il termine son exposé en disant « [La réforme agraire] ne doit pas seulement réaliser une répartition plus équitable de la terre et du revenu agricole, mais encore contribuer à l'accroissement de la richesse générale. Sans entraver une production agricole intensifiée, elle doit faciliter le développement industriel et commercial ; elle parviendra en créant de nouveaux marchés intérieurs, grâce à l'augmentation du pouvoir d'achat de la masse paysanne, et en dirigeant vers l'industrie les capitaux qui s'accumulent improductivement dans les domaines fonciers. »

Dans son projet, Boutros Ghali proposait de réduire la propriété foncière à 100 feddans[565] (alors qu'initialement Nasser fixe la limite à 200 feddans, dans les années 1960, il la réduira à 100) et préconisait notamment la création de coopératives.

Adrien Daninos

Ali Sabri, proche de Nasser, ministre d'État pour les affaires présidentielles relate dans un article du quotidien égyptien *Al-Goumhouriya* son entrevue avec l'ingénieur agronome égyptien d'origine grecque, Adrien Daninos, fils d'un éminent égyptologue du début du XXᵉ siècle, Albert Daninos pacha.

---

[564] Mirrît Boutros-Ghali, « Un programme de réforme agraire pour l'Égypte », in *L'Égypte contemporaine*, 38, janvier-février 1947, pp. 3-66, présentation de l'article, p. 2.
[565] 1 feddan est équivalent 45 hectares environ.

Daninos remet à Ali Sabri un dossier concernant la construction d'un barrage sur le Nil et lui dit : « […] Maintenant, tout est changé en Égypte. La révolution me donne un peu d'espoir. Et c'est pour cela que je me suis permis de venir vous voir. […] Le plus grand espoir de ma vie est que je le voie un jour entrer dans la voie de l'exécution. Cela me consolerait des sacrifices que j'ai dû subir jusqu'ici.

« – J'avais cent feddans que j'ai vendu pour en consacrer le prix à la préparation du projet que je vais vous exposer. J'allais fréquemment en Europe pour le soumettre aux gouvernements étrangers et les persuader de le mettre à exécution. »

Daninos avait élaboré un dossier suite à plusieurs missions d'étude en Europe afin de se réunir avec des spécialistes de la question, le tout à ses frais.

Ali Sabri poursuit : « Je rassurai mon interlocuteur et lui promis de m'intéresser à son projet.

« Je soumis le projet à certains des ingénieurs du haut commandement, parmi lesquels il y avait le colonel Mahmoud Younes du corps du génie. Après étude rapide des plans de Monsieur Daninos, ils déclarèrent que le projet était réalisable.

« Et alors, la révolution s'occupa sérieusement de l'affaire comme vous le savez… »

Mis à part cet article de Ali Sabri, le nom de Daninos ne fut pas mentionné, bien que son projet fût adopté avec succès. Sadate le cite dans une de ses entrevues à la télévision, mais il reste inconnu du grand public, alors qu'il avait consacré sa vie et sa fortune au service de l'Égypte. Il meurt au Caire en 1976, bien après l'inauguration du barrage, projet pharaonique que l'Égypte a entrepris grâce au concours technique et financier des Soviétiques, sans que son nom n'ait été associé à cette réalisation.

La tour du Caire

Naoum Shebib

Auteur du monument emblématique de l'Égypte contemporaine d'inspiration pharaonique, Naoum Shebib (1915-1985), est l'un des principaux architectes égyptiens, précurseur de l'architecture moderne et compte parmi les premiers concepteurs des gratte-ciels dans le pays. Il construit la tour du Caire, achevée en 1961. Avec ses 185 mètres de hauteur, c'est à l'époque la construction la plus élevée d'Afrique. Une fois cette œuvre achevée, il émigrera au Canada et son nom est ignoré du grand public alors que la tour avait créé l'événement tant soit politique que social.

Ces trois personnages, rapidement évoqués, ne faisaient pas partie du cercle restreint de personnes agréées par le régime, les *happy-few*.

Présentation de grands industriels

Les frères Matossian et le commerce du tabac

Les frères Garabeth et Hovhaness Matossian arrivent en Égypte en 1882[566]. Ils sont originaires de la partie orientale de la Turquie, au sud de la mer Noire, région du lac Van. Ceux-ci se spécialisent dans le commerce du tabac ; l'un des frères ouvre un petit atelier à Alexandrie et l'autre au Caire. Dix ans plus tard, ils s'associent et leur entreprise connaîtra rapidement un développement prodigieux. En 1899, le capital de la société Matossian est déjà de 100 000 LE, et il atteindra 150 000 LE en 1902[567]. En quelques décennies, le nom de Matossian devient en Égypte synonyme de « Roi du tabac » et « Roi des Arméniens » pour ce qui est de la communauté arménienne[568].

Dans la première moitié du XXe siècle, le tabac occupait une place très importante dans la vie économique du pays, place sans commune mesure avec la situation actuelle en Égypte. Plus tard, le tabac sera considéré comme une « denrée de base » par l'armée britannique, et connaîtra un boom extraordinaire pendant les deux guerres mondiales, périodes durant lesquelles des millions de soldats britanniques transitent plus ou moins longtemps dans le pays.

La situation de la société des Matossian à partir de la Grande Guerre ne cesse de s'améliorer, et ce jusqu'à la politique de nationalisation du début des années 1960 qui a affecté les grandes entreprises.

Au début du XXe siècle, la multinationale British-American Tobacco Co, BAT Co. s'installe en Égypte. Elle acquiert en 1907 la société de tabac Maspero qui devient ainsi sa première filiale égyptienne. La multinationale se développe peu à peu, et absorbe la plupart des usines en Égypte et dans d'autres régions du Moyen-Orient. Dans les années 1920, les principales sociétés de tabac sont Coutarelis, Gamsaragan, Ipekian, Laurens, Livanos, Matossian, Melkonian, Papatheologos, Salonica, A. Pangalos, FP Papadopoulo et Maspero Frères. La majorité d'entre elles sont peu à peu rachetées par la BAT. Quelques décennies plus tard, l'entreprise Matossian sera la seule grande compagnie de tabac n'ayant pas été absorbée par la politique expansionniste de la multinationale britannique-américaine[569].

En 1927, Hovhannes Matossian, l'aîné des frères, meurt. Ses fils Jacques, Joseph et Vincent, qui avaient déjà travaillé dans l'entreprise, reprennent l'usine. En juillet, la multinationale conclut un accord avec Matossian. Ils

---

[566] Voir Eva Saenz-Diez Jaccarini, « Los orígenes extranjeros de la nobleza española la familia Matossian y Osorio », *op. cit.*, pp. 159-179.
[567] À cette époque : 1 LE = 21 shilling = 1 guinée ; et 1 £ (le souverain) = 20 shilling soit 8 g. d'or . La LE valait donc un shilling de plus que le souverain.
[568] Les Matossian engagent un grand nombre de membres de la communauté arménienne. Comme nous l'avons vu, les notables exerçaient une très grande autorité sur la communauté.
[569] Eva Saenz-Diez Jaccarini, « Los orígenes extranjeros de la nobleza española la familia Matossian y Osorio », *op. cit.*, p. 169.

créent une nouvelle société qui prendra le nom de Eastern Co. sans que Matossian ne devienne une filiale de la British-American Tobacco Co.

Quelle est la situation de l'entreprise Matossian ?

Au début des années 1920, l'usine, installée à Guiza, compte 4000 employés. La production se développe sensiblement avec l'acquisition de machines extrêmement performantes. Peu avant la fusion avec la BAT, les Matossian augmentent leur capital de 250.000 £ à 750.000 £, et la British American augmente le sien à 5.000.000 £, ce qui représente alors le plus gros investissement réalisé dans une société anonyme égyptienne, à l'exception de la Compagnie du canal de Suez. Dans cette nouvelle société, l'entreprise familiale Matossian détient 50 % des actions. La multinationale accepte ces conditions extrêmement favorables pour les magnats arméniens parce que ceux-ci fournissent une usine moderne et modèle. Ils bénéficient également d'atouts considérables : un excellent réseau de distribution – avec notamment une armée de placiers arméniens de toute confiance présents sur tout le territoire – une très bonne connaissance du marché égyptien et de très bons contacts avec les autorités locales. En plus, ils savent tirer profit des techniques modernes mises à la disposition du marché. En effet, au début des années 1920, l'entreprise familiale, précurseur dans le domaine, lance avec grand succès plusieurs campagnes publicitaires. À telle enseigne que le journal Al Mussawar utilise la campagne publicitaire menée par les Matossian comme exemple à présenter aux clients[570].

De plus, à une époque d'exaltation de produits nationaux[571], avoir un partenaire « local » est un avantage considérable pour la British American Tobacco. Il convient de noter que bien que l'entreprise s'appelle officiellement Eastern Co. depuis 1927[572], elle continue à être connue sous le nom de Matossian, et ceci perdure même plusieurs décennies après l'expropriation de la société par Nasser.

La Eastern Co. codirigée par les Matossian était à bien des égards une entreprise modèle. Ceux-ci s'inspirent de l'œuvre des grands philanthropes occidentaux du XIXe siècle. Alors qu'il n'y a pas encore de protection sociale

---

[570] *Idem.*

[571] La Banque Misr est créée en 1920, fondée par Talaat Harb pacha et Joseph Aslan Cattaoui pacha, président de la communauté juive et ministre des Finances. Harb en sera le président et Cattaoui le vice-président. Earl L. Sullivan, *Women in Egyptian Public Life*, Syracuse University Press, 1986, p. 171 ; Moshe Behar et Zvi Ben-Dor Benite (éd.), « Joseph Aslan Cattaui Pacha », *Modern Middle Eastern Jewish Thought: Writings on Identity, Politics, and Culture, 1893–1958*, Waltham, Brandeis University Press, 2013, pp. 80-86, p. 80.

[572] Howard Cox, *The Global Cigarette: Origins and Evolution of British American Tobacco 1880-1945*, Oxford University Press, 2000, p. 286.

en Égypte, ils s'occupent de la santé et du bien-être de leurs employés[573]. En effet, Joseph Matossian, président de la Chambre de commerce du tabac, avait mis en place au sein de l'usine un important système de sécurité sociale avec plusieurs médecins et un dentiste, un service de transport pour le personnel et des voyages organisés. Les cantines de l'entreprise offraient aux employés des repas à un prix symbolique, et il y avait même un service de buanderie pour le personnel travaillant à l'usine. Les Matossian avaient créé un club social et sportif pour les employés de bureau, les ouvriers et leur famille, et des festivités étaient organisées avec distribution de cadeaux à l'occasion du Nouvel An, ou de la fin de Ramadan.

Ces initiatives ne s'appliquaient pas uniquement à leur cadre professionnel, mais s'élargissaient à toute la communauté. En effet, la famille Matossian avait créé et financé un prix pour les meilleurs étudiants arméniens au Victoria College à Alexandrie[574]. Ils ont également financé la construction d'un orphelinat et d'une école pour filles arméniennes. Les épouses de Hovhaness et de Garabeth s'occupaient personnellement de la préparation des jeunes mariées et leur offraient une dot[575]. Garabeth a quant à lui financé la construction de l'église dédiée à Notre-Dame de l'Annonciation, consacrée en 1926, et du patriarcat arménien catholique du Caire[576]. En 1923, Hovhaness fait construire une chapelle dans le cimetière catholique d'Alexandrie.

Tout au long du XXe siècle, les membres de la famille Matossian, de rite arménien catholique, étaient devenus de facto les leaders de leur communauté. Contrairement aux Orthodoxes, l'arménien n'est plus utilisé que comme langue liturgique. En effet, la communauté orthodoxe, plus enracinée dans la tradition arménienne[577], est « gardienne du temple ». L'éducation des Arméniens catholiques se faisait alors principalement en français, *lingua franca* utilisée par les différentes communautés étrangères d'Égypte.

Interactions sociales

Il est intéressant de voir comment, dans cet environnement multiculturel et multiconfessionnel, avec des croyances religieuses différentes, les classes socio-économiques interagissent de manières différentes. Pour les classes populaires, les interactions avec les autres communautés étrangères sont quasiment inexistantes. Celles-ci se font verticalement, au sein d'une même communauté. La vie communautaire y est organisée autour de l'église, des

---

[573] Interview en 2013 de Mamdouh Salem, l'un des ingénieurs dans l'entreprise, qui travailla sous la direction de Jean-Pierre alors qu'il était directeur de production. Il a déclaré que c'était les meilleures conditions de travail qu'il avait connues en usine en Égypte.
[574] Eva Saenz-Diez Jaccarini, *op. cit.*, pp. 171-2.
[575] *Idem*.
[576] Eva Saenz-Diez Jaccarini, *op. cit.*, p. 170.
[577] Eva Saenz-Diez Jaccarini, « Los orígenes extranjeros de la nobleza española la familia Matossian y Osorio », *op. cit.*, p. 171.

clubs sociaux et des écoles communautaires. Les membres de chaque communauté vivent souvent dans les mêmes quartiers : à telle enseigne que souvent on parlait du quartier juif, du quartier copte, etc.

Quant aux notables, leurs enfants ne fréquentent pas les écoles de leur communauté, même si celles-ci avaient été fondées par des membres de leur famille, mais plutôt le Collège jésuite de la Sainte Famille, le Collège de La Salle – Frères des Écoles chrétiennes –, voire le Lycée français ou le Victoria College pour la minorité qui suivait l'enseignement anglais[578].

Conclusion

En Égypte, la Eastern Co. était devenue la fierté de la nation. En fait, peu après la nationalisation du canal de Suez, Nasser déclara dans un de ses discours que les revenus nationaux les plus importants étaient ceux du canal de Suez suivis de près par ceux de la Eastern Co.[579]

Cela n'a pas empêché le Raïs de nationaliser l'entreprise en 1961. Joseph Matossian réussit à quitter l'Égypte, et meurt deux ans plus tard à Paris. Ses petits-fils, Juan, Jaime et Miguel Matossian, nous ont répété que pour lui, l'incompréhension était totale : il ne pouvait concevoir comment son entreprise avait été nationalisée alors qu'elle générait les bénéfices les plus importants de l'industrie égyptienne et de plus, qu'elle était unanimement reconnue pour avoir été une entreprise modèle tant pour sa gestion que pour les excellentes conditions de travail offertes à ses employés.

Selim Sednaoui tient des propos à peu près identiques au sujet de son père. Celui-ci s'est retiré au Liban suite à l'expropriation de ses grands magasins. Il n'a jamais pu comprendre comment on pouvait mettre brutalement un terme à une entreprise florissante, source de grands revenus pour l'Égypte. La famille Sednaoui avait également fondé un imposant établissement scolaire, l'école patriarcale Grecque catholique, accessible à des élèves de toutes confessions ainsi qu'un hôpital moderne inauguré en grande pompe par le roi Farouk.

---

[578] Cf. Sednaoui, fondateur du Collège patriarcal grec catholique dont les enfants allaient chez les pères jésuites.
[579] Cette tendance s'est maintenue. Reem Hosam El-din, « Dollar crisis threatens Eastern Tobacco Company's production », Daily News Egypt, 27 octobre 2016, https://wwww.dailynewssegypt.com/2016/10/27/dollar-crisis-threatens-eastern-tobacco-companys-production/ ; Régie Libanaise de Tabacs et Tombacs, « Eastern Tobacco Company: we provide the second largest income following Suez Canal and we manufacture 80 billion cigarettes », « Eastern Tobacco Company: we provide the second largest income following Suez Canal and we manufacture 80 billion cigarettes », Régie Libanaise de Tabacs et Tombacs, février 2018, https://www.rltt.com.lb/Article/283/eastern-tobacco-company-we-provide-the-second-larg/en

Épilogue
L'après Nasser

Nasser a porté un coup fatal à toutes les communautés chrétiennes d'Égypte d'origine ottomane. Celles-ci étaient principalement bilingues, c'est-à-dire arabophones et francophones. La majorité de leurs membres prit le chemin de l'exil, souvent dans des conditions misérables (une valise de 20 kg et 20 LE en poche, l'équivalent de 50 US$ à l'époque).

Dans les lignes qui suivent, il sera surtout question des mesures prises visant à marginaliser les Chrétiens indigènes, les Coptes, via l'Islamisation de la société, les Chrétiens allogènes ayant pratiquement disparu après la crise de 1956 et les mesures sociales adoptées dans le courant des années 1960.

Sadate

Bien qu'élu en octobre 1970, il n'accède réellement au pouvoir que le 15 mai 1971 lorsqu'il parvient à se débarrasser de ses rivaux (Ali Sabri, Shaarawi Gom'a, ...) et réalise ce qu'il appellera « La révolution rectificative »[580]. Il promet des élections libres, de nouvelles institutions et un nouvel État. Mais la Constitution promulguée le 11 septembre 1971 accentue les pouvoirs du président et renforce le caractère musulman du régime. cheikh Abdel Halim Mahmoud, imam d'El-Azhar de 1973 à 1978, grand admirateur du modèle de société saoudien, écrit en octobre 1972 : « Nous devons instaurer le *hadd*[581] après l'échec de tous les châtiments préconisés par le droit civil. Un état Islamique comme l'Arabie saoudite qui a fait son devoir en instaurant cette peine, voit son peuple vivre en sécurité, et dans la tranquillité de ses personnes et de ses biens. [...] La civilisation du XXe siècle doit-elle supprimer le Livre de Dieu et la Sunna de son prophète ? »[582]

---

[580] Ce sera le prélude à l'expulsion l'année suivante des experts soviétiques.
[581] Hadd est un terme du droit musulman qui désigne les peines légales prescrites par le Coran ou la Sunna. Une peine est impérative (hadd) si le juge ne peut pas la moduler car elle est ordonnée par Dieu ; ce terme s'oppose aux peines modulables par la juridiction (ta'zir). « [Les hudud] sont les peines corporelles mentionnées dans le Coran : peines de mort ou de mutilation contre les apostats, les fornicateurs et adultères, les voleurs, les brigands et rebelles à l'ordre public, les diffamateurs. » « Islam (Histoire) Le monde musulman contemporain », *Encyclopædia Universalis*.
[582] *Majallat al-Azhar*, octobre 1972, pp. 602-603, cité par Malika Zeghal, *Gardiens de l'islam, Les Oulémas d'al-Azhar dans l'Égypte contemporaine*, Paris, Presses de Sciences-Po, 1996, p. 143. Cheikh Abdel Halim Mahmoud a étudié à Paris dans les années 30, et a obtenu une licence d'arabe de la Sorbonne. Il a également préparé une thèse sous la direction de Louis Massignon.

En juillet 1972, les élites coptes se réunirent à Alexandrie suite à l'intention de Sadate de proclamer l'Égypte « État islamique » et d'introduire la chari'a comme base de la législation. Le même mois, le président convoqua une « Conférence pour l'Unité nationale » en déclarant la « liberté de religion », sans pour autant renoncer à son projet[583].

L'une des premières mesures adoptées par Sadate fut la libération des membres de la Confrérie des Frères musulmans, poursuivis et incarcérés par Nasser depuis juillet 1954. La répression s'était poursuivie durant tout son mandat, et en 1968, le Raïs aurait reconnu avoir incarcéré 18 000 Frères musulmans[584]. Suite à la défaite de 1967, et la montée en puissance de l'influence de l'Arabie saoudite, en 1969, il libère certains membres de cette Confrérie.

Sous Sadate, les violences contre les Chrétiens se multiplient. Les Coptes se voient définitivement réduits à une situation de « citoyens de deuxième zone »[585] alors que la communauté copte n'a jamais manqué de donner des signes de loyauté envers l'Égypte, allant même, comme nous l'avons vu, jusqu'à la surenchère. Suite à la signature des accords de Camp David, et alors que les Musulmans peuvent se rendre à Jérusalem, le patriarcat copte a interdit les pèlerinages en Terre sainte. Cette mesure n'a été que tout récemment révoquée par le patriarche Tawadros II. Ces démonstrations de « patriotisme » ne suffisent pas à inverser la tendance, et la marginalisation des Coptes s'accentue. Concrètement, cela se traduit par leur mise à l'écart dans la haute fonction publique et des principaux postes de responsabilités en général, « comme si une suspicion pesait sur leur civisme et leur loyauté. »[586] Les rares membres chrétiens du Parlement et du Sénat, sont dans leur écrasante majorité, nommés par le président de la République, et non pas élus[587]. Voici un tableau présentant la situation des coptes dans la fonction publique en 1977[588].

---

[583] Éliane Ursula Ettmueller, « Les coptes et les musulmans, une fraternité précaire ? », *op. cit.*, pp. 117-128.
Comme nous l'avons vu, les autorités avaient répondu de manière similaire à la demande des Coptes. Voir § Méfiance envers les non Musulmans, chapitre VI, Le mouvement national à la fin du XIXᵉ siècle).
[584] John Waterbury, *The Egypt of Nasser and Sadat. The Political Economy of Two Regimes*, Princeton, Princeton University Press, 1983, p. 341.
[585] Christian Cannuyer, *Les Coptes*, Maredsous, Ed. Brepols, 1990, p. 170. Cf. le Mémorandum publié par le saint synode suite aux restrictions adoptées par le Gouvernement concernant les droits des Coptes dans le domaine du droit civil, des postes-clés et de la représentation politique, février 1977. Sami Awad Aldeeb Abu-Sahlieh, *L'impact de la religion sur l'ordre juridique. Cas de l'Égypte. Non-musulmans en pays d'Islam, op. cit.*, Annexe III, pp. 325-40.
[586] Sophie Pommier, *Égypte : l'envers du décor, op. cit.*, p. 130.
[587] Il est presqu'impossible pour un candidat non musulman de se faire élire.
[588] Sami Awad Aldeeb Abu-Sahlieh, *L'impact de la religion sur l'ordre juridique. Cas de l'Égypte. Non-musulmans en pays d'Islam, op. cit.*, p. 269. Tableau tiré de la revue *Voice of Copts*, avril 1973.

	Nombre total	Nombre de coptes	Pourcentage
Cabinet du ministre (ou poste plus élevé)	55	2	3,8 %
Cabinet de vice-ministre	27	0	0 %
Gouverneur de province	25	0	0 %
Ambassadeur	90	0	0 %
Doyen d'Université	155	0	0 %
Commissaire de Police (province)	25	0	0 %

En revanche, la politique d'*Infitâh* – l'ouverture économique – du début du mandat de Sadate dans des années 1970, a eu comme effet secondaire non forcément désiré, la création d'associations influentes d'hommes d'affaires, dans lesquelles on retrouve une surreprésentation des non Musulmans[589]. On retrouve ici le même paradoxe qu'a constitué la prospérité des millets dans l'Empire ottoman.

Le « président croyant »

Sous le nouveau président, l'islamisation de la société connaît non seulement un coup d'accélérateur, mais aussi un changement du discours officiel. Anouar El-Sadate se présente comme *El ra'îs el mo'men*, le président croyant[590]. Dans l'un de ses discours à l'occasion de l'anniversaire de sa prise de pouvoir, il dit : « Je suis le président musulman d'un état musulman. Je gouverne en musulman un pays islamique où Chrétiens et Musulmans vivent côte à côte. »[591] Ces quelques paroles établissent d'une façon officielle la hiérarchisation des communautés religieuses. Tous Égyptiens, certes, mais la

---

[589] Sophie Pommier, *Égypte : l'envers du décor, op. cit.*, p. 261.
[590] Robert Solé, *Sadate*, Paris, Perrin, 2013. Dans son chapitre 10, intitulé « Le président croyant », l'auteur décrit les changements relevant du domaine religieux, ou politico-religieux, adoptés par celui-ci.
[591] Pierre Mirel, *L'Égypte des ruptures. L'ère Sadate, de Nasser à Moubarak*, Paris, Sindbad, 1982, p. 231.

nature islamique du régime fait que les Chrétiens ne sont pas « aussi égaux » que les Musulmans[592].

Des groupes islamistes violents, sortis des geôles par Sadate pour contrer les nassériens, s'attaquent également aux Chrétiens notamment en Moyenne et Haute-Égypte.

Porosité des différents mouvements islamiques

Il existe une porosité entre mouvements dits pacifistes, les quiétistes, ou shaykhistes, et les djihadistes[593].

Tewfik Aclimandos note qu'« assez paradoxalement, mais très logiquement, les passerelles sont nombreuses entre shaykhistes et jihâdistes. L'ossature des *weltanschauungs* (vision du monde) est grosso modo la même. De surcroît, aucun uléma, même proche du régime, n'a jamais, en aucun moment, affirmé que le jihâd défensif était illégitime. Tôt ou tard, une minorité de salafistes shaykhistes se demande pourquoi refuser de passer au jihâd alors que Jérusalem est occupé, les musulmans opprimés en Irak, en Palestine, en Afghanistan, etc. Reste à affirmer que les passerelles marchent dans les deux directions, et que nombreux sont les shaykhistes qui sont d'anciens jihâdistes… »[594]

Différentes constitutions

Les différentes constitutions qu'a connues l'Égypte à partir de 1923, ont toutes reconnu l'Islam comme religion d'État à l'exception de la constitution de 1958, à la demande des Syriens.

Dans celle de 1971 rédigée après l'accession au pouvoir de Sadate, l'article 2 stipule que « L'Islam est la religion de l'État, l'arabe sa langue officielle et les principes de la sharia islamique *une* source principale de la législation. »[595]

Le président reprend cette même idée en 1976 : « L'Islam n'est pas simplement des dévotions, des rites de pèlerinage, des homélies morales, des lectures mécaniques du Livre de Dieu. Non, notre Coran est une encyclopédie

---

[592] René Guitton, *Ces chrétiens qu'on assassine*, Paris, Flammarion, 2009.
[593] « Et Allah a renvoyé, avec leur rage, les infidèles sans qu'ils n'aient obtenu aucun bien, et Allah a épargné aux croyants le combat. Allah est Fort et Puissant. […] Il vous a fait hériter leurs terres, leurs demeures, leurs richesses et une terre que vos pieds n'avaient point foulée. La puissance d'Allah n'a pas de limite. » (Sourate 33, Al-Ahzab, les Coalisés ou les Factions, versets 25 et 27).
[594] Tewfik Aclimandos, « L'islam politique égyptien », in *Confluences Méditerranée*, 2010/4 (n° 75), pp. 167 à 179, § 24, https://www.cairn.info/revue-confluences-mediterranee-2010-4-page-167.htm
[595] Nathalie Bernard-Maugiron and Baudouin Dupret « Les principes de la sharia sont la source principale de la législation. La Haute Cour constitutionnelle et la référence à la Loi islamique », *Égypte Monde arabe*, « Dossier Le Prince et son juge » 2 | 1999, p. 107-126, note 1, https://journals.openedition.org/ema/992?iframe=true&width=100%25&height=100%25

complète qui n'a laissé aucun côté de la vie, de la pensée, de la politique, de la société, des secrets cosmiques, des mystères de l'âme, des transactions du droit familial, sans qu'il ait donné d'opinion. L'aspect prodigieux miraculeux de la législation coranique est qu'elle convient à toute époque. »[596] La même année, paraît l'ouvrage de Maurice Bucaille, *La Bible, le Coran et la science* où la même approche est développée[597].

Depuis le début des années 1970, des groupements islamistes demandent l'intégration totale des principes de l'Islam, qui pour eux, constituent un projet de civilisation totale. Ces revendications incluent dans certains cas la demande de rétablissement de l'esclavage et plus récemment, certains groupes djihadistes n'ont pas hésité à avoir recours à ces pratiques[598]. Mohamed Charfi cite « Cheikh Lakhoua, tête de liste des islamistes aux élections législatives tunisiennes de 1989 [qui] a clairement déclaré [lors d'une interview] que, en cas de guerre, les prisonniers doivent être réduits en esclavage, comme le veut le droit musulman. »[599] Toujours selon Charfi, on trouve à l'article 12 de la charte du Hamas datant de 1988 que lutter contre l'ennemi est une obligation individuelle pour chaque Musulman. Certains intellectuels, politiciens ou universitaires[600] préconisent le retour à l'esclavage pour les captifs[601].

D'autre part, des centaines de cas de *takfīr* (le fait qu'un Musulman déclare qu'un autre Musulman n'est pas croyant), de poursuites d'athées, d'agnostiques, d'apostats, de « blasphémateurs », etc. se multiplient à partir de cette époque. Les cas les plus connus en Égypte sont ceux de l'intellectuel Farag Fouda[602] qui est assassiné en 1992. Deux ans plus tard, l'écrivain et prix

---

[596] Al-Ahram, 1er juin 1976, p. 6, *in* Sami Awad Aldeeb Abu-Sahlieh, *L'impact de la religion sur l'ordre juridique. Cas de l'Égypte. Non-musulmans en pays d'Islam*, op. cit., p. 126.
[597] Maurice Bucaille, *La Bible, le Coran et la science*, Paris, Seghers, 1976.
[598] Mathieu Guidère, « Les femmes esclaves de l'État islamique », *Le Débat*, vol. 188, no. 1, 2016, Gallimard, pp. 106-118.
[599] Interview par Z. Krichen, in Maghreb, magazine tunisien, 147, 14 avril 1989, p. 20 et 21 ; Mohamed Charfi, *Islam et liberté: Le Malentendu historique*, Paris, Albin Michel, 1999, p. 65.
[600] « See a woman Professor, Suad Saleh, of Al-Azhar University of Cairo, Egypt, issuing a religious judgment that Muslim fighters can enslave their enemie's women that are captured in war and use them as sexual surrogates because according to Muslim Law, « an enemy that has captured Muslim land, attacked Muslims, or attacks Muslim beliefs, then it would be legitimate to wage war on them and enslave their women and have the Muslim leaders, army, or any Muslim enjoy having sex with the slaves in the same manner that he enjoys having his wives » ». Mark Tomass, « The ideological origins of ISIS: fighting terror with common sense », *in* Charles Webel, Mark Tomass, eds. *Assessing the War on Terror: Western and Middle Eastern Perspectives*, , London - NY, Routledge2017, pp. 108-136, p. 134.
[601] Sami A. Aldeeb Abu-Sahlieh, « Le mouvement tunisien de la tendance islamique, la loi islamique et les droits de l'Homme », in *Annuaire de l'Afrique du Nord*, Centre national de la recherche scientifique - Institut de recherches et d'études sur le monde arabe et musulman (IREMAM) (éds.), Paris, Éditions du CNRS, 1998, pp. 403-404, https://aan.mmsh.univ-aix.fr/Pdf/AAN-1996-35_01.pdf.
[602] « Ainsi, il suffirait à un prédicateur islamiste influent de dire « untel est hostile à l'islam et fait une guerre contre l'islam » pour mettre la vie d'autrui en danger. » Wael Saleh, « La radicalisation menant

Nobel de littérature Naguib Mahfouz[603] est victime d'une grave attaque au couteau. À la même période, le professeur Nasr Abou-Zeid[604] est « divorcé » d'office de son épouse, car déclaré apostat, donc non Musulman et ne pouvant de ce fait être l'époux d'une Musulmane. Poussés à l'exil, son épouse et lui trouvent refuge aux Pays-Bas.

Notons que déjà, en 1925, Abdel Razek dans son célèbre livre *L'islam et les fondements du pouvoir* écrit que l'Islam est une religion purement religieuse et n'a jamais voulu établir un état. El-Azhar condamne l'ouvrage et met définitivement fin à ses fonctions de *qadi*. Il n'a toujours pas été réhabilité, bien que sous Nasser il ait été nommé ministre de Waqfs. Vu que les Waqfs avaient perdu toute indépendance, et s'étaient retrouvés sous tutelle de l'État, il ne s'agissait que d'une fonction purement honorifique.

L'apostasie

Désireux d'utiliser la religion, Sadate est devenu prisonnier de ses déclarations[605]. Ainsi notamment, un projet de loi prévoira la peine de mort pour apostasie de l'Islam. Apostasie, pris au sens le plus strict du mot, c'est-à-dire toute personne qui ne respecterait pas la doctrine officielle de l'Islam. La loi ne sera pas votée, mais la menace plane, régulièrement brandie par l'opposition islamiste, et comme nous le verrons, elle sera présente dans divers discours religieux[606]. Notons d'autre part que les encouragements aux conversions et même les conversions forcées vers l'Islam seront de plus en plus fréquents.

Le 9 avril 1974, Bint Al-Shati', professeur à la Faculté de droit islamique de l'Université d'El-Azhar publie dans le quotidien *Al-Ahram* un article

---

à la violence au nom de l'islam : Cartographier les acteurs théoriques pour mieux comprendre les enjeux épistémologiques et éthiques », *Cahiers de recherche en politique appliquée*, Vol. VII, n° 2, Automne 2019, pp. 92-108, p. 95, https://www.researchgate.net/publication/338111180_La_radicalisation_menant_a_la_violence_au_nom_de_l'islam_Cartographier_les_acteurs_theoriques_pour_mieux_comprendre_les_enjeux_epistemologiques_et_ethiques.

[603] « L'écrivain Naguib Mahfouz a été grièvement blessé dans un attentat », *Le Monde*, 16 octobre 1994, https://www.lemonde.fr/archives/article/1994/10/16/egypte-l-ecrivain-naguib-mahfouz-a-ete-grievement-blesse-dans-un-attentat_3850651_1819218.html. « Mahfouz, le «Zola du monde arabe» », *La Croix*, 30 août 2006, https://www.la-croix.com/Culture/Actualite/Mahfouz-le-Zola-du-monde-arabe-_NG_-2006-08-30-516175.

[604] Naṣr Ḥāmid Abū Zayd Egyptian scholar, *Britannica*, https://www.britannica.com/biography/Nasr-Hamid-Abu-Zayd.

[605] Pierre Mirel, *L'Égypte des ruptures. L'ère Sadate, de Nasser à Moubarak, op. cit.*, p. 108.

[606] La peine de mort pour apostasie est régulièrement réclamée par certains groupes. Sami Awad Aldeeb Abu-Sahlieh, *L'impact de la religion sur l'ordre juridique. Cas de l'Égypte. Non-musulmans en pays d'Islam, op. cit.*, 9 octobre 1974, 15 avril 1977 ; Christian Cannuyer, *Les Coptes, op. cit.*, p. 169.

« L'apostasie et la liberté de croyance », dans lequel elle écrit[607] : « Rien n'est plus dangereux pour une nation qu'un apostat, niant sa conviction et se déclarant quitte d'elle. Cet apostat a choisi librement la séparation avec sa nation et il n'a qu'à supporter les conséquences […]. Si l'Islam ampute un tel membre séparé, il cherche par là à sauvegarder l'entité de sa nation. »[608] L'apostasie, assimilée à un crime de haute trahison vis-à-vis de l'État, est donc passible des sanctions les plus sévères. Il s'agit là d'un signe flagrant, de confusion entre religion et État.

Le Sheikh Mohamed Metwalli Al-Sha'rawi, ancien ministre des biens religieux et juriste musulman déclare quant à lui : « […] Je donnerai un délai d'une année à celui qui rejette l'Islam, lui accordant le droit de dire qu'il n'est plus musulman. [Et s'il ne revient pas à l'Islam, alors je le mettrai] à mort en tant qu'apostat. »[609] Al-Sha'rawi était l'un des prédicateurs islamiques les plus écoutés en Égypte, et l'un des symboles les plus importants de la culture égyptienne populaire[610].

En 1977, un projet de loi contre l'apostasie est remis par le Conseil d'État au ministre de la Justice pour être présenté au Conseil des ministres, puis au Parlement[611]. Ce projet provoque des protestations dans la revue copte *Kiraza* qui le condamne et le juge contraire à la Constitution et à la Déclaration universelle des Droits de l'Homme. En réaction aux protestations coptes, la riposte islamiste ne se fait pas attendre. Dans un article de six pages parues dans le périodique islamique *Al-I'tissam*, ceux-ci déclarent qu'ils sont « obligés de respecter la loi de Dieu et non celle des Nations-Unies. »[612]

Inquiétudes grandissantes de la communauté copte face à ce durcissement

En 1977, le Pape Shenouda III s'inquiète : « Le courant actuel vise à appliquer le droit islamique dans tous les domaines de la vie sociale : le droit civil, le statut personnel, le droit pénal et l'économie. Ce droit sera appliqué par la force à tout citoyen. Jusqu'à maintenant les choses ne sont pas clairement dites. Mais ce qui est au fond de la pensée atavique est très grave.

---

[607] Sami Awad Aldeeb Abu-Sahlieh, *L'impact de la religion sur l'ordre juridique. Cas de l'Égypte. Non-musulmans en pays d'Islam, op. cit.*, p. 258.
[608] *Al-Ahram*, 9 octobre 1974, p. 9 ; Al-Ghazali, *Les droits de l'homme dans l'enseignement de l'islam et la Déclaration des NU*, 2ème éd., Dar Koutob al-Haditha, Le Caire 1965, pp. 115-122 ; A.-H. H. Al-Eli, *Les libertés publiques dans la pensée et le système politiques de l'islam*, Dar al-Fikr al-Arabi, Le Caire 1974, pp. 412-32.
[609] M. M. Al-Sha'rawi, *Questions islamiques*, interview accordée à M. al-Hifnawi, Le Caire, Dar el-Shorouk, 1977, pp. 28-29, in Sami Awad Aldeeb Abu-Sahlieh, *L'impact de la religion sur l'ordre juridique. Cas de l'Égypte. Non-musulmans en pays d'Islam, op. cit.*, p. 259.
[610] Tarek Osman, *Egypt on the Brink*, New Haven, Yale University Press, 2010, p.77.
[611] *Al-Ahram*, 15 juilllet1977.
[612] *Al-Itissam*, septembre 1977.

Une revue comme *Al-Da'wa* dit que le droit islamique est au-dessus de la Constitution. Ne parlons donc pas de ce que dit la Constitution : ce n'est que paroles vidées de tout sens. »[613]

Shenouda III poursuit et précise sa position : « J'ai été patient jusqu'à ce jour. Mais maintenant je n'en peux plus. Il faut agir. Je patientais lorsqu'il s'agissait de groupuscules extrémistes. Mais lorsque le gouvernement lui-même devient fanatique et extrémiste, il n'est plus possible de patienter. Nous supportons l'injustice, mais il est exclu que nous acceptions que l'injustice soit codifiée. […] Nous avons pu constater que le nombre d'attaques contre les églises est en nette augmentation. »[614]

Lorsque des membres de la hiérarchie copte reprochent aux islamistes d'avoir nui à l'unité nationale[615], ceux-ci répondent en intitulant la manchette de leur journal *Al-Da'wa* : « Nous n'échangerons pas notre foi contre l'unité nationale »[616], slogan phare de Hassan El-Banna.

Dans le mémorandum du Saint-Synode, de février 1977, on peut lire : « Ces attitudes tordues, ces lois arbitraires et ces situations visant à éliminer les chrétiens en les poussant à se convertir à l'Islam, constituent une guerre civile unilatérale contre les chrétiens d'Égypte, une guerre d'extermination paisible dont le but est de tuer un membre après l'autre du corps des chrétiens […]. Malheureusement, tout cela se passe derrière les coulisses couvertes des tableaux humanitaires des plus attendrissants, décorés avec des rameaux d'oliviers, signe de paix… »[617]

En 1980, la Haute Cour constitutionnelle décide que la chari'a est le critère de la constitutionalité des lois et que l'Islam est 'la' source principale de la législation et non plus 'une' source principale comme elle l'était jusqu'alors. Donc, ce qui est conforme à la charia est constitutionnel, et ce qui n'est pas conforme, ne l'est pas[618]. Par conséquent, la même année, la pratique du culte Bahaï est interdite au motif qu'il contreviendrait à l'ordre public du pays dont le droit islamique est la source principale.

---

[613] Lors d'une rencontre du 26 août 1977 avec des juristes coptes. Sami Awad Aldeeb Abu-Sahlieh, *L'impact de la religion sur l'ordre juridique. Cas de l'Égypte. Non-musulmans en pays d'Islam, op. cit.*, p. 131.

[614] *Idem.*

[615] Phrase « épouvantail » qui est sortie par le gouvernement à chaque fois qu'un changement ou des revendications sont demandés par des chrétiens ou la société civile. Cette fois-ci il s'agit de groupes islamistes qui l'utilisent.

[616] *Al-Da'wa*, mars 1977, pp. 44-45, cité par Sami Awad Aldeeb Abu-Sahlieh, *L'impact de la religion sur l'ordre juridique. Cas de l'Égypte. Non-musulmans en pays d'Islam, op. cit.*, p. 132.

[617] « Mémorandum du saint synode concernant les méthodes inadmissibles de la conversion à l'islam et les abus dans l'application des normes sur l'apostasie à l'encontre des chrétiens », février 1977, cité par Sami Awad Aldeeb Abu-Sahlieh, *L'impact de la religion sur l'ordre juridique. Cas de l'Égypte. Non-musulmans en pays d'Islam, op. cit.*, Annexe V, p. 342.

[618] *Al-Ahram*, 4 avril 1975, p. 9, cité par Sami Awad Aldeeb Abu-Sahlieh, *L'impact de la religion sur l'ordre juridique. Cas de l'Égypte. Non-musulmans en pays d'Islam, op. cit.*, p. 128.

Le contexte mondial est propice à cette radicalisation, notamment suite à la Révolution iranienne, à l'invasion de l'Afghanistan par les troupes soviétiques ou l'occupation de la Kaaba le 20 novembre 1979 par le groupe al Jama'a as-Salafiyya Al-Muhtasaba (Association salafiste pour la commande du bien et la répression du mal)[619]. L'Arabie Saoudite fait alors appel au GIGN (Groupe d'intervention de la Gendarmerie nationale) français pour libérer les Lieux saints de l'Islam. Les membres de l'équipe sont obligés de prononcer la *Shahada*, c'est-à-dire l'acte de conversion à la foi islamique en présence de quatre témoins, afin de pouvoir pénétrer sur le site[620].

Ces événements donneront un véritable souffle nouveau à l'action mortifère d'islamistes en Égypte : attentats à la bombe, lynchages, viols, kidnappings de jeunes filles suivis de conversions forcées, incendies d'églises, injures à l'encontre des non Musulmans scandées dans les rues du Caire : « Demain, c'est notre fête, les chrétiens seront nos chiens. »[621] Le but ultime est le rétablissement du régime de la *dhimma*, reconnue par la loi coranique aux gens du Livre.

La boîte de Pandore est désormais ouverte à toutes les dérives. Notons qu'elle n'a jamais été vraiment fermée. Nous pouvons multiplier les exemples et les déclarations.

Mais peu après la signature du traité de Camp David, il y eut un revirement de la part du pouvoir et Sadate tente de freiner l'essor des mouvances islamistes : il dissout le syndicat des étudiants, nettement dominé par ceux-ci et réduit les activités estudiantines au sein du campus.

Jehane Al-Sadate, épouse d'Anouar Al-Sadate, décrit dans ses mémoires[622], comment les islamistes n'hésitaient pas à interrompre les cours alors qu'elle était enseignante à l'Université du Caire, en utilisant souvent des méthodes violentes, au moment de l'appel à la prière. Elle était également prise à partie parce qu'elle n'était pas voilée.

---

[619] Vijay Prashad, *The Death of the Nation and the Future of the Arab Revolution*, Berkeley, University of California Press, 2016, p. 230 ; Hamit Bozarslan, « 1979 : le grand ébranlement », *Une histoire de la violence au Moyen-Orient. De la fin de l'Empire ottoman à Al-Qaida*, sous la direction de Hamit Bozarslan, Paris, La Découverte, 2008, pp. 98-110.

[620] André Larané, « 20 novembre 1979 Prise de la Grande Mosquée de La Mecque », *Hérodote*, 28 mai 2019, https://www.herodote.net/20_novembre_1979-evenement-19791120.php.
Hamit Bozarslan, « 1979 : le grand ébranlement », in Hamit Bozarslan (dir.), *Une histoire de la violence au Moyen-Orient. De la fin de l'Empire ottoman à Al-Qaida*, La Découverte, 2008, pp. 98-110.
Notons que l'Arabie Saoudite avait demandé en vain à la compagnie aérienne Swissair d'effacer la croix sur ses avions qui atterrissaient sur le territoire saoudien, et aux ambassades de plusieurs pays scandinaves de ne pas hisser leur drapeau. En revanche, lors de l'opération *Tempête du désert*, les troupes occidentales ont retiré la croix rouge de leurs ambulances. Olivier Da Lage, *Géopolitique de l'Arabie Saoudite*, Paris, Ed. Complexe, 2006, p. 34.

[621] Christian Cannuyer, *Les Coptes, op. cit.*, p. 168-169.

[622] Jehane Sadate, *Une femme d'Égypte*, Paris, Presses de la Renaissance, 1987.

Mais la machine mise en place par Anouar Al-Sadate et son équipe, s'est emballée jusqu'à devenir incontrôlable, pour ceux-ci mêmes qui l'avaient mise en marche[623], tellement incontrôlable qu'elle mènera à son assassinat le 6 octobre 1981.

Moubarak

Sous Moubarak, en dépit de quelques mesures cosmétiques, le traitement des communautés non musulmanes ne s'améliorera pas.

La construction des églises est toujours régie par la loi ottomane du XIXᵉ siècle. Cette mesure est très présente et son non-respect, réel ou imaginaire, provoque périodiquement en Haute-Égypte des représailles sanglantes[624]. Cette clause n'a toujours pas été supprimée, mais uniquement modifiée à la va-vite en 2016[625].

Construire une église peut être perçu comme un acte hautement répréhensible. Un manuel publié par un professeur de Droit de l'Université du Caire, Ahmed Taha Atteya Abou El Hag donnait quelques exemples de ce que les héritiers ne devraient pas faire avec l'argent reçu : « ne pas construire d'Églises, de boîtes de nuit ou de casinos, ne pas promouvoir l'industrie du vin, ne pas élever de porcs, de chats et de chiens. »[626]

En effet, la dynamique déclenchée par Sadate, se perpétue tant sur le plan économique qu'au niveau de la politique intérieure et étrangère. Durant les trente ans de pouvoir de Moubarak, la situation ne fait qu'empirer et les tensions s'exacerber.

---

[623] Entrevue avec l'intellectuel marxiste Dr Mahmoud Amin al-Alem, le 13 février 2005.

[624] « This trend continued after the revolution. One example is the incidents in October 2011 in Marinab, a village in Aswan Governorate. When the St. George Church was rebuilt, extremists objected to the presence of a bell and a cross atop the building, and demanded that the domes atop the concrete building be demolished. Although the church heeded these demands, hundreds of Muslims attacked it, lighting a fire within it and destroying the domes, walls, and parts of the concrete pillars without any interference from the security force present outside. Likewise, in November 2012 extremists invaded lands belonging to the Diocese of Shoubra El-Kheima in Mantay in central Qalyub, in order to stop the completion of a Virgin Mary & St. Abanoub services building. Salafist leaders threatened to turn the church building into a mosque and prayers were actually conducted on the land over a period of two days. » Menna Omar, « Churches in Egypt: Codifying Discrimination and Sectarianism », *The Legal Agenda*, 12 décembre 2016, http://www.legal-agenda.com/en/article.php?id=3309

[625] Mohamed Hamama, « After 150-year wait, Parliament passes church construction law in 3 days », *Mada Masr*, 31 août 2016, https://www.madamasr.com/en/2016/08/31/feature/politics/after-150-year-wait-parliament-passes-church-construction-law-in-3-days/ ; « Construction d'églises, les chrétiens égyptiens attendaient-ils trop du Président Sissi ? », *Info Chrétienne*, 25 septembre 2016, https://www.infochretienne.com/construction-deglises-les-chretiens-egyptiens-attendaient-ils-trop-du-president-sissi/

[626] Ahmed Taha Atteya Abou El Hag, *Les modèles dans les sciences de l'héritage*. Propos reconfirmés en avril 2017 par le père Masson, S.J. directeur de la BIJEC jusqu'en 2018.

L'Islam a toujours connu des avancées dans la modernité ponctuées de retours au passé. Quand il s'inscrit dans la modernité, comme c'était le cas sous Mohamed Ali et ses successeurs, les Chrétiens y trouvent leur place. A contrario, les retours en arrière les excluent de l'arène politique. Cette exclusion ne concerne pas que l'Égypte[627]. Michel Aflaq n'avait-il pas déclaré qu'à « l'heure de leur réveil nationaliste, les chrétiens reconnaîtront l'Islam comme leur culture nationale. Ils doivent s'en imprégner, le respecter et le garder comme l'élément le plus précieux de leur arabité » en ajoutant lors d'une autre occasion que « l'arabisme est le corps dont l'âme est l'Islam. »[628] Notons également que durant les années nassériennes, le Kominterm a vivement encouragé tous les communistes du monde arabe, non Musulmans, à se convertir à l'Islam pour rendre leur message plus audible[629].

En dépit de cette islamisation accélérée qui touche tous les aspects de la vie, se constitue une ploutocratie dans laquelle nous voyons une proportion de Coptes, supérieure à la moyenne nationale, parmi laquelle nous comptons quelques rémanences « levantines »[630]. Avec l'enrichissement soudain des pays du Golfe, ces grandes fortunes ne sont plus uniquement liées à la compétence comme ce fut le cas dans les époques précédentes. « Trop souvent, […] ces fortunes nouvelles ne sont pas le fruit d'un labeur accumulé durant des générations, d'inventions industrielles de génie, d'une constance dans le développement d'entreprises industrielles ou agricoles performantes. Elles sont, en règle générale, le produit de commission d'intermédiation sur les grands marchés d'État, dont ceux de l'armement, ou, pour les entrepreneurs de travaux publics, le produit de surfacturations outrancières. »[631] Malgré leur statut de *dhimmi* jusqu'au XIXᵉ siècle, et les attaques ciblées contre les minorités par la suite, la proportion de Chrétiens dans les couches aisées de la population demeure supérieure à celle de l'ensemble de la population générale. Et là est le paradoxe de cette région

---

[627] Rappelons cette déclaration de Saddam Hussein, très révélatrice de cet état d'esprit selon laquelle Michel Aflaq, fondateur du parti Baath, se serait converti à l'Islam à la fin de sa vie pour assurer la pérennité de son parti. Les archives iraquiennes conservent un document daté de 1980 que son fils Iyyad aurait trouvé dans le Coran de son père : « S'il m'arrive quelque chose, je mourrai sous la religion de l'Islam et je témoigne qu'il n'y a pas d'autre Dieu qu'Allah et que Muhammad est son messager. Ahmed Michel Aflaq » Samuel Helfont, Compulsion in Religion: Saddam Hussein, Islam, and the Roots of Insurgencies in Iraq, Oxford, Oxford University Press, 2018, p. 27

[628] Annie Laurent & Antoine Basbous, *Une proie pour deux fauves ? Le Liban entre le lion de Juda et le lion de Syrie*, Beyrouth, Éditions Ad-Daïrat, 1983, p. 28. Voir aussi Pierre-Jean Luizard, *Laïcités autoritaires en terres d'Islam*, Paris, Fayard, 2008.

[629] Entretien avec mon professeur et directeur de thèse, René Gallissot (juillet 2007), professeur émérite d'Histoire à l'université de Paris VIII.

[630] Dont Rami Lakah, homme d'affaires grec catholique, ancien propriétaire du quotidien *France Soir*, qui réussit à se faire élire aux législatives de 2000 pour la circonscription cairote de Daher, mais dont l'élection est aussitôt invalidée.

[631] Georges Corm, *Le Proche-Orient éclaté (1956-2000)*, Paris, Éd. La Découverte, 1997, p. 190.

comme nous n'avons cessé de le rappeler.

El-Sissi

Le président El-Sissi tente de redresser la situation[632]. En janvier 2015, dans un discours révolutionnaire, il demande notamment à El-Azhar de réformer le discours religieux, appelant à la paix et à l'acceptation de l'autre. Mais cette institution millénaire est réticente à mettre en œuvre ladite réforme. Dix-huit mois plus tard, dans une interview retransmise sur la chaîne YouTube d'El-Azhar, le grand imam Ahmed El-Tayyeb déclarera que les quatre écoles juridiques s'accordent pour condamner à mort l'apostat[633].

Bien que de nombreux progrès ont été réalisés, il reste encore beaucoup à faire, notamment en ce qui concerne la question relative à la construction et l'entretien d'églises[634].

---

[632] Récemment, sous le gouvernement du président El-Sissi, huit personnes accusées d'attentats anti-coptes ont été exécutées. « L'Égypte exécute huit détenus pour des attentats anti-coptes », *Le Figaro*, 25 février 2020, http://www.lefigaro.fr/international/l-égypte-execute-huit-detenus-pour-des-attentats-anti-coptes-20200225?utm_source=app&utm_medium=sms&utm_campaign=fr.playsoft.lefigarov3
En mai 2022, l'assassin d'un prêtre copte est condamné à mort. « Égypte : l'assassin d'un prêtre copte condamné à la peine capitale », *La Croix*, 19 mai 2022, https://africa.la-croix.com/egypte-lassassin-dun-pretre-copte-condamne-a-la-peine-capitale/
[633] « Al-Azhar: to leave Islam is 'treason' », World Watch Monitor, 22 juin 2016, https://www.worldwatchmonitor.org/2016/06/al-azhar-to-leave-islam-is-treason/
[634] Jane Arraf, « Coptic Leader Criticizes Egypt's Building Restrictions on Churches After Deadly Fire », *The New York Times*, 16 août 2022, https://www.nytimes.com/2022/08/16/world/middleeast/coptic-church-fire-egypt.html

Conclusion

Au terme de cette présentation succincte sur les Chrétiens ottomans en Égypte, dégageons les traits les plus caractéristiques de leur présence dans ce pays, de la fin du XVIIIe siècle aux années 1960. Les Catholiques ottomans qui avaient reçu de la part des missionnaires latins des « cours accélérés d'occidentalisation », sont devenus naturellement les partenaires privilégiés des Européens[635], des Français en particulier puisque directement en contact avec eux[636].

Rapidement, les membres les plus doués et les plus entreprenants de ces communautés sont devenus grâce à leurs activités professionnelles – dans le secteur commercial en particulier –, les auxiliaires, les intermédiaires et parfois les concurrents des Occidentaux. En effet, riches de leurs compétences commerciales, de leurs réseaux de coreligionnaires exerçant les mêmes activités dans l'ensemble du bassin méditerranéen, les « protégés » allaient même jusqu'à supplanter quelques fois leurs « protecteurs », français ou autres occidentaux.

Comme on l'a vu, la situation est assez complexe : le statut d'infériorité, certes bien établi dans le droit islamique a été contourné, assoupli et déformé par quatre siècles de Capitulations. Paradoxalement ce statut permettra souvent aux Chrétiens et aux Juifs d'accéder à des positions privilégiées, surtout pour ceux d'entre eux qui gravitaient autour des représentations des puissances capitulaires. Ceux-ci, du fait de leur fréquentation des écoles des missionnaires et ayant acquis un niveau d'études supérieur à la moyenne, jouissaient d'une relative prospérité.

La présence des Chrétiens orientaux – ainsi que celle des Juifs – introduit l'Égypte dans un système plus vaste d'échanges avec l'Europe, tant sur le plan économique que culturel. Les Chrétiens ottomans, les Melkites en particulier, se trouvent tout désignés pour assurer un rôle d'interface grâce à leur double culture orientale et occidentale ou plus précisément arabe et française. Les liens qu'ils tissent avec les communautés européennes installées en Égypte les désignent d'emblée comme une « communauté suspecte » aux yeux de beaucoup d'Égyptiens.

Les Chrétiens ont été les intermédiaires privilégiés entre l'Europe et l'Empire ottoman et ont joué un rôle d'ouverture vers l'autre. Leur religion et leur culture les prédisposaient naturellement à remplir ce rôle. Ce rôle

---

[635] En effet, jusque dans les années 1950, mis à part les missionnaires, la présence américaine était peu importante.
[636] « […] Le Saint-Siège lui-même, à plusieurs reprises, a admis le droit de protection que détient en Orient le gouvernement français sur les organismes catholiques. » *L'Égypte indépendante, op. cit.*, p. 115.

s'explique par des raisons culturelles et religieuses[637]. Dans un premier temps au Moyen-Âge, les Chrétiens furent plus réceptifs aux cultures non arabes que les Musulmans arabes ne l'étaient[638]. De ce fait, ils transmirent leurs héritages grec, syriaque et copte au monde arabe. Ceci leur permit de jouer un rôle d'intermédiaires à deux reprises : aux IXe et Xe siècles, où ils transmettent en Orient la culture grecque, byzantine, syriaque ou copte ; et à partir du XVIIe, en Orient, la culture européenne acquise notamment à Rome au Collège Grec catholique – initialement destiné aux Églises grecques d'Europe de l'est ralliées à Rome – et au collège maronite fondés à la fin du XVIe siècle. Ces cultures, marquées par le Christianisme, leur étaient plus familières qu'aux Musulmans. Parallèlement, ces érudits feront connaître un peu partout en Europe leur culture orientale. Ils ont été, sous l'Empire arabe, les premiers traducteurs et plus tard, sous l'Empire ottoman, les premiers drogmans, et ceci n'est pas une simple contingence.

Égalité-inégalité

La méfiance qu'inspiraient aux Musulmans les sciences occidentales, souvent considérées comme « innovations impies »[639], donnera une longueur d'avance aux Chrétiens. Cette situation permettra aux plus talentueux de se dresser comme précurseurs et de s'imposer en pionniers, et donc pour certains, d'acquérir fortune et prestige. « L'envie que suscitaient les positions économiques de l'élite chrétienne, était auparavant tempérée par une certaine commisération pour son statut de soumission. Avec l'égalité politique soudain proclamée, l'inégalité économique devint provocation. »[640] Paradoxalement, la suppression des millets qui les protégeaient en les maintenant dans un statut inégalitaire va provoquer un regain d'hostilités et de violence à leur encontre.

Le fonds de la question est bien le statut inégalitaire des non Musulmans. Mais elle déborde le cadre de cette étude. Pour Chabry, « la conception de l'inégalité transmise par l'arabisme et l'islam sera une des assises du nassérisme et des différents mouvements qui s'en sont inspirés. »[641]

La marginalisation des non Musulmans était telle à l'époque de Nasser que des membres de la hiérarchie catholique posaient la question de la survie du Christianisme en Égypte. Cette sombre interrogation a été démentie par les faits un demi-siècle plus tard[642]. Les Coptes sont toujours là, quoique leur

---

[637] Samir Khalil Samir, « Les communautés chrétiennes, membres actifs de la société arabe au cours de l'Histoire », *op. cit.*
[638] Entretiens au Caire avec le père Khalil Samir Khalil S.J. à partir novembre 2017.
[639] Cf. § Opinion du fondateur de l'École malékite, chapitre II, Les millets.
[640] Youssef Courbage et Philippe Fargues, *Chrétiens et Juifs dans l'Islam arabe et turc*, *op.cit.*, p. 180.
[641] Laurent et Annie Chabry, *Politique et minorités au Proche-Orient. Les raisons d'une explosion*, Paris, Maisonneuve et Larose, 1984, p. 11.
[642] Mais ce n'est pas le cas d'autres pays de la région (l'Iraq, certaines régions de Syrie, etc.) où le sort des communautés chrétiennes est très préoccupant et leur nombre tend à disparaître.

situation suscite parfois de graves inquiétudes. En revanche, le sort des autres communautés en Égypte, auxquelles nous nous sommes intéressés dans ce livre, a été définitivement scellé : elles ont quasiment disparu.

Ottomans versus Égyptiens

La fin du XIXe siècle est la période d'or des communautés catholiques, tant soit européennes qu'ottomanes : à la prospérité économique s'ajoute le rayonnement dans le champ intellectuel et politique. Les intellectuels chrétiens occupaient des places de premier plan et la Nahda leur doit ses plus grands noms.

Nombre de riches négociants catholiques obtiennent des représentations diplomatiques [643]. Ils sont consuls honoraires de puissances capitulaires, parfois même consuls. Ils obtiennent la nationalité du pays qu'ils représentent et emploient dans « leur » consulat des coreligionnaires, qui bénéficient également de la protection étrangère, c'est-à-dire qu'ils disposent des mêmes privilèges que les barataires, et ceci jusqu'en 1856, date du Hatti. Ils reçoivent des titres nobiliaires : ils seront comtes papaux (Debbané, Saba, Chédid, Sakakini, Sednaoui[644], etc.). Les Coptes sont néanmoins peu présents dans ce « cursus honorum » où l'on retrouve surtout un grand nombre de Syro-libanais et quelques Juifs – dont notamment, le baron Félix de Menasce, banquier anobli par l'empereur François-Joseph, président de la communauté juive d'Alexandrie ; son fils, Jean de Menasce se convertira au catholicisme et deviendra prêtre dans l'ordre de Saint Dominique. Tout comme Gaston Zananiri, de père grec catholique et de mère juive austro-hongroise qui se fera prêtre dans le même ordre.

La présence de ces communautés catholiques sur les bords du Nil s'est considérablement renforcée dans la deuxième moitié du XIXe siècle et au début du XXe. L'Égypte, province ottomane sous administration anglaise, constitue un havre de paix, de bonne gouvernance et de prospérité qui attire les Chrétiens des autres provinces de l'Empire ottoman, ainsi que des Juifs et en moindre mesure des Musulmans venus d'Afrique du Nord. Rappelons que l'Égypte fut la seule province de la partie orientale de l'Empire ottoman où les populations non musulmanes ne subirent pas de massacres.

Les Catholiques ottomans, à l'instar des autres minorités religieuses, se sentaient rassurés et protégés des mesures arbitraires dont ils avaient été victimes durant les siècles précédents dans leur province d'origine. En Égypte, en dépit de la suspicion qu'ils pouvaient éveiller, ils se sentaient rassurés.

Au début du XXe siècle, un changement s'amorce. La Grande Guerre et les différents traités qui s'ensuivent, marquent un tournant dans les mentalités. Bien qu'elle renforce son emprise dans le domaine économique, la

---
[643] 'Eid, Debbané, etc.
[644] Sednaoui n'a jamais utilisé le titre de comte pour ne pas faire ombrage à son titre de pacha.

bourgeoisie allogène deviendra paradoxalement plus fragile et prendra lentement ses distances envers l'engagement politique. L'intégration complète dans la société égyptienne n'est pas un sujet de préoccupation pour eux. D'ailleurs, ils pouvaient à cette époque se poser la question : comment définir la société égyptienne ? Est-ce la musulmane, la copte ? La cosmopolite ? Ou alors la turco circassienne, celle qui officiellement détenait le pouvoir et qui est décrite par Vatikiotis comme « étrangers indigènes »[645] ? En réalité, elle est plurielle ! Par exemple, les Turco-circassiens – pour ne citer qu'eux – avaient un sentiment de supériorité très affirmé vis-à-vis des autres composantes de la société égyptienne, et ont voulu pendant des siècles maintenir les distances avec la population indigène. Officiellement, ce comportement disparut sous Nasser !

Nationalisme égyptien et départ des Chrétiens ottomans

Rappelons que la révolution de 1919 a été le seul moment de l'histoire égyptienne récente où la lutte contre l'occupant britannique a pris le pas sur tous les contentieux précédents et où Musulmans, Chrétiens et Juifs se sont retrouvés unis, sur un pied d'égalité dans la lutte pour l'indépendance.

Bref moment, trop bref, qui revient en boucle pour ceux qui veulent évoquer l'entente, l'harmonie et l'unité du pays ; à tel point que les Coptes refusent lors de la rédaction de la constitution de 1923 le quota politique[646] qui leur est proposé ; l'argument étant que le principe de la citoyenneté était définitivement acquis. Mais c'était sans compter avec les nuages qui s'amoncelaient à l'horizon.

En effet, après la Grande Guerre, le système libéral suscita de grands espoirs, d'un point de vue intellectuel, politique, économique voire même religieux. Si certains intellectuels avaient le sentiment d'être entrés dans une nouvelle ère et de « faire partie de l'Europe », comme le disait déjà le Khédive Ismaïl quelques décennies plus tôt, d'autres acteurs demandaient le retour au passé et l'application de la loi islamique. Les craintes devant l'empreinte islamiste du mouvement national égyptien n'échappaient pas à certains observateurs pro Occidentaux.

Ce mouvement pro occidental – minoritaire, somme toute – perdure jusqu'à l'époque nassérienne.

Au début du XXe siècle, le panarabisme, dont les Chrétiens orientaux ont été les principaux promoteurs et acteurs, devait enfin établir l'égalité entre Musulmans et non Musulmans dans la région. Les limites entre mouvements

---

[645] Vatikiotis désigne les Égyptiens d'origine turque et circassienne, sous le vocable "étranger indigène". « 'Indigineous foreigners' - Turks and Circassians, European interference and an autocratic Khedive ». P. J. Vatikiotis, *The History of Egypt from Muhammad Ali to Mubarak*, Baltimore, The Johns Hopkins University Press, 1985, p. 158. Cette expression conviendrait bien mieux aux communautés non musulmanes.
[646] Comme c'est le cas actuellement au Liban.

laïques et religieux n'étant pas clairement définies, le panarabisme a rapidement été noyauté et récupéré par les islamistes. Il se rapprochera ultérieurement, à l'époque de Nasser, du panislamisme duquel il n'est jamais parvenu en fait à se détacher.

Départ

Forts de leur succès économique – mis à part quelques intellectuels et personnalités engagées en politique – les Chrétiens ottomans n'ont pas vu venir cette inflexion du nationalisme égyptien. Que ce soit dans l'administration, puis dans différents secteurs – dont le monde de la presse où ils s'étaient illustrés en tant que pionniers –, leur présence fut remise en question[647].

À première vue, on aurait pu penser que les mesures adoptées par le régime issu de la révolution de 1952 étaient les causes principales du départ des communautés chrétiennes allogènes. Mais il faut se rendre à l'évidence : la politique de Nasser n'a pas tracé une nouvelle voie : elle n'a été qu'une accélération et accentuation d'un phénomène bien plus ancien. L'« égyptianisation » de la vie économique était en cours depuis les années 1930. Elle se produisait graduellement après chaque départ d'étrangers par le remplacement d'Égyptiens à la direction des affaires. Cela était prévisible, et aurait été même souhaitable, si les étrangers avaient été remplacés par des Égyptiens, toutes religions confondues, ce qui n'a pas été le cas [648]. La crise de 1956 donne à Nasser l'occasion de réaliser l'expropriation de tous les avoirs étrangers en Égypte. Ce qui normalement aurait dû se faire en deux ou trois générations, s'est produit en deux ou trois ans ! Quant aux « égyptianisés », c'est-à-dire les ex-sujets ottomans qui étaient dans le pays depuis plusieurs générations, voire plusieurs siècles, et qui avaient acquis la nationalité égyptienne dès l'indépendance du pays, ils ont été quasiment traités comme des étrangers.

Ceci a permis à l'État d'entrer en possession de nombreuses entreprises créées et possédées par des étrangers. Ce brusque changement, sans préparation aucune, n'a pas toujours eu d'heureuses conséquences. La nature démagogique de ces mesures adoptées par Nasser et son régime est évidente. Mais on constate très rapidement que de nombreuses entreprises florissantes auraient été gérées d'une façon plus avantageuse – dans l'intérêt même de

---

[647] En 1960, les Catholiques orientaux ne forment qu'une minorité d'environ 10.000.000 de fidèles sur 460.000.000 de Catholiques en Occident.
[648] « Cette discrimination [vis-à-vis des Coptes] se fait sentir aussi lors de l'admission dans les Facultés Militaires et de police dans les écoles normales primaires et supérieures ainsi que dans les écoles de Beaux-Arts. » *Lettre des patriarches coptes au Président Gamal Abdel Nasser*, document inédit, 25 septembre 1961.

l'Égypte – si leur « égyptianisation »[649] s'était produite sans expropriation et rupture brutale. Les compétences et l'expérience des fondateurs, propriétaires et administrateurs de ces sociétés étaient garantes de leur succès. Mais ceux-ci ont été remplacés au pied levé par des Officiers et des proches du régime. Les résultats désastreux qui s'en sont suivi étaient dus au fait de privilégier la confiance au détriment de la compétence.

Vulgate nassérienne

Si à partir du deuxième tiers du XXe siècle les étrangers – c'est-à-dire les détenteurs de nationalité étrangère, quelle que fut la durée de leur séjour en Égypte – s'attendaient sur le long terme à être amenés à quitter le pays, ce sentiment n'était pas partagé par les ex-sujets ottomans non musulmans de nationalité égyptienne. Comme déjà exposé, l'effet de surprise a été total pour ces derniers (cf. témoignages de Matossian, Sednaoui, etc.).

Alors que ceux-ci avaient une présence séculaire en Égypte, le nouveau régime nassérien, dans un esprit de surenchère nationaliste, traite ces Chrétiens ottomans, officiellement égyptiens, d'« égyptianisés », *mutamasserin*. Ce terme péjoratif remplace le « sujet local » de l'époque précédente.

Le discours nassérien a repris le cliché de leur non-assimilation. Alors même que, comme nous l'avons vu tout au long de cette présentation, le Législateur ottoman, avec l'instauration du système du millet, rendait celle-ci impossible. N'oublions pas qu'au début du XXe siècle, l'Empire ottoman comptait 20 % de population non musulmane. Un siècle plus tard, elle est réduite à moins de 3 % sur tout le territoire correspondant à cet Empire[650]. En Égypte, toutes les communautés non musulmanes – copte incluse –, frappées du sceau de la suspicion, devaient apporter indéfiniment les preuves de leur loyauté envers le pays, souvent par des actions ostentatoires. En fait, l'intégration n'a été demandée aux communautés allogènes que très tardivement, au moment des « lois sociales », c'est à dire au début des années 1960, lorsque les grandes entreprises ont été nationalisées et que ces communautés ont été écartées de la vie économique. Il est vrai que les nationalisations ont touché tous les Égyptiens fortunés indépendamment de leurs origines. Mais rappelons que la proportion de non Musulmans, propriétaires d'usines et d'entreprises, était très élevée. Les nationalisations, ont donc par ricochet, touché plus fortement les minorités. En effet, comme

---

[649] C'est-à-dire islamisation, vu que les propriétaires étaient des « indigenous foreigners » pour reprendre et élargir la définition de Vatikiotis qui ne l'applique qu'aux Turco-circassiens. Mais nous trouvons plus judicieux de l'appliquer aussi à tous les chrétiens installés en Égypte.

[650] Les deux seuls pays qui font augmenter la proportion de chrétiens sont l'Égypte (entre 10 et 15 % de la population) et le Liban (40% environ, 50% au dernier recensement datant de 1932, https://fr.wikipedia.org/wiki/Démographie_du_Liban).

nous l'avons déjà vu, dans les pays issus de l'Empire ottoman, les notables étaient créateurs d'emplois au sein de leur communauté. Suite aux lois des années 1960, les sociétés nationalisées n'engageaient pratiquement plus que de « vrais Égyptiens »[651].

L'avance prise par les communautés chrétiennes sur le plan intellectuel et culturel s'amenuise et disparaît dès le début du XXᵉ siècle, avec l'accès de la population musulmane, du moins de l'élite musulmane, à la culture occidentale. Et de ce fait, leur présence en Égypte devient problématique.

Mais dans les années 1970, le boom pétrolier attire dans les pays du Golfe le personnel compétent du monde arabe. Hélas, cette situation représente un nouvel appauvrissement intellectuel et culturel pour l'Égypte. À nouveau, nous voyons principalement l'élite musulmane, mais aussi chrétienne – du moins ce qu'il en reste[652] –, partir vers ce nouveau paradis d'or noir. Et ici, la sélection se fait au niveau de la compétence et non pas de l'appartenance religieuse. Les Chrétiens orientaux, en compétition avec des cadres occidentaux, y trouvent leur place. Actuellement en Égypte, les Coptes détiennent un quart de la richesse nationale grâce à leurs importants investissements dans les domaines de l'agriculture, des transports, de l'industrie, des télécommunications, des travaux publics et du secteur bancaire[653], alors qu'ils ne représentent qu'environ 10 % de la population. En revanche, ils ne sont que 2 % dans l'appareil judiciaire, les médias, les missions diplomatiques, l'armée et la police[654]. Il faut sans doute y voir là une des raisons pour lesquelles ils privilégient le secteur privé et l'entrepreneuriat.

Pour les Égyptiens, médecins, ingénieurs, entrepreneurs, économistes, etc. qui émigrent dans les pays pétroliers, ils parviennent souvent à accumuler des fortunes considérables. De retour en Égypte, une nouvelle oligarchie

---

[651] Voir Jean et Simonne Lacouture, *L'Égypte en mouvement*, *op. cit.*, p. 385, voir § À propos de l'égyptianité : témoignages d'observateurs de l'époque, Chapitre VIII, La situation des communautés chrétiennes sous Nasser.
Voir également Abécassis et Anne Le Gall-Kazazian, « L'identité au miroir du droit. Le statut des personnes en Égypte (fin XIXᵉ - milieu XXᵉ siècle) », *op. cit.*, p. 11, § 18, https://journals.openedition.org/ema/296#quotation
[652] Les Coptes, et certains Catholiques orientaux restés en Égypte.
[653] Azmi Bishara, *Y a-t-il une question copte en Égypte*, Arab Scientific Publishers., Arab Center for Research and policy studies, 2012, p. 34, cité par Ana Carol Torres Gutiérrez, *The other Copts: Between sectarianism, nationalism and catholic Coptic activism in Minya*, American University in Cairo, Master's thesis, AUC Knowledge Fountain, 2017, pp. 159-160, https://fount.aucegypt.edu/etds/676
[654] Azmi Bishara, *Y a-t-il une question copte en Égypte*, Arab Scientific Publishers., Arab Center for Research and policy studies, 2012, p. 34, cite par Ana Carol Torres Gutiérrez, *The other Copts: Between sectarianism, nationalism and catholic Coptic activism in Minya*, American University in Cairo, Master's thesis, AUC Knowledge Fountain, 2017, https://fount.aucegypt.edu/etds/676, p. 159-60.

également composée de chrétiens, en rupture avec l'ancienne, se forme[655]. Mais il s'agit d'une oligarchie *offshore*, possédant souvent plusieurs nationalités et des investissements dans différents pays. Le cas le plus emblématique est celui des Sawiris.

Sans l'épuration sociale et religieuse au temps de Nasser – puis uniquement religieuse par la suite –, l'Égypte aurait pu être la « superpuissance régionale », car toutes les compétences nécessaires se trouvaient sur place. Dubaï actuellement représente le modèle parfait de développement et de prospérité auquel on aspire dans la région. Si l'Égypte n'avait pas eu un tel souci de nivellation, qui impliquait de se débarrasser de toutes les personnes compétentes ne rentrant pas dans le « moule », elle aurait pu, elle aussi, constituer un modèle[656].

Dans les années 1950, la production scientifique de l'Égypte dépassait celle de l'Inde et de la Chine[657].

N'accepter qu'une seule culture, une pensée et une langue uniques, a finalement été un facteur d'appauvrissement considérable, et a été fatal à ces communautés ottomanes auxquelles nous nous sommes intéressés. Finalement, ce souci excessif d'homogénéisation tant raillé par George Henein dans les années 1950, a eu des effets dévastateurs pour le pays.

---

[655] Georges Corm, « La marginalisation des espaces religieux au Proche-Orient », *Méditerranée espace de conflits, espace de rêves*, Paris, L'Harmattan, 2001, pp. 160-1.
[656] *Déjà en 1862, la délégation japonaise en route vers l'Europe, en admiration devant la modernité de l'Égypte qui représente le modèle à suivre, y fait escale* « Les relations égypto-japonaises », *State Information Service*, 05 mars 2015,
https://www.sis.gov.eg/Story/71653/Les-relations-%C3%A9gypto-japonaises?lang=fr.
[657] « En 1952 les institutions et les sciences égyptiennes avaient plusieurs longueurs d'avance sur les autres pays arabes. Selon un recensement d'Adel Sabet 269, à la veille de la révolution, 1397 scientifiques étaient dénombrés dont 446 docteurs en sciences. Si nous considérons que seulement 50 % du total furent recensés, ce qui paraît correspondre aux normes pour ce genre d'évaluation, nous arrivons facilement à un millier de docteurs ès-sciences. […] À la veille de la révolution en Égypte, le nombre de chercheurs en République Populaire de Chine était de 1294 contre 1397 pour l'Égypte. Entre 1952 et 1957 nous assistons à une augmentation de 260 % en ce qui concerne le personnel technique en Égypte qui passa de 554 à 1920. » Eva Saenz-Diez, *Égypte d'une révolution à l'autre. Politiques d'enseignements et de changements sociaux*, op. cit., p. 126 ; A. B. Zahlan, *Science and science policy in the Arab World*, London, Croom Helm, 1980, p. 99 ; Hazem Beblawi, *Egypt Economic Growth: Impediments and Constraints (1974-2004)*, Commission on Growth and Development Working Paper, N° 14, Washington, DC., World Bank, p. 2, https://openknowledge.worldbank.org/handle/10986/28047

Bibliographie

ABBAS HILMI II, *Mémoires d'un souverain* du khédive Abbas Hilmi II (1892-1914), Amira el-Azhary Sonbol (éd.), Le Caire, Cedej, 1996.

ABDEL-NASSER, Gamal, *Philosophie de la Révolution*, Le Caire, Imprimerie gouvernementale, 1957.

ABÉCASSIS, Frédéric et Anne Le Gall-Kazazian, « L'identité au miroir du droit. Le statut des personnes en Égypte (fin XIXe - milieu XXe siècle) », *Égypte/Monde arabe*, Première série, 11 | 1992, http://journals.openedition.org/ema/296

ABOU YOUSSEF JA'COUB B. IBRAHIM, *Livre de l'impôt foncier* (Kitâb al Kharaj), Paris, Paul Geuthner, 1921.

ABU-SAHLIEH, Sami Awad Aldeeb, *Non-musulmans en pays d'Islam*, Fribourg, Presses Universitaires de Fribourg, 1979.

–, « Le mouvement tunisien de la tendance islamique, la loi islamique et les droits de l'Homme », in *Annuaire de l'Afrique du Nord*, Centre national de la recherche scientifique - Institut de recherches et d'études sur le monde arabe et musulman (IREMAM) (éds.), Paris, Éditions du CNRS, 1998, pp. 403-404, https://aan.mmsh.univ-aix.fr/Pdf/AAN-1996-35_01.pdf

ACLIMANDOS, Tewfik, « L'islam politique égyptien », in *Confluences Méditerranée*, 2010/4 (N°75), pp. 167-179.

AL FEQI, Moustapha, *Les coptes en politique égyptienne. Le Rôle de Makram Ebeid dans le Mouvement National*, Paris, L'Harmattan, 2007.

AL-DAMANHÛRI, *Iqâmat al Hujja al-bâhira 'ala hadm kanâ'is Misr wa-l-Qâhira (Presentation of the Clear Proof for the Obligatory Destruction of the churches of Old and New Cairo* [1739].

AL-ELI, A.-H. H., *Les libertés publiques dans la pensée et le système politiques de l'islam*, Dar al-Fikr al-Arabi, Le Caire 1974, pp. 412-32.

AL-GHAZALI, *Les droits de l'homme dans l'enseignement de l'islam et la Déclaration des NU*, 2ème éd., Dar Koutob al-Haditha, Le Caire 1965, pp. 115-122.

AL-SHA'RAWI, M. M., *Questions islamiques*, interview accordée à M. al-Hifnawi, Le Caire, Dar el-Shorouk, 1977.

ALCALAY, Ammiel, « Intellectual life », in Reeva Spector Simon, Michael Menachem Laskier, Sara Reguer (eds.), *The Jews of the Middle East and North Africa in Modern Times*, New York, Columbia University Press, 2003.

ALLEMAND, Sylvain, « Droit du sol vs droit du sang ? », *Sciences Humaines*, 2002/8, n°130, https://www.cairn.info/magazine-sciences-humaines-2002-8-page-35.html

AMADOU, Hyacinthe, *L'enseignement français en Égypte*, Le Caire, Imprimerie Centrales Jules Babier, 1897.

AMAURY FAIVRE D'ARCIER, *Les oubliés de la liberté : Négociants, consuls et missionnaires français au Levant pendant la Révolution (1784-1798)*, Direction des Archives, Ministère des Affaires étrangères, P.I.E. Peter Lang, 2002.

ANDÉZIAN, Sossie, « Fondations des lieux de culte. Aux origines de l'Église arménienne catholique de Jérusalem », *Archives de Sciences sociales des religions*, n° 151, juillet-septembre 2010, pp. 47-69.

ARBERRY, Arthur John, *Religion in the Middle-East: Three Religions in Concord and Conflict*, Cambridge, Cambridge University Press, 1969.

ARISTARCHI BEY, Grégoire, *Législation Ottomane ou Recueil des lois, règlements, ordonnances, traités, capitulations et autres documents officiels de L'empire Ottoman*, édité et publié par Demétrius Nicolaïdes, bureau du Journal Thraky, 1874.

ARRAF, Jane, « Coptic Leader Criticizes Egypt's Building Restrictions on Churches After Deadly Fire », *The New York Times*, 16 août 2022, https://www.nytimes.com/2022/08/16/world/middleeast/coptic-church-fire-egypt.html

ARSCHOT SCHOONHOVEN, Amélie d', *Le Roman d'Héliopolis*, Bruxelles, Avant-Propos, 2017

ASSABGHY, I., *La nationalité égyptienne, étude historique et critique*, Le Caire, sans date.

ASSFALG, Julius et Paul Kruger, *Petit dictionnaire de l'Orient chrétien*, Turnhout, Brepols, 1991.

AURIANT, L., *L'Égypte : la proie de ses métèques 1805-1920 : Pour un retour à la tradition des khalifes*, Paris, Delesalle, 1920.

AVIV, Efrat, « Millet System in the Ottoman Empire », *Oxford Bibliographies*, 28 novembre 2016, https://www.oxfordbibliographies.com/view/document/obo-9780195390155/obo-9780195390155-0231.xml

AWAD, Gloria, « Rose Youssef Al- (Fatima Al-Youssef , dite), *Le Dictionnaire universel des Créatrices*, https://www.dictionnaire-creatrices.com/fiche-rose-youssef

AWAD, Mohamed et Sahar Hamouda (eds.), *Voices from cosmopolitan Alexandria*, Alexandrie, Bibliotheca Alexandrina, 2006, https://hfc-worldwide.org/wp-content/uploads/2015/05/Voices-from-Cosmopolitan-Alexandria.pdf.

BACHATLY, Charles, « Un manuscrit autographe de Don Raphaël », *Bulletin de l'Institut d'Égypte*, vol. XIII, 1931, pp. 26-35.

–, « Un membre oriental du premier Institut d'Égypte, Don Raphaël », *Bulletin de l'Institut d'Égypte*, vol. XVII, 1935, pp. 237-60.

BARBOTIN, Anne-Sibylle, *Les Syriens Catholiques en Égypte 1863-1929 : Identité et dépersonnalisation*, Mémoire de maîtrise, Université Paris IV (Sorbonne), 1996-97.

BAT YE'OR, *Les chrétientés d'Orient entre Jihad et dhimmitude*, Paris, Ed. du Cerf, 1991.

BASHA, Qustantin Al-, *Muhadara fi tarikh ta'ifat ar-Rum al-Kathulik fi Misr*, Liban, 1930.

BEBLAWI, Hazem, *Egypt Economic Growth: Impediments and Constraints (1974-2004)*, Commission on Growth and Development Working Paper, N° 14, Washington, DC., World Bank, https://openknowledge.worldbank.org/handle/10986/28047

BEHAR, Moshe et Zvi Ben-Dor Benite (éd.), « Joseph Aslan Cattaui Pacha », *Modern Middle Eastern Jewish Thought: Writings on Identity, Politics, and Culture, 1893–1958*, Waltham, Brandeis University Press, 2013, pp. 80-86.

BERNARD-MAUGIRON, Nathalie et Baudouin Dupret « Les principes de la sharia sont la source principale de la législation. La Haute Cour constitutionnelle et la référence à la Loi islamique », *Égypte Monde arabe*, 2 | 1999, pp. 107-126, https://journals.openedition.org/ema/992?iframe=true&width=100%25&height=100%25

BERNARD, Droz, compte-rendu de l'ouvrage de Delisle Philippe (dir.), « L'Anticléricalisme dans les colonies sous la Troisième République », *Outre-mers*, tome 97, n°368-369, 2e semestre 2010, pp. 444-445, http://www.persee.fr/doc/outre_1631-0438_2010_num_97_368_4515_t1_0444_0000_2

BERQUE, Jacques, *L'Égypte. Impérialisme et révolution*, Paris, Ed. Gallimard, 1967.

BEYLERIAN, Arthur, *Les grandes puissances, l'empire ottoman et les Arméniens dans les archives françaises, 1914-1918*, Paris, Publications de la Sorbonne, 1983.

BISHARA, Azmi, *Y a-t-il une question copte en Égypte*, Arab Scientific Publishers., Arab Center for Research and policy studies, 2012.

BITTAR, André, *L'émigration des grecs-catholiques au XVIIIe siècle : de la Syrie à l'Égypte*, Mémoire de Maîtrise, sous la direction de P. D. Chevallier, juin 1990.

–, « La dynamique commerciale des grecs-catholiques en Égypte au XVIIIe siècle », *Annales Islamologiques*, tome XXVI, Le Caire, IFAO, 1992, pp. 181-267.

BLACHEZ, Olivia, « Qu'est-ce-que le salafisme ? », *Les clés du Moyen-Orient*, 7 décembre 2011, https://www.lesclesdumoyenorient.com/Qu-est-ce-que-le-salafisme.html

BLANCHET, Marie-Hélène, « La question de l'Union des Églises (13ᵉ-15ᵉ S.) : historiographie et perspectives », in *Revue des études byzantines*, 2003, 61, pp. 5-48.
BLAU, Joshua, *The Emergence and Linguistic Background of Judaeo Arabic. A Study of the Origins of Middle Arabic*, Oxford, Oxford University Press, 1965.
BLOCH-LAINÉ, Virginie, « Tobie Nathan. Totem sans tabou », *Libération*, 1ᵉʳ septembre 2015, http://www.liberation.fr/societe/2015/09/01/totem-sans-tabou_1373785
BOCQUET, Jérôme, « Comment rester musulman dans un établissement étranger. L'islam dans les établissements français du Proche-Orient à la fin de l'Empire ottoman », *Cahiers de la Méditerranée*, 75, 2007 (Dossier Islam et éducation au temps des réformes), pp. 58-73, https://journals.openedition.org/cdlm/3553
BOULAD, F. Y., « Remarque relative aux nouveaux théorèmes sur les moments fléchissants maxima dans une poutre du pont », *Institut Égyptien Bulletin*, 5th s., 3, 1909, pp. 23-26.
–, « Sur l'introduction du principe de dualité et de la méthode nomographique des points alignés », *Institut Égyptien Bulletin*, 5th s., 3, 1909, pp. 59-67.
–, « Application de la notion des valeurs critiques à la disjonction des variables dans les équations d'ordre nomographique supérieur », *Bulletin de la Société Mathématique de France*, 39, 1911, pp. 105-129.
–, « Sur les équations à quatre variables d'ordre nomographique supérieur », *Bulletin de la Société Mathématique de France*, 40, 1912, pp. 383-392.
–, « Nouveaux théorèmes sur le virile de forces et leurs applications géométriques et mécaniques », *L'Enseignement Mathématique*, 20, 1918-1919, pp. 421- 432.
BOUTROS-GHALI, Mirrît, « Un programme de réforme agraire pour l'Égypte », in *L'Égypte contemporaine,* 38, janvier-février 1947, pp. 3-66.
BOZARSLAN, Hamit, « 1979 : le grand ébranlement », *Une histoire de la violence au Moyen-Orient. De la fin de l'Empire ottoman à Al-Qaida*, sous la direction de Bozarslan Hamit, Paris, La Découverte, 2008, pp. 98-110.
BOZZO, Anna et Pierre-Jean Luizard, « Irak, Syrie, Liban, Yémen, Lybie : des États arabes en faillite », *in* Anna Bozzo, Pierre-Jean Luizard (dir), *Vers un nouveau Moyen-Orient ? États arabes en crise entre logiques de division et sociétés civiles*, Rome, Roma Tre-Press, 2016, pp. 11-34.
BROCCHI, G. B., *Giornale delle ossevazioni fatte ne' viaggi in Egitto, nella Siria e nella Nubia*, Bassano, 1841.
BRUNA, Aurore, « La France, les Français face à la Turquie. Autour de l'accord d'Angora du 20 octobre 1921 », in *Bulletin de l'Institut Pierre*

Renouvin, vol. 27, n°. 1, 2008, pp. 27-41, https://www.cairn.info/revue-bulletin-de-l-institut-pierre-renouvin1-2008-1-page-27.htm

BUCAILLE, Maurice, *La Bible, le Coran et la science*, Paris, Seghers, 1976.

CÁCERES-WÜRSIG, Ingrid, « The jeunes de langues in the eighteenth century : Spain's first diplomatic interpreters on the European model », *Interpreting*, volume 14, n° 2, janvier 2012, pp. 127-144.

CAETANI, Leone, *Annali dell'Islam*, 10 vols., Milano-Roma, Hoepli-Fondazione Caetani della Reale Accademia dei Lincei, 1905-1926.

CAHEN, Claude et Chafik Chehata, « Dhimma », in *Encyclopaedia of Islam*, vol. 2. Leiden, Brill, 1954–2005.

CANNUYER, Christian, *Les Coptes*, Maredsous, Ed. Brepols, 1990.

CAPOT-REY, Robert, « Le nouveau statut de l'Égypte », *Annales de Géographie*, t. 46, n°263, 1937, pp. 552-555, www.persee.fr/doc/geo_0003-4010_1937_num_46_263_12047

CARALI, Paul, *Les Syriens en Égypte*, Héliopolis, 1932.

CARNOY, Norbert, *La Colonie française du Caire*, Paris, PUF, 1928.

CARRÉ, Olivier et Gérard Michaud, *Les Frères musulmans (1928-1982)*, Paris, Gallimard/Julliard, 1983.

CHABRY, Laurent et Annie, *Politique et minorités au Proche-Orient. Les raisons d'une explosion*, Paris, Maisonneuve et Larose, 1984.

CHAIGNE-OUDIN, Anne-Lucie, « Wahhabisme », *Les clés du Moyen-Orient*, 9 mars 2010, https://www.lesclesdumoyenorient.com/Wahhabisme.html

CHARFI, Mohamed, *Islam et liberté: Le Malentendu historique*, Paris, Albin Michel, 1999.

CHARLES-ROUX, François, *France et chrétiens d'Orient*, Paris, Flammarion, 1939.

CHARNY, Israël W. (dir.), Simon Wiesenthal (Préface), Desmond Tutu (Préface), *Le livre noir de l'humanité. Encyclopédie mondiale des génocides*, Toulouse, Privat, 2001.

CHESNEAU, Jean, *Le voyage de M. d'Aramon, Ambassadeur pour Le Roy en Levant*. publié et annoté par Charles Henri Auguste Schefer, Genève, 1887.

CHEVRANT-BRETON, Philippe, *L'abolition des capitulations et la suppression des tribunaux mixtes en Égypte (1937)*, Thèse de Doctorat, École nationale des Chartes, 2000, www.chartes.psl.eu/fr/positions-these/abolition-capitulations-suppression-tribunaux-mixtes-égypte-1937

CLERGET, Marcel, *Le Caire. Étude de géographie urbaine et d'histoire économique*, Thèse de Lettres, Paris, Le Caire, Imp. E. et R. Schindler, 1934.

COLES, B. E., *Récollections and reflections*, Londres, St. Catherine Press, 1918.

CORM, Georges, « Géopolitique des minorités au Proche-Orient », *Hommes & Migrations*, n° 1172-1173, Année 1994, pp. 7-17.

–, *Le Proche-Orient éclaté (1956-2000)*, Paris, Éd. La Découverte, 1997.

–, « La marginalisation des espaces religieux au Proche-Orient », *Méditerranée espace de conflits, espace de rêves*, Paris, L'Harmattan, 2001.

–, *Méditerranée espace de conflits, espace de rêves*, Paris, L'Harmattan, 2001.

COURBAGE, Youssef et Philippe Fargues, *Chrétiens et Juifs dans l'Islam arabe et turc*, Paris, Payot, 1997.

COX, Howard, *The Global Cigarette: Origins and Evolution of British American Tobacco 1880-1945*, Oxford University Press, 2000.

CROMER, Lord, *Modern Egypt*, 2 vols, New York, Macmillan Co., 1908.

CUSACK, Andrew, *Nahum Effendi and Cairo's Lost World*, 20 Novembre 2017, https://www.andrewcusack.com/2017/rabbi-nahum/

DA LAGE, Olivier, *Géopolitique de l'Arabie Saoudite*, Paris, Ed. Complexe, 2006.

DAKHLI, Leyla, *Une génération d'intellectuels arabes. Syrie et Liban (1908-1940)*, Paris, Karthala, 2009.

DE LA CROIX, M., ci-devant Secrétaire de l'Ambassade de Sa Majesté à la Porte, *La Turquie chrétienne sous la puissante protection de Louis le Grand, protecteur unique du christianisme en Orient, contenant l'état présent des Nations et Églises grecque, arménienne et maronite dans l'Empire otoman*, Paris, Pierre Hérissant, 1695.

DECRET, François, « L'Afrique chrétienne, de l'invasion vandale au Maghreb musulman », *Clio*, 2021, www.clio.fr/bibliotheque/pdf/pdf_l_afrique_chretienne_de_l_invasion_vandale_au_maghreb_musulman.pdf

DÉHÉRAIN, Henri, « Les jeunes de langue à Constantinople sous le Premier Empire », in *Revue de l'Histoire des Colonies Françaises*, 16ᵉ année, t. XXI (1928), pp. 385-410.

DELIVRÉ, Fabrice, « La (fausse) donation de Constantin », in *Raison présente*, vol. 208, no. 4, 2018, pp. 83-94, https://www.cairn.info/revue-raison-presente-2018-4-page-83.htm

DIB, Pierre, « Les conciles de l'Église maronite (de 1557 à 1644) », *Revue des Sciences Religieuses*, tome 4, fascicule 2, 1924. pp. 193-220, www.persee.fr/doc/rscir_0035-2217_1924_num_4_2_1253.

DICK, Ignace, *Les Melkites*, coll. Fils d'Abraham, Turnhout, Brepols, 1994.

DIGEON, J. M., *Notice sur l'Égypte*, mai 1778, A.N., Le Caire.

DOSS, Madiha, « Discours de réforme », in Alain Roussillon, *Entre réforme sociale et mouvement national : Identité et modernisation en Égypte (1882-1962)*, Le Caire, CEDEJ - Égypte/Soudan, 1995, pp. 235-256.

DUBUIS, Etienne, « En Arabie saoudite, la controverse du sang du Prophète », *Le Temps*, 15 avril 2016, https://www.letemps.ch/monde/arabie-saoudite-controverse-sang-prophete.

DUCLERT, Vincent, *La France face au génocide des Arméniens*, Paris, Fayard, 2015.

DUCRUET, Jean, « Situation de l'enseignement en Égypte, en Irak et en Syrie », in *Travaux et Jours*, n° 10 (juin-septembre 1963), pp. 57-97.

ESTAKHR, Yassaman, *Subversion du discours orientaliste dans le tome premier de* l'Histoire de la Turquie *d'Alphonse de Lamartine*, Université de Stockholm, https://www.diva-portal.org/smash/get/diva2:910052/FULLTEXT01.pdf

FAIVRE, Maurice, « L'Œuvre d'Orient et les Églises orientales », in Philippe Bonnichon, Pierre Gény, Jean Nemo, (dir.), *Présences françaises outre-mer (XVIe-XXIe siècles)*, Paris, Karthala, 2012.

FARGANEL, Jean-Pierre, « L'École des Jeunes de Langue : à l'origine des dynasties de drogmans », *BnF, Patrimoines partagés*, https://heritage.bnf.fr/bibliothequesorient/fr/jeunes-de-langue-drogmans-article

FARGEON, Maurice, « *Les juifs en Égypte*, Le Caire, Imprimerie Paul Barbey, 1938.

FATTAL, Antoine, *Le statut légal des non-musulmans en pays d'islam*, Beyrouth, Institut de lettres orientales de Beyrouth, 1958.

FEGHALI, Mgr. Joseph, *Histoire du droit de l'Église maronite. Les Conciles des XVIe et XVIIe siècles*, Volume 1, Paris, Letouzey et Ané, 1962.

FENOGLIO-ABD-EL-AAL, Irène, *Défense et illustration de l'égyptienne : aux débuts d'une expression féminine*, Le Caire, Centre d'études et de documentation économique juridique et sociale, 1988.

FENOGLIO, Irène, « Réforme sociale et usage des langues », in Alain Roussillon, *Entre réforme sociale et mouvement national: Identité et modernisation en Égypte (1882-1962)*, Le Caire, CEDEJ - Égypte/Soudan, 1995, pp. 257-274, http://books.openedition.org/cedej/1417

FERRAGU, Gilles, « Église et diplomatie au Levant au temps des Capitulations », *Rives nord-méditerranéennes*, 6 | 2000, pp. 69-78, http://journals.openedition.org/rives/67

FLATEAU, Cosima, « Les Assyro-Chaldéens au XXe siècle », *Les Clés du Moyen-Orient*, 23 mai 2013, https://www.lesclesdumoyenorient.com/Les-Assyro-Chaldeens-au-XXe-siecle.html

FOURIER, Joseph, Lettre de Fourier, préfet de l'Isère : « Demande d'une pension littéraire pour D. Raphaël Monachis », Archives de l'INALCO.

GAUTHERET, Jérôme, « La destruction en marche », *Le Monde*, 21 avril 2015, http://www.lemonde.fr/europe/article/2015/04/21/genocide-des-armeniens-la-destruction-en-marche_4620182_3214.html

GAUTIER, Antoine, « Les drogmans des consulats », *in* Jörg Ulbert, Gérard Le Bouëdec (éds.), *La fonction consulaire à l'époque moderne : L'affirmation d'une institution économique et politique (1500-1800)*,

Rennes, Presses universitaires de Rennes. https://books.openedition.org/pur/7767?lang=en

GAYFFIER-BONNEVILLE, Anne-Claire de, *Histoire de l'Égypte moderne. L'éveil d'une nation. XIXe-XXIe siècle*, Paris, Flammarion, Champs Histoire, 2016.

GEMAYEL, Philippe, *Un Régime qui meurt : les Capitulations en Égypte*, Paris, Éditions internationales, 1938.

GERMAIN, Éric, *L'Afrique du Sud musulmane. Histoire des relations entre Indiens et Malais du Cap*, Paris, Karthala, 2007.

GHALI, Ibrahim Amin, *L'Égypte nationaliste et libérale, de Mustapha Kamel à Saad Zaghloul*, La Haye, Martinus Nijhoff, 1969.

GOBY, J.-E., « Farid Boulad Bey », *Bulletin de l'Institut d'Égypte*, 30, pp. 21-31, 1947-1948.

–, *Premier Institut d'Égypte. Restitution des comptes rendus des séances*, Quetigny, Imprimerie Darantière, 1987.

–, « Commission des Sciences et Arts d'Égypte », in *Dictionnaire Napoléon*.

GODARD, Léon, *Le Maroc : notes d'un voyageur : 1858-1859*, Alger, 1859, pp. 27-28.

GÖK, Nejdet, « The Berat Form in Ottoman Diplomatica (diplomatics) / Osmanlı Diplomatikası'da Berat Formu », *The Turks*, v. 3, 2002, pp. 469-78, https://www.academia.edu/42352608/The_Berat_Form_in_Ottoman_Diplomatica_diplomatics_Osmanl%C4%B1_Diplomatikas%C4%B1_da_Berat_Formu

GUIDÈRE, Mathieu, « Les femmes esclaves de l'État islamique », *Le Débat*, vol. 188, n°. 1, 2016, Gallimard, pp. 106-118.

GUITTON, René, *Ces chrétiens qu'on assassine*, Paris, Flammarion, 2009.

HADDAD, Robert M., *Syrian Christians in Muslim Society*, Princeton, Princeton University Press, 1970.

HAJJAR, Joseph N., *Antioche entre Rome, Byzance et la Mecque*, 3 vols., Beyrouth, Éditions Al-Mourad, 1998.

HAJJAR, Joseph, *Les Chrétiens uniates du Proche-Orient*, Paris, Ed. du Seuil, 1962.

HAMAMA, Mohamed, « After 150-year wait, Parliament passes church construction law in 3 days », *Mada Masr*, 31 août 2016, https://www.madamasr.com/en/2016/08/31/feature/politics/after-150-year-wait-parliament-passes-church-construction-law-in-3-days/

HAMAMSY, Chafika Soliman, *Zamalek: The Changing Life of a Cairo Elite, 1850-1945*, Le Caire, American University in Cairo Press, 2005.

HANKINS, T. L., « Blood, Dirt and Nomograms », *Isis*, 90, pp. 50-80, 1999.

HANNA, Michael Wahid, « Excluded and Unequal Copts on the Margins of the Égyptian Security State », *The Century Foundation*, 9 mai 2019, https://tcf.org/content/report/christian-exclusion-from-egypts-security-state/?agreed=1&session=1

HARCOURT, Charles-François-Marie d', *L'Égypte et les égyptiens*, E. Plon, Paris, Nourrit et Cie, 1893.

HASSOUN, Jacques, « The Jews, a community of contrasts », in Robert Ilbert, Ilios Yannakakis et Jacques Hassoun eds., *Alexandria 1860-1960. The brief life of a cosmopolitan community*, Alexandrie, Hapocrates Publ., 1997.

HÉCHÉMA, Charbel, « Histoires de précurseurs », *Al-Ahram Hebdo*, 16 février 2005, http://hebdo.ahram.org.eg/Archive/2005/2/16/patri1.htm

HELFONT, Samuel, *Compulsion in Religion: Saddam Hussein, Islam, and the Roots of Insurgencies in Iraq*, Oxford, Oxford University Press, 2018.

HEYBERGER, Bernard, « Introduction », in Bernard Heyberger (éd.), *Chrétiens du monde arabe. Un archipel en terre d'Islam*, Paris, Ed. Autrement, 2003.

HILAL, Ibrahim Fehmi, « Mémorandum de l'Association de la Nation copte aux honorables Messieurs Président et Membres de la Commission du projet de la Constitution », 1953.

HOLPUCH, Amanda, Harriet Sherwood, Owen Bowcott, « John Kerry: Isis is committing genocide in Syria and Iraq », *The Guardian*, 17 mars 2016, https://www.theguardian.com/world/2016/mar/17/john-kerry-isis-genocide-syria-iraq

HOSAM EL-DIN, Reem, « Dollar crisis threatens Eastern Tobacco Company's production », *Daily News Egypt*, 27 octobre 2016, https://dailynewsegypt.com/2016/10/27/dollar-crisis-threatens-eastern-tobacco-companys-production/

HOYEK, Elias Pierre, « Les Revendications du Liban, Mémoire de la Délégation Libanaise à la Conférence de Paix », in *La Revue Phénicienne*, Numéro de Noël, Beyrouth, Edition Maison d'art, 1919.

IBN KHALDOUN, *Les Prolégomènes*, première partie, traduits en français et commentés par W. Mac Guckin de Slane (1801-1878), Paris, Librairie orientaliste Paul Geuthner, 1934.

ILBERT, Robert « Alexandrie, 1830-1930 : le mythe de la ville méditerranéenne », *Le Miroir Égyptien*, Marseille, Éditions du Quai, 1984.

–, « Qui est Grec ? La nationalité comme enjeu en Égypte (1830-1930) », *Relations internationales,* n°54, été 1988, pp. 139-160.

–, *Alexandrie. Espace et société 1830-1930. Histoire d'une communauté citadine,* thèse de doctorat d'État, Paris, EHESS, 1990.

JABARTÎ, 'Abd-al-Rahman Al-, *Journal d'un notable du Caire pendant l'expédition française – 1798-1801*, Paris, Albin Michel, 1979.

JAWHAR, S., *Les silencieux parlent*, Le Caire, al-Maktab al-Masri al-Hadith, 1975.

JOMARD, Edme François, « Description abrégée de la ville et de la citadelle du Caire », *Description de l'Égypte, État moderne*, XVIII/2, Paris, 1829.

KAMEL BEY, Mourad, *Étude générale sur la condition des Étrangers en Égypte*, Paris, Les Presses Universitaires de France, 1930.

KAMEL, Sherif, « The Egyptian National Post Organization Past, Present and Future: The Transformational Process Using ICT », *in* Christopher G. Reddick, *Cases on Public Information Management and E-Government Adoption*, San Antonio, The University of Texas at San Antonio, 2012, pp. 100-127, pp. 101-3, https://www.researchgate.net/publication/264552719_The_Egyptian_National_Post_Organization_Past_Present_and_Future_The_Transformational_Process_Using_ICT

KAMMERER, Albert, *La Mer Rouge, l'Abyssinie et l'Arabie depuis l'Antiquité*, I, 3ème fasc., Publications de la Société Royale de Géographie d'Égypte, Paris, Librairie Honoré Champion, 1929.

KARMIRIS, Jean, *Les textes dogmatiques et symboliques de l'Église orthodoxe*, Athènes, 1953, t. II.

KÅRTVEIT, Bård Helge, « Egyptian Copts Under Attack: The Frailty of a National Unity Discourse », in *Middle East Institute*, 13 juillet 2017, https://www.mei.edu/publications/egyptian-copts-under-attack-frailty-national-unity-discourse#_edn10

KHALIL SAMIR, Samir, « Les communautés chrétiennes, membres actifs de la société arabe au cours de l'histoire », *Proche-Orient chrétien*, vol. 47, 1997, pp. 79-102.

–, « Rôle culturel des chrétiens dans le monde arabe », coll. *Cahiers de l'Orient Chrétien*, Beyrouth, CEDRAC, 2003.

KIMCHE, David, « The opening of the red sea to European ships in the late eighteenth century », *Middle Eastern Studies*, 8:1, 1972, pp. 63-71.

KINDI, El, *Kitab al Wala' (Wulât) wa Kitab al Kada' (Kudât)*, (Le livre des gouverneurs et le livre des juges), Le Caire, 1908.

KLEINCLAUSZ, A., « La légende du protectorat de Charlemagne sur la Terre Sainte », *Syria. Archéologie, Art et histoire*, 1926, n° 7, pp. 211-233.

KRÄMER, Gudrun, « Dhimmi ou citoyen. Réflexions réformistes sur le statut des non-musulmans en société islamique », in Alain Roussillon (éd.), *Entre réforme sociale et mouvement national*, CEDEJ - Égypte/Soudan, Le Caire, 1995, pp. 577-590, https://books.openedition.org/cedej/1446?lang=en

KRULIĆ, Joseph, « Islam et communisme en Bosnie-Herzégovine », in *Cités*, 2007/4 (n° 32), pp. 75-82, https://www.cairn.info/revue-cites-2007-4-page-75.htm

LA BRIÈRE, Yves, *Médiation pontificale et relations avec le Vatican*, Paris, Téqui, 1917, extrait de la Revue *Les Études*, 5 juillet et 5 septembre 1917.

LACOUTURE, Jean et Simonne, *L'Égypte en mouvement*, Paris, Éditions du Seuil, 1956.

LACOUTURE, Jean, Ghassan Tuéni et Gérard D. Khoury (éd.), *Un siècle pour rien. Le Moyen-Orient arabe de l'Empire ottoman à l'Empire américain*, Paris, Albin Michel, 2002.

LAMMENS, P. Henri, *La Syrie: précis historique*, volume 1, Beyrouth, Imprimerie catholique - Paris, Geuthner, 1921.

LAORTY-HADJI, R.P., (Baron Taylor), *La Syrie, la Palestine et la Judée. Pèlerinage à Jérusalem et aux lieux saints*, 18ème édition, Paris, chez Bolle-Lasalle Ed., 1854.

LARANÉ, André, « 20 novembre 1979 Prise de la Grande Mosquée de La Mecque », *Hérodote*, 28 mai 2019, https://www.herodote.net/20_novembre_1979-evenement-19791120.php

LAURENS, Henry, *L'Expédition de l'Égypte (1798-1801)*, Paris, Seuil, 1997.

LAURENT, Annie et Antoine Basbous, *Une proie pour deux fauves ? Le Liban entre le lion de Juda et le lion de Syrie*, Beyrouth, Éditions Ad-Daïrat, 1983.

LAVELEYE, Émile de, « En deçà et au-delà du Danube. II. La Bosnie. Régime agraire et Économie rurale », *Revue des deux mondes*, 3e période, tome 70, Paris, 1885, pp. 517-552.

LE BRAS, Jenna, « Les Mohamed, levez la main !, *Middle East Eye*, 17 décembre 2016, https://www.middleeasteye.net/fr/reportages/les-mohamed-levez-la-main#:~:text=Autre%20problème%20%3A%20il%20n'y,de%20celui%20du%20grand-père

LE GALL-KAZAZIAN, Anne, « Les arméniens d'Égypte (XIXe-milieu du XXe) : La réforme à l'échelle communautaire », in Alain Roussillon (éd.), *Entre réforme sociale et mouvement national*, Le Caire, CEDEJ - Égypte/Soudan, 1995, pp. 501-517, https://books.openedition.org/cedej/1441?lang=en

–, « Deux familles arméniennes dans l'Égypte du XIXe siècle : les Tcherakian et les Nubarian », *Cahiers de la Méditerranée*, 82, 2011, http://journals.openedition.org/cdlm/5750

LENORMANT, François, *Histoire des massacres de Syrie en 1860*, Paris, Hachette, 1861.

LE SYRIEN, Michel, *Chroniques*, édité et traduit par J.-B. Chabot, Paris, E. Leroux, tome II, fasc. 3ème, 1905.

LINANT DE BELLEFONDS, Yvon, « La suppression des juridictions de statut personnel en Égypte », in *Revue internationale de droit comparé*, 1956, vol. 8 n° 3, pp. 412-425, http://www.persee.fr/doc/ridc_0035-3337_1956_num_8_3_10932

LIVINGSTONE, John W., *'Ali bey al-Kabir and the Mamluk Resurgence in Ottoman Egypt, 1760-1772*, Princeton University Ph.D. dissertation, 1968.

LORD LLOYD, *Egypt since Cromer*, Londres, Macmillan and Company Ltd., 1933.
LOWIS, Cecil Champain (dir.), *The Census of Egypt taken in 1907*, Cairo, National Printing Department, 1909.
LUIRARD, Monique, *La Société du Sacré-Cœur : 100 ans de présence en Égypte*, Union Press, 2009.
LUIZARD, Pierre-Jean, *Laïcités autoritaires en terres d'Islam*, Paris, Fayard, 2008.
–, *Chiites et sunnites, la grande discorde en 100 questions*, Paris, Tallandier, 2017.
MAÏLA, Joseph, « Les arabes chrétiens : de la question d'Orient à la récente géopolitique des minorités », dans « Les communautés chrétiennes dans le monde arabo-musulman, le défi de l'avenir », *Proche-Orient Chrétien*, 47, 1997, pp. 35-47.
MALLET, A. et P. Grillet, *XIXe siècle – Histoire contemporaine 1815-1920*, Hachette, Paris, 1921.
MANTRAN, Robert, *L'expansion musulmane - VIIe-XIe siècle*, Paris, Presses Universitaires de France, 2001.
MASSON, Paul, *Histoire du commerce dans le Levant au XVIIIe siècle*, Paris, Hachette, 1911.
MASTERS, Bruce, *Christians and Jews in the Ottoman Arab World: The Roots of Sectarianism*, Cambridge, Cambridge University Press, 2001.
–, « The Establishment of the Melkite Catholic *Millet* in 1848 and the Politics of Identity in Tanzimat Syria », *in* Peter Sluglett with Weber Stefan (éd.), *Syria and Bilad al-Sham under Ottoman Rule. Essays in honour of Abdul-Karim Rafeq*, Leyde, Brill, 2010, pp. 455-474.
MAURY, Jean-Pierre, « Égypte Indépendance », *Digithèque*, https://mjp.univ-perp.fr/constit/eg1922.htm#:~:text=a)%20la%20sécurité%20des%20communications,d)%20le%20Soudan
MENGIN, Félix, *Histoire de l'Égypte sous le gouvernement de Mohammed-Aly : ou récit des événements politiques et militaires*, Paris, Arthus Bertrand, 1823.
MESSAOUDI, Alain et François Pouillon, « Dom Raphaël, Raphaël Antûn Zakhûr de Monachis dit (Le Caire 1759 - Le Caire 1831) », *in* François Pouillon, (éd.), *Dictionnaire des orientalistes de langue française*, Paris, Karthala, 2012.
MESSAOUDI, Alain, « De l'expédition d'Égypte à la conquête d'Alger : le développement d'un milieu orientaliste-oriental », *Les arabisants et la France coloniale. 1780-1930*, Lyon, ENS Éditions, 2015.
METTERNICH, Klemens von, Lettre de Metternich au Secrétaire d'État, le Cardinal Albany, 14 février 1830.
MEYER, Georges, *L'Égypte Contemporaine et les Capitulations*, Paris, Les Presses Universitaires de France, 1930.
MICHELET, Jules, *Histoire de France*, Tome I, Paris, Lacroix et Cie., 1876.

MIKHAIL, Kyriakos, *Copts and Muslims under British Control*, Londres, Smith, Elder & Co., 1911.

MIREL, Pierre, *L'Égypte des ruptures. L'ère Sadate, de Nasser à Moubarak*, Paris, Sindbad, 1982.

MODICA, Bruno, « Hatt-i-Hümayun, 18 février 1856 », *Clio-Texte*, 17 Juillet 2018, https://clio-texte.clionautes.org/hatt-i-humayun-18-fevier1856.html

MOGHIRA, Mohamed Anouar, *Moustapha Kamel l'Égyptien (1874-1908). L'homme et l'œuvre*, Paris, L'Harmattan, 2007.

MOORE, Jack, « European Parliament Recognizes ISIS Killing of Religious Minorities as Genocide », *Newsweek*, 2 avril 2016, http://europe.newsweek.com/european-parliament-recognizes-isis-killing-religious-minorities-genocide-423008?rm=eu

MORELLE, Paul, « Henein Georges (1914-1973) », *Encyclopædia Universalis*, https://www.universalis.fr/encyclopedie/georges-henein/

MOUAWAD, Youssef, « La Légende Noire de Djemal Pacha », *Orient XXI*, 3 Avril 2017, https://orientxxi.info/l-orient-dans-la-guerre-1914-1918/la-legende-noire-de-djemal-pacha,1792

NOUTY, Hassan El-, *Le Proche-Orient dans la littérature française de Nerval à Barrès*, Paris, Nizet, 1958.

NUBAR PACHA, *Mémoires de Nubar pacha*, Introduction et notes de Mirrit Boutros Ghali, Beyrouth, Librairie du Liban, 1983.

OBERLÉ, Thierry, « Joseph Yacoub : « Ce qui peut permettre la survie du christianisme dans ce Proche-Orient qui l'a vu naître » », *Le Figaro*, 15 février 2018, https://www.lefigaro.fr/vox/religion/2018/02/15/31004-20180215ARTFIG00259-joseph-yacoub-ce-qui-peut-permettre-la-survie-du-christianisme-dans-ce-proche-orient-qui-l-a-vu-naitre.php

OCAGNE, Maurice d', *Traité de nomographie*, Paris, Gauthier-Villars, 1899.

OMAR, Menna, « Churches in Egypt: Codifying Discrimination and Sectarianism », *The Legal Agenda*, 12 décembre 2016, http://www.legal-agenda.com/en/article.php?id=3309

OSMAN, Tarek, *Egypt on the Brink*, New Haven, Yale University Press, 2010.

PÉGUY, Charles, *La Revue socialiste*, n° 147, 15 mars 1897.

PÉLISSIÉ DU RAUSAS, Gérard, *Le régime des capitulations dans l'Empire ottoman*, Paris, Arthur Rousseau, 1902-1905.

PERLMANN, M., *Shaykh Damanhuri on the Churches of Cairo*, Berkeley-Los Angeles-Londres, University of California Press, 1975.

PHILIPP, Thomas, *The Syrians in Egypt, 1725–1975*, Stuttgart, Berliner Islamstudien, Band III, Steiner-Verlag, 1985.

PIGNON, Tatiana, « Les dhimmî dans l'Empire ottoman », *Les Clés du Moyen-Orient*, 25 mars 2013, https://www.lesclesdumoyenorient.com/Les-dhimmi-dans-l-Empire-ottoman.html

PIQUET, Caroline, « La Compagnie universelle du canal maritime de Suez en Égypte : concession rime-t-elle avec colonisation ou modernisation ? », *Entreprises et Histoire*, n°31, La Concession, décembre 2002.
POLAK, Émilie, « Le protectorat britannique en Égypte », *Les Clés du Moyen-Orient*, 10 janvier 2014, https://www.lesclesdumoyenorient.com/Le-protectorat-britannique-en.html
POLIAK, A. N., « L'arabisation de l'Orient sémitique », revue *En Terre d'Islam*, XII, cah. 1, 1938.
POLITIS, Athanase, *L'hellénisme et l'Égypte moderne*, Paris, Félix Alcan, 2 vol., 1929.
POMMIER, Sophie, *Égypte : l'envers du décor*, Paris, La Découverte, 2008.
PORTER, James à William Pitt, Constantinople, le 3 juin 1758, State Papers, Londres, 97-40 (n. p.).
POUJOULAT, Batistin, *La vérité sur la Syrie et l'expédition française*, Paris, Gaume Frères, 1860.
PRASHAD, Vijay, *The Death of the Nation and the Future of the Arab Revolution*, Berkeley, University of California Press, 2016.
RAAFAT, Samir, « A snapshot of Egypt's Postal History », *The Egyptian Mail*, 3 décembre 1994, reproduit dans *The Khedivial Post*, Le Caire, Max Group, 1995, www.egy.com/historica/94-12-03.php.
RABBATH, Antoine s.j., *Documents inédits pour servir à l'Histoire du Christianisme en Orient*, Paris, A. Picard et fils, 1905.
RAYMOND, André, *Égyptiens et Français au Caire, 1798-1801*, Le Caire, IFAO, 1998.
–, *Artisans et commerçants au Caire au XVIIIe siècle*, Le Caire, IFAO, 1999.
ROHRBACHER, René François, *Histoire Universelle de l'Esglise Catholique*, Tome XXII, Livre LXXXIII, de 1447 à 1517 de l'ère chrétienne.
ROMEO, Lisa, « Hussein et la famille Hachémite », *Les clés du Moyen-Orient*, 20 janvier 2011, https://www.lesclesdumoyenorient.com/Hussein-et-la-famille-Hachemite.html
–, « Tanzimat », *Les Clés du Moyen-Orient*, 2 mars 2018, https://www.lesclesdumoyenorient.com/Tanzimat.html
RONDOT, Pierre, « Le destin des chrétiens d'Orient », *Politique étrangère*, N°1 – 11ème année, 1946, pp. 41-60.
–, *Les chrétiens d'Orient*, coll. Cahiers de l'Afrique et l'Asie, IV, Paris, J. Peyronnet & Cie, 1955.
RYME, Amédée, *L'Univers. Histoire et Description de tous les peuples. Égypte Moderne. Période de la Domination française. 1798-1801*, tome I, Paris, 1848.
SAAÏDIA, Oissila, « L'anticléricalisme article d'exportation ? Le cas de l'Algérie avant la première guerre mondiale », *Vingtième Siècle. Revue d'histoire*, vol. n° 87, no. 3, 2005, pp. 101-112, § 1, https://www.cairn.info/revue-vingtieme-siecle-revue-d-histoire-2005-3-page-101.htm

SABRY, Mohamed, *L'empire égyptien de Mohamed Ali et la question d'Orient (1811-1849)*, Paris, Geuthner, 1930.

SADATE, Jehane, *Une femme d'Égypte*, Paris, Presses de la Renaissance, 1987.

SAENZ-DIEZ, Eva, « Dom Rafael. Un sacerdote oriental miembro del Instituto de Egipto », in *Awrāq. Estudios sobre el mundo árabe e islámico contemporáneo*, Volume XXI, 2000, pp. 97-124.

SAENZ-DIEZ, Eva, « La place des Coptes dans l'enseignement en Égypte », *Confluences Méditerranée*, vol. 75, no. 4, 2010, pp. 91-106.

–, « L'Égypte s'ouvre sur le Sinaï », in *Qantara. Magazine des cultures arabe et méditerranéenne*, 106, janvier 2018.

–, *Égypte d'une révolution à l'autre. Politiques d'enseignements et de changements sociaux*, Paris, Ed. Publisud, 2013.

SAENZ-DIEZ JACCARINI, Eva, « Los orígenes extranjeros de la nobleza española la familia Matossian y Osorio », in *Aportes: Revista de historia contemporánea*, vol. 30, N° 89, 2015, pp. 159-179.

SAFA, Isabelle, « Le pacte d'Umar », in *Les Cahiers de l'Orient*, 2015/2 (N° 118), pp. 23-25, https://www.cairn.info/revue-les-cahiers-de-l-orient-2015-2-page-23.htm

SALEH, Wael, « La radicalisation menant à la violence au nom de l'islam : Cartographier les acteurs théoriques pour mieux comprendre les enjeux épistémologiques et éthiques », *Cahiers de recherche en politique appliquée*, Vol. VII, n° 2, Automne 2019, pp. 92-108, https://www.researchgate.net/publication/338111180_La_radicalisation_menant_a_la_violence_au_nom_de_l'islam_Cartographier_les_acteurs_theoriques_pour_mieux_comprendre_les_enjeux_epistemologiques_et_ethiques

SANUA, Victor D., « « Egypt for the Egyptians » The Story of Abu Naddara (James Sanua) 1839-1912 - A Jewish Egyptian Patriot », *Foundation for the Advancement of Sephardic Studies and Culture*, www.sephardicstudies.org/naddara.html

SATTIN, Anthony, *The Gates of Africa: Death, Discovery and the Search for Timbuktu*, Harper Perennial, Londres, 2004.

SAVARY, François, comte de Brèves, *Relation des Voyages faits en Hierusalem, Terre Saincte, Constantinople, Aegypte, Afrique, Barbarie*, Paris, Thomas de la Ruelle, 1630.

SAWI, Ahmed Husain As-, *Fajr as-sihafa fi Misr, Dirasa fi iclam al-hamla al-faransiya, [L'aube de la presse en Égypte, étude sur les moyens de communication de l'Expédition française]*, Le Caire, Haiat al Kitab, 1975.

SAYIGH, Yezid, « Above the State: The Officers' Republic in Egypt », *Carnegie Middle East Center*, 1er août 2012, https://carnegie-mec.org/2012/08/01/above-state-officers-republic-in-egypt-pub-48972

SCHEMEIL, Marius, *Le Caire, sa vie, son histoire, son peuple*, Le Caire, Dar Al-Maaref, 1949.

SCHULL, Kent F., « Conceptualizing difference during the Second Constitutional Period: new sources, old challenges », in Jørgen S Nielsen, *Religion, ethnicity and contested nationhood in the former Ottoman space*, Leiden – Boston, Brill, 2012, pp. 63-87.

SEIKALY, S. M., *The copts under british rule, 1882-1014*, Unpublished Thesis, London University, 1967.

SHAFIQ, Ahmed, *Mes mémoires d'un demi-siècle (Mudhakkirati fi nisf qarn)*, Le Caire, Matbaʻat Misr, 1936.

SHASHA, David, « Sephardic Judaism and the Levantine Option », in Ziauddin Sardar and Robin Yassin-Kassab, *Critical Muslim 06: Reclaiming Al-Andalus*, Londres, Hurst Publisher, avril-juin 2013, pp. 91-104.

SHUKRY, Nader, « Acquittal for cutting Copt's ear », in *Watani*, 24 avril 2012, https://en.wataninet.com/coptic-affairs-coptic-affairs/sectarian/acquittal-for-cutting-copts-ear/3987/

SIEMIATYC, Gedaliah de, *Sha'alu Shelom Yerushalayim (Priez pour la paix de Jérusalem)*, Berlin, 1716, folio 13 b.

SOLÉ, Robert, *Le Tarbouche*, Paris, Éditions du Seuil, 1992.

–, « Ahmed Rassim : chants d'un monde évanoui », *Le Monde*, 17 mai 2007, https://www.lemonde.fr/livres/article/2007/05/17/ahmed-rassim-chants-d-un-monde-evanoui_911189_3260.html

–, *Sadate*, Paris, Perrin, 2013.

SULLIVAN, Colleen, « Armenian Secret Army for the Liberation of Armenia », *Britannica*, https://www.britannica.com/topic/Armenian-Secret-Army-for-the-Liberation-of-Armenia

TAGHER, Jaques, *Coptes et musulmans*, Le Caire, Al-Maaref, 1952.

TAHTÂWÎ, Rifâ'a At-, *L'Or de Paris, Relation de voyage (1826-1831)*, traduction de l'arabe et présentation de Anouar Louca, Paris, Sindbad, 1988, pp. 185-186.

TEULE, Herman, *Les Assyro-Chaldéens Chrétiens d'Irak, d'Iran et de Turquie*, Turnhout, Brepols, 2008.

THEVENIN, Nicolas, « La note de Benoît XV du 1er août 1917 et les réactions des catholiques français », *Revue d'Histoire diplomatique*, CIII, 1989, p. 285-338

TOMASS, Mark, « The ideological origins of ISIS: fighting terror with common sense », *in* Charles Webel, Mark Tomass, eds. *Assessing the War on Terror: Western and Middle Eastern Perspectives*, Routledge, London - NY, 2017, pp. 108-136.

TORRES GUTIÉRREZ, Ana Carol, *The other Copts: Between sectarianism, nationalism and catholic Coptic activism in Minya*, American University in Cairo, Master's thesis, AUC Knowledge Fountain, 2017, https://fount.aucegypt.edu/etds/676

TRUSLER, Rev. Dr. John, *The Habitable World Described: Or the Present State of the People In All Parts of the Globe, From North to South; Shewing the Situation, Extent, Climate, ... Including All the New*

Discoveries: ... With a Great Variety of Maps and Copper-plates, ... Vol. I. London, Literary-Press, Clerkenwell, 1788.

TURK, Niqūlā, *Mudhakkirāt*, Nicolas Turc, *Chronique d'Égypte 1798-1804*, édité et traduit par Gaston Wiet, Le Caire, IFAO, 1950.

VALENSI, Lucette, « La tour de Babel : groupes et relations ethniques au Moyen-Orient et en Afrique du Nord », *Annales. Économies, Sociétés, Civilisations*, juillet-août, 1986, pp. 817-838.

VALOGNES, Jean-Pierre, *Vie et mort des Chrétiens d'Orient. Des origines à nos jours*, Paris, Fayard, 1994.

VATIKIOTIS, P. J., *The History of Egypt from Muhammad Ali to Mubarak*, Baltimore, The Johns Hopkins University Press, 1985.

VAUCHER, Georges, *Gamal Abdel Nasser et son équipe. L'édification de la République Arabe Unie*, Paris, René Julliard, 1959.

VENTURE DE PARADIS, *Observations sur l'Échelle de Damiette*, 177 b-182 a. A.N., Caire, B^1 336, 15 avril 1776, 180 a.

VERDIER, Marie, « La CEDH juge que la charia n'a pas sa place en Grèce », *La Croix*, 19 décembre 2018, https://www.la-croix.com/Religion/Islam/charia-pas-place-Grece-juge-CEDH-2018-12-19-1200990647

VERMEREN, Pierre, « Éradication des chrétiens d'Orient : que les Européens ouvrent enfin les yeux ! », *Le Figaro*, 8 avril 2015, p. 14.

–, « Le retour de la protection des chrétiens d'Orient au Levant », in Pierre Vermeren (dir.), *La France en terre d'islam. Empire colonial et religions, XIXe-XXe siècles*, Paris, Belin, « Collection Histoire », 2016, pp. 89-103. https://www.cairn.info/la-france-en-terre-d-islam--9782701196640-page-89.htm

VOLLANDT, Ronny, *Arabic Versions of the Pentateuch: A Comparative Study of Jewish, Christian, and Muslim Sources (Biblia Arabica) (English, Arabic and Hebrew Edition)*, Leiden, Brill, 2015.

VOLNEY, Constantin-François de Chasseboeuf, comte de, *Voyage en Syrie et en Égypte, pendant les années 1783, 1784 et 1785*, tome I, Paris, Chez Volland & Desenne, 1787.

WATERBURY, John, *The Egypt of Nasser and Sadat. The Political Economy of Two Regimes*, Princeton, Princeton University Press, 1983.

WENGER, Antoine, « Karmiris (Jean N.) », *Revue des études byzantines*, Année 1954, 12.

WISSA WASSEF, Cérès, « Le Calendrier copte, de l'antiquité à nos jours », *Journal of Near Eastern Studies*, Vol. 30, No. 1, janvier 1971, pp. 1-48.

YACOUB, Joseph, « Ce qui peut permettre la survie du christianisme dans ce Proche-Orient qui l'a vu naître », *Le Figaro*, 15 février 2018, https://www.lefigaro.fr/vox/religion/2018/02/15/31004-20180215ARTFIG00259-joseph-yacoub-ce-qui-peut-permettre-la-survie-du-christianisme-dans-ce-proche-orient-qui-l-a-vu-naitre.php

–, « Pour la reconnaissance officielle du génocide assyro-chaldéen », *Le Figaro*, 21 avril 2019, https://www.lefigaro.fr/vox/monde/joseph-yacoub-pour-la-reconnaissance-officielle-du-genocide-assyro-chaldeen-20190421

YAKUB, Bektas et Albaret Michèle, « La télégraphie au service du sultan ou le messager impérial », *Réseaux*, volume 12, n° 67, 1994, pp. 143-152, www.persee.fr/doc/reso_0751-7971_1994_num_12_67_2744

ZABBAL, François, « Les Chrétiens arabes », *Qantara. Magazine des cultures arabe et méditerranéenne*, n° 35, printemps 2000, p. 29.

ZAHLAN, A. B., *Science and science policy in the Arab World*, London, Croom Helm, 1980.

ZANANIRI, Gaston, *Pape et Patriarches*, Paris, Nouvelles Éditions latines, 1961.

–, *Entre mer et désert : Mémoires*, Paris, Éditions du Cerf, 1996.

ZEGHAL, Malika, *Gardiens de l'islam, Les Oulémas d'al-Azhar dans l'Égypte contemporaine*, Paris, Presses de Sciences-Po, 1996.

ZUBAIDA, Sami, « Violence ethnique en Irak. L'affaire des Assyriens de 1933 », in Baudoin Dupret, B. (éd.), *Le phénomène de la violence politique : perspectives comparatistes et paradigme égyptien*, CEDEJ - Égypte/Soudan, 1994, pp. 121-136, https://books.openedition.org/cedej/448

Autres documents

Annuaires – Journaux – Périodiques

Annuaire de l'Église catholique d'Égypte, plusieurs années.
Annuaire des Juifs d'Égypte et du Proche-Orient, Le Caire, Société des Éditions Historiques Juives d'Égypte, 1942.
La Décade Égyptienne, Journal littéraire et d'économie politique, Le Caire, Imprimerie nationale.
Le Lien, revue du patriarcat grec, melkite, catholique, Le Caire, Beyrouth, 1936-1967. 1968-
Le Progrès égyptien

Articles sans nom d'auteur

« Al-Azhar: to leave Islam is 'treason' », World Watch Monitor, 22 juin 2016, https://www.worldwatchmonitor.org/2016/06/al-azhar-to-leave-islam-is-treason/

Armenian Millet, *Encyclopedia.com*, https://www.encyclopedia.com/humanities/encyclopedias-almanacs-transcripts-and-maps/armenian-millet

- https://gallica.bnf.fr/ark:/12148/bpt6k374338c.r=L%C3%A9gislation%20ottomane?rk=85837;2
- « Chrétiens d'Orient: un « génocide » (d'Ormesson) », *Le Figaro*, 25 février 2015, http://www.lefigaro.fr/flash-actu/2015/02/25/97001-20150225FILWWW00168-chretiens-d-orient-un-genocide-d-ormesson.php
- « Construction d'églises, les chrétiens égyptiens attendaient-ils trop du Président Sissi ? », *Info Chrétienne*, 25 septembre 2016, https://www.infochretienne.com/construction-déglises-les-chretiens-égyptiens-attendaient-ils-trop-du-president-sissi/
- « Eastern Tobacco Company: we provide the second largest income following Suez Canal and we manufacture 80 billion cigarettes », *Régie Libanaise de Tabacs et Tombacs*, février 2018, https://www.rltt.com.lb/Article/283/eastern-tobacco-company-we-provide-the-second-larg/en
- « Égypte : l'assassin d'un prêtre copte condamné à la peine capitale », *La Croix*, 19 mai 2022, https://africa.la-croix.com/egypte-lassassin-dun-pretre-copte-condamne-a-la-peine-capitale/
- « History », *Greek Community of Alexandria*, https://ekalexandria.org/en/establishment/history/#.YL855JP7Qyk
- « Issue Brief: Egypt's Reconciliation Councils », in *Eshhad - The Tahrir Institute for Middle East Policy*, Mars 2016, https://static1.squarespace.com/static/5947e4266a49635915ac0a31/t/59ee80eed7bdce4245e96c7c/1508802798737/IB_Reconciliation.pdf
- « L'écrivain Naguib Mahfouz a été grièvement blessé dans un attentat », *Le Monde*, 16 octobre 1994, https://www.lemonde.fr/archives/article/1994/10/16/egypte-l-ecrivain-naguib-mahfouz-a-ete-grievement-blesse-dans-un-attentat_3850651_1819218.html
- « L'Égypte exécute huit détenus pour des attentats anti-coptes », *Le Figaro*, 25 février 2020, http://www.lefigaro.fr/international/l-égypte-execute-huit-detenus-pour-des-attentats-anti-coptes-20200225?utm_source=app&utm_medium=sms&utm_campaign=fr.playsoft.lefigarov3
- « Le concile d'Éphèse », *La Croix*, https://croire.la-croix.com/Les-formations-Croire.com/Histoire-de-l-Église/Petite-histoire-des-grands-conciles/Le-concile-d-Ephese/Le-concile-d-Ephese
- « Législation ottomane », https://en.wikipedia.org/wiki/Législation_ottomane
- « Mahfouz, le « Zola du monde arabe » », *La Croix*, 30 août 2006, https://www.la-croix.com/Culture/Actualite/Mahfouz-le-Zola-du-monde-arabe-_NG_-2006-08-30-516175

« Muslim minority of Greece », *Wikipédia*, https://en.wikipedia.org/wiki/Muslim_minority_of_Greece

« Sheikh Al-Azhar à propos de la Journée mondiale de la langue arabe : « Nous, les Arabes, nous devrions nous sentir fiers et honorés » », *Cairo 24*, 18 décembre 2020, https://www.cairo24.com/reports/1104500/شيخ-الازهر-في

« 'Whose Customs? The Role of Customary Reconciliation in Sectarian Disputes and State Responsibility'. Four years, four presidents, and 45 unjust customary reconciliations that violate the rights of Coptic citizens, », in *Egyptian Initiative for Personal Rights (EIPR)*, communiqué de presse, 10 juin 2015, https://eipr.org/en/press/2015/06/%E2%80%9Cwhose-customs-role-customary-reconciliation-sectarian-disputes-and-state

L'Égypte indépendante, Paris, Groupe d'études de l'Islam, Centre d'études de politique étrangère, 1938.

Portraits

« Haim Nahum », https://amp.fr.google-info.org/6827818/1/chaim-nahum.html

In Memoriam, Hassan el Nouty, https://senate.universityofcalifornia.edu/_files/inmemoriam/html/hassanelnouty.html

« James Bruce, Scottish explorer », *Britannica*, https://www.britannica.com/biography/James-Bruce

« Jomard, Edme François (1777-1862), Ingénieur-Géographe, Archéologue », https://www.napoleon.org/histoire-des-2-empires/biographies/jomard-edme-francois-1777-1862-ingenieur-geographe-archeologue/

« Lavoisier », http://www.cosmovisions.com/Lavoisier.htm

« Naṣr Ḥāmid Abū Zayd Egyptian scholar », *Britannica*, https://www.britannica.com/biography/Nasr-Hamid-Abu-Zayd

« Out-El-Kouloub », *Babelio*, https://www.babelio.com/auteur/-Out-El-Kouloub/326325

« ʿUmar II Umayyad caliph », *Britannica*, https://www.britannica.com/biography/Umar-II

Archives et correspondance

A.E., C.C.C. (Archives des Affaires étrangères, correspondance consulaire et commerciale).

Archives Nationales, B^1 335, 20 mars 1775.

Correspondance de Napoléon I publiée par ordre de Napoléon III, tome IV, Paris, Imprimerie impériale, 1860.

La Syrie en 1860 et 1861. Lettres et documents formant une histoire complète et suivie des massacres du Liban et de Damas, des secours envoyés aux chrétiens et de l'expédition française. Recueillis et coordonnés par M. L'Abbé Jobin, Lille, L. Lefort, 1862.

La Syrie en 1860 et 1861. Lettres et documents formant une histoire complète et suivie des massacres du Liban et de Damas, des secours envoyés aux chrétiens et de l'expédition française. Recueillis et coordonnés par M. L'Abbé Jobin, Lille, L. Lefort, 1862.

Mémoire sur l'Échelle de Damiette, Quai d'Orsay (Paris), Correspondance consulaire et commerciale (CCC), Damiette, 1777-1818.

Table des matières

Préface 7
Avant-propos 11
Introduction 13
    Objectif de cette étude 13
    Les sources 15

Présentation 17
    Les Chrétiens d'Égypte 17
    Intérêt de l'Europe envers les Chrétiens de l'Empire ottoman : le cas de la France 19
    Intérêt accru pour les communautés chrétiennes orientales ces dernières décennies 20
    La recherche universitaire 21
    L'image des Catholiques orientaux 22
    Conclusion 23

Chapitre I 25
Les *dhimmis* 25
    La Sahifa 25
    Le statut de *dhimmi* au début de l'Islam 27
    Pacte de Omar. Document authentique ? 30
    Texte du Pacte de Omar 30
    Paradoxe du *dhimmi* et son rôle dans l'organisation de l'état musulman .. 32
    Que dit le Coran au sujet des *dhimmis* ? 33
    Situation des *dhimmis* au Levant 34
        Restrictions 34
    Prescriptions vestimentaires 35
    Décrets du sultan : suppression « officielle » du statut de *dhimmi* (1839-1856) 37
    Problèmes d'applicabilité du décret 39
    Conclusion 41

Chapitre II 43
Les millets 43
    Création et organisation du système de millet en 1453 43
    Les différents millets 45

Politique du sultan face à l'« uniatisme » 45
La prospérité des millets 46
Le rôle de l'éducation... 46
Opinion du fondateur de l'École malékite sur l'éducation 47
    Les notables communautaires..48
Les Tanzimat et leurs conséquences sur les communautés non musulmanes
.... 49
Cette égalité formelle a-t-elle été un avantage ? 50
Le début du XXe siècle : le cas de l'Égypte 51

Chapitre III... 53
Les Capitulations... 53
Origines de la Capitulation : François Ier et Soliman le Magnifique 54
La première Capitulation.. 55
Importance grandissante de la France et conséquences pour les Catholiques
.... 55
Protectorat catholique de la France en Turquie 57
Accueil mitigé en Europe... 58
Évolution des Capitulations et de leurs champs de compétence 58
Mandat religieux donné aux ambassadeurs 59
Arrivée des ordres religieux en terres ottomanes...................................... 60
Paradoxe de la défense des Orthodoxes : la situation particulière de
Jérusalem 61
Avancées de la diplomatie française et nouveaux acquis 62
Renforcement de la France et entrée en jeu de nouvelles puissances........... 63
Capitulation de 1740 64
Les traités de Kutchuc-Kaïnardji (1774) et de San Stefano (1878)............. 65
Préséance dans les Églises... 65
Les Capitulations au XIXe siècle.. 66
Les excès des Capitulations 67
Création des Tribunaux mixtes : fin aux excès 69
Conclusion.. 69

Chapitre IV... 71
Les communautés catholiques orientales 71
Avant-propos : remarques sémantiques 71
Différentes communautés chrétiennes en Égypte..................................... 72
Arabité vs Islam : comment le conquérant a-t-il résolu la question ?........... 72
Tableau religieux de l'Égypte au moment de la conquête : présence des
différentes communautés 74
Les schismes... 75
Le Concile de Nicée (en 325)... 75
50 ans de controverses trinitaires 76
Le Concile d'Éphèse 76

Concile de Chalcédoine 77
Le césaropapisme 78
Du schisme de 1054 au Concile de Ferrare-Florence (1431-1439) 78
Relation des Églises orientales avec Rome 79
Origine des différentes communautés chrétiennes en Égypte 81
    Les différentes Églises en Égypte 81
    Le groupe araméen 81
Les Syriens orientaux 81
    Les Nestoriens (ou Assyriens) 81
    Les Chaldéens 82
Les Syriens occidentaux 83
    Les Jacobites ou Syriens orthodoxes 83
    Les Syriens catholiques 83
    Les Maronites 83
Le groupe copte 85
    Les Coptes orthodoxes 85
    Les Coptes catholiques 86
    Les Coptes protestants 87
    Les Coptes éthiopiens 87
Le groupe arménien 87
    Les Arméniens orthodoxes 87
    Les Arméniens catholiques 88
Le groupe grec 88
Conclusion 89
    Mosaïque communautaire 89
    Les différentes Églises vues par Ibn Khaldoun 90

Chapitre V 93
Arrivée des Catholiques ottomans en Égypte au XVIIIe siècle 93
    Organisation administrative de l'Égypte au XVIIIe siècle 93
    Arrivée des Grecs catholiques ottomans en Égypte 93
    Exode de Syrie et commerce méditerranéen et international 95
    Rôle grandissant des Grecs catholiques 95
    Après Damiette, Le Caire 96
    Perception des Grecs catholiques en Égypte 97
    Le système de fermage 98
    Stratégie commerciale 98
    La contrebande 98
Le rôle économique et intellectuel de la communauté grecque catholique de la fin du XVIIIe siècle 101
Portraits de quelques personnages représentatifs 101
    Le domaine commercial et économique 101
        Portrait d'Antoine/Antoun Pharaoun/Faraoun Cassis, grand douanier et comte d'Empire 101

    L'ouverture de la Mer Rouge au trafic européen..................................102
    Les incidences de la présence française sur la communauté melkite.104
    Un membre éminent de la vie intellectuelle : Dom Raphaël.............105

Chapitre VI..111
XIXᵉ siècle et premier tiers du XXᵉ : essor des communautés et début de leur déclin...111
    Les Arméniens en Égypte au XIXᵉ siècle...112
    Les raisons de l'arrivée des Arméniens à la fin du XIXᵉ siècle.................113
    Élargissement du millet..115
    Début du XXᵉ siècle : essor des communautés allogènes et du règne de la langue française...116
    La presse..117
    La langue d'usage des communautés chrétiennes 118
    Le rôle des Capitulations : suprématie du français 119
    La langue française : ennemi à abattre 119
    Les écoles françaises 120
    Primauté du français...121
    Le choix des prénoms et des surnoms...122
    Dépersonnalisation ou diglossie ? 124
    Problèmes inhérents à la langue arabe 125
    Occidentalisation et dépersonnalisation..127

Chapitre VII 129
Le mouvement national à la fin du XIXᵉ siècle..................................129
    Les différents mouvements nationaux 130
    Les premiers partis politiques 130
    Émergence du mouvement national..131
    Méfiance envers les non Musulmans 132
    Regard porté sur les populations coptes et allogènes en Égypte 134
    Conclusion..136
Portraits 139
    Farid Boulad 139
        Bibliographie...140
    Al-Ahram : les rédacteurs en chef...141
    Antoun Gemayel pacha 142

Chapitre VIII..143
La situation des communautés chrétiennes sous Nasser 143
    Présentation 143
    Arabisme et islamisme 144
    Laïcité-égalité, options impossibles..146
    Suppression tardive des Capitulations : originalité égyptienne 147
    La nouvelle Constitution de 1953 149

Suppression des tribunaux confessionnels 151
Ségrégation dans l'enseignement 153
L'enseignement à la veille de la Révolution 153
Inadéquation relevée entre les textes officiels et leur application 155
À propos de l'égyptianité : témoignages d'observateurs de l'époque 156
L'« affaire » de Suez, 1956 158
Chrétiens et étrangers : confusion volontaire 158
Conclusion 161
Deuxième partie : Documents 162
De l'emploi du terme *dhimmi* dans les décisions judiciaires ? 163
    Jugements 163
Mainmise sur les écoles catholiques dans la province nord de la R. A. U. 168
    Lettre des patriarches catholiques orientaux 168
    Établissements d'enseignement catholique 168
    Lettre des patriarches coptes orthodoxes et catholiques et du
    représentant de la communauté anglicane 170
    Influence de la politique et la religion sur les programmes scolaires 171
Marginalisation des non Musulmans dans la fonction publique 173
Les deux projets phares de l'époque nassérienne 175
    Mirrit Boutros Ghali 175
    Adrien Daninos 175
La tour du Caire 176
    Naoum Shebib 176
Présentation de grands industriels 177
    Les frères Matossian et le commerce du tabac 177
    Quelle est la situation de l'entreprise Matossian ? 178
    Interactions sociales 179
    Conclusion 180

Épilogue 181
L'après Nasser 181
    Sadate 181
    Le « président croyant » 183
    Porosité des différents mouvements islamiques 184
    Différentes constitutions 184
    L'apostasie 186
    Inquiétudes grandissantes de la communauté copte face à ce durcissement
    187
    Moubarak 190
    El-Sissi 192

Conclusion 193
    Égalité-inégalité 194
    Ottomans versus Égyptiens 195

    Nationalisme égyptien et départ des Chrétiens ottomans 196
    Départ 197
    Vulgate nassérienne.. 198

Bibliographie 201

Structures éditoriales du groupe L'Harmattan

L'Harmattan Italie
Via degli Artisti, 15
10124 Torino
harmattan.italia@gmail.com

L'Harmattan Hongrie
Kossuth l. u. 14-16.
1053 Budapest
harmattan@harmattan.hu

L'Harmattan Sénégal
10 VDN en face Mermoz
BP 45034 Dakar-Fann
senharmattan@gmail.com

L'Harmattan Congo
67, boulevard Denis-Sassou-N'Guesso
BP 2874 Brazzaville
harmattan.congo@yahoo.fr

L'Harmattan Cameroun
TSINGA/FECAFOOT
BP 11486 Yaoundé
inkoukam@gmail.com

L'Harmattan Mali
ACI 2000 - Immeuble Mgr Jean Marie Cisse
Bureau 10
BP 145 Bamako-Mali
mali@harmattan.fr

L'Harmattan Burkina Faso
Achille Somé – tengnule@hotmail.fr

L'Harmattan Togo
Djidjole – Lomé
Maison Amela
face EPP BATOME
ddamela@aol.com

L'Harmattan Guinée
Almamya, rue KA 028 OKB Agency
BP 3470 Conakry
harmattanguinee@yahoo.fr

L'Harmattan Côte d'Ivoire
Résidence Karl – Cité des Arts
Abidjan-Cocody
03 BP 1588 Abidjan
espace_harmattan.ci@hotmail.fr

L'Harmattan RDC
185, avenue Nyangwe
Commune de Lingwala – Kinshasa
matangilamusadila@yahoo.fr

Nos librairies en France

Librairie internationale
16, rue des Écoles
75005 Paris
librairie.internationale@harmattan.fr
01 40 46 79 11
www.librairieharmattan.com

Librairie des savoirs
21, rue des Écoles
75005 Paris
librairie.sh@harmattan.fr
01 46 34 13 71
www.librairieharmattansh.com

Librairie Le Lucernaire
53, rue Notre-Dame-des-Champs
75006 Paris
librairie@lucernaire.fr
01 42 22 67 13